KB186260

표준을 어떻게 매매하는가

프로는
어떻게
매매하는가

데이브 랜드리 지음 | 정진근 옮김

에디터
editor

손쉽고도 완벽한 주식투자 지침서!

2008년 초반, 나는 절친한 친구가 주식투자로 큰돈을 잃는 것을 보면서 이 책을 써야겠다는 마음을 먹게 되었다. 처음에는 평범한 사람들이 주식시장을 보는 시각을 변화시키는 것으로 집필 목적이 한정되어 있었다. 나의 목표는 투자자들이 시장의 일반적인 통념에 도사리고 있는 함정을 피하도록 도와주고, 인간의 본성이 만들어내는 비생산성으로부터 보호하는 것이었다.

시간이 흐르면서 나는 또 다른 친구와 그의 지인들이 '저평가' 되었다든가, 소위 전문가란 사람들이 주가가 바닥을 쳤다고 말했다는 이유만으로 '장기 보유'를 목적으로 '좋은 회사'의 주식을 사거나 보유 수량을 늘리는 것을 목격했다. 심지어 어떤 사람들은 "시장은 장기적으로 볼 때 항상 상승한다"고 주장하는 전문가들의 말을 단순히 따르기도 한다.

점점 더 많은 사람들이 역사상 최악의 대세 하락장에서 돈을 잃는 것을 보며, 나는 더 많은 정보를 이 책에 담아야 한다는 책임감을 느꼈다. 그 바람에 내가 처음 구상했던 기본적인 내용은 점점 더 규모가 방대해져만 갔다. 평범한 사람이 시장에서 살아남으려면 다른 투자자들처럼 생각하는 법을 배워야 한다는 점이 분명해졌다. 초보자들을 위한 아주 기본적인 내용으로 시작한 것이 2년의 세월이 흐르면서 주식투자를 위한 완벽한 책으로 발전하게 되었다. 하지만 혹시나 이 책이 아주 어려운 내용으로 이루어진 게 아닐까 걱정하는 분들이 있다면 그럴 필요가 없다고 말해주고 싶다. 나의 접근법은 아주 간단한 것들이다.

여러분이 스스로를 주식 매매하는 사람이 아니라 '장기 투자자'로 여긴다 해도 주식투자자처럼 생각할 필요가 있다. 무엇보다 자존심을 버리고 시장이, 오로지 시장이 말하는 대로만 행동할 마음의 준비가 되어 있어야 한다. 그것은 크게 어려운 일이 아니다.

이 책을 어떻게 활용할 것인가?

정보의 방대함 때문에 나는 이 책을 두 부분으로 나누었다. 첫 번째 부분은 여러분의 매매에 관한 지식이 아주 적거나 전혀 없다고 가정했다. 여러분은 먼저 주식시장의 일반적인 통념이 잘못되었다는 것을 이해하고, 차트가 안내자가 될 것이며 추세가 여러분의 친구라는 것을 배우게 될 것이다. 또한 무엇보다 돈을 잃지 말아야 한다는 사실과, 자신이야말로 최악의 적이라는 사실을 배울 것이다. 설사 여러분이 경험 많은 투자자라 할지라도 이 부분이 여러분에게 큰 도움이 된다는 사실을 알게 될 것이다. 여러분이 수렁에 빠졌을 때 가장 먼저 취해야 하는 최선의 방법은 기본으로 돌아가는 것이다.

두 번째 부분은 다음 단계로 나아가고자 하는 사람들을 위한 것이다. 여기에는 추세를 빨리 감지할 수 있게 도와주는 패턴들, 좋은 종목을 선별하는 방법, 그리고 잘못된 행동을 피하고 시장이 여의치 않을 때 피해를 최소화하면서 승자들의 대열에 동참할 수 있도록 도와주는 고급 기법들이 포함되어 있다.

초보 투자자들로부터 영감을 얻다

2008년 1월, 나는 교회 가는 길에 다음과 같은 대화를 나누게 되었다.

어셔: 이봐 데이브, 애플에 대해 어떻게 생각하나?

나: 주가가 고점에서 떨어지기 시작했고 하락 추세 중이지. 전체적인 주가
　　도 별로 안 좋아. 지금이 대세 하락장이 시작하는 초입일 수도 있어.

어셔: 다시 오르겠지?

그 친구가 실제로 주식을 매수하기 전에 해당 주식에 대해 나에게 묻는 일이 없었으므로, 나는 어떤 이야기를 해주어도 쇠귀에 경 읽기라는 사실을 알고 있었다. 때문에 그저 씩 한번 웃어주고 자리에 가서 앉을 수밖에 없었다.

그로부터 며칠 후, 나는 불안감이 극도에 달한 이메일 한 통을 받았다. 애플의 주가는 급락에 급락을 거듭했다. 불쌍한 친구 어셔는 500주의 주식에서 주당 70달러씩 총 손실이 3만 5000달러나 되어 있었다. 아주 간단한 일만 했으면 그처럼 큰 손실을 피할 수 있었다는 사실

을 알고 있었기에 무척 안타까웠다. 나는 생각했다. 이 '초보 투자자'를 돕기 위해 내가 할 수 있는 일이 무엇일까?

단순하게 추세를 따라 매매하고, 손절매를 하면서 적절한 수준으로 리스크를 관리한다면 큰 손실을 피할 수 있을 뿐 아니라 초보 투자자도 돈을 버는 투자자가 될 수 있다.

그 후 2년의 세월이 흘렀지만, 여전히 많은 사람들이 똑같은 실수를 저지르고 있다. 내가 이 책에서 전하려는 것은 성공을 위한 청사진과 같다. 그것은 아주 단순한 접근법이지만, 시장에 뛰어들기에 앞서 시장을 바라보는 시각을 바꿀 필요가 있으며, 아마도 어떤 것들은 머릿속에서 지워버려야 할 것이다. 여러분은 또한 자기 자신에 대해서도 좀 더 배워야만 할 것이다.

데이브 랜드리

■ 차례

서문 | 손쉽고도 완벽한 주식투자 지침서!

제1부_첫 번째 단계

제1장 | 주식시장을 바라보는 시각의 전환

제2부_고급 단계로 나아가기

제1부
첫 번째 단계

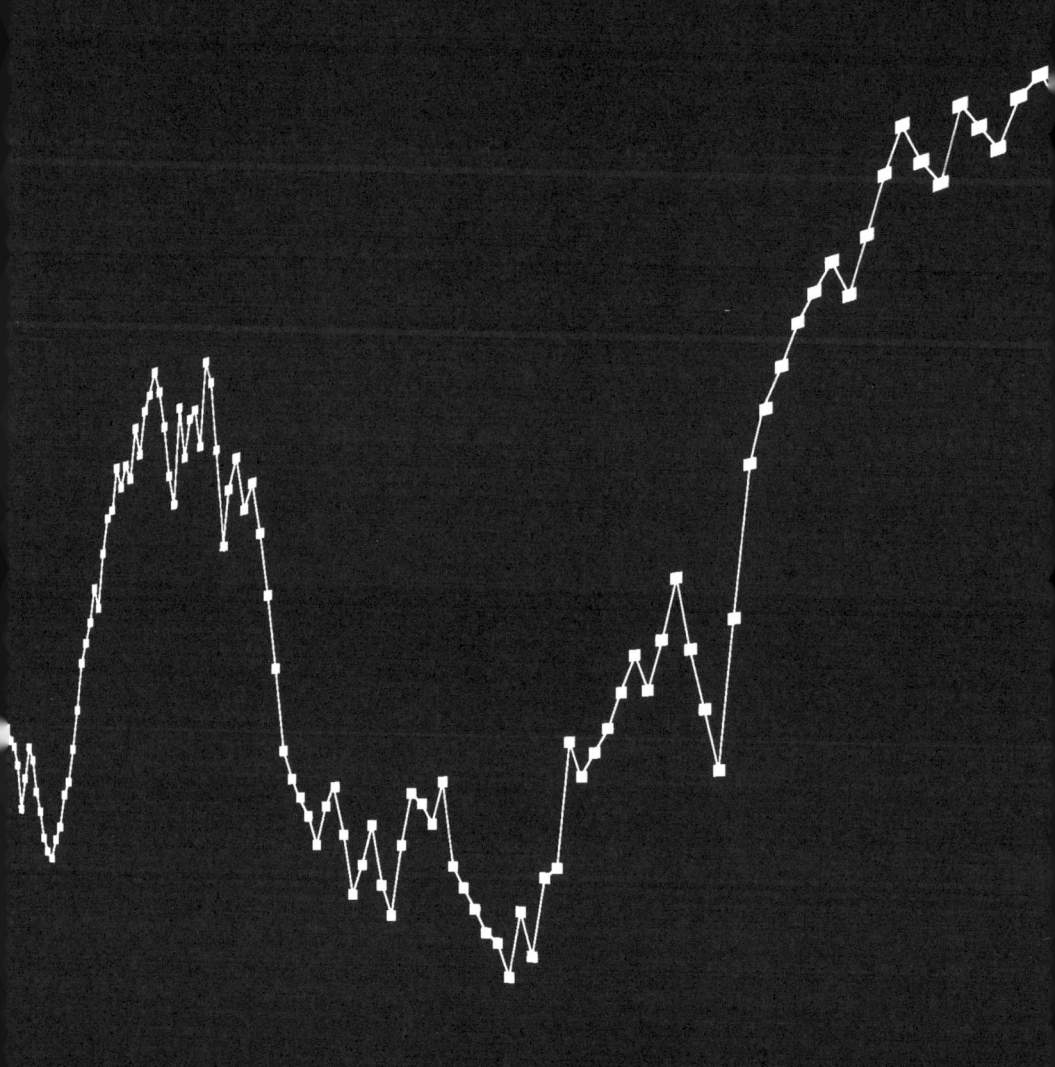

제1장

주식시장을 바라보는
시각의 전환

이 책을 읽는 여러분은 주식시장을 바라보는 자신의 시각부터 바꿔야만 한다. 여러분이 어떤 사람이든 시장을 바라보는 자신의 시각을 전환할 수만 있다면 억만장자, 내부 정보를 이용하는 투자자, 증권 방송 프로그램에 나오는 전문가와 같은 '프로'들보다 더 나은 판단을 내릴 수가 있다. 나는 다음 몇 페이지를 통해 시장에서 흔히 통용되는 격언들을 낱낱이 깨부수고 몇 가지 진실을 여러분에게 알려줄 것이다.

그럼으로써 왜 여러분이 관습적으로 인정되는 것들을 반드시 거부해야 하는지를 보여줄 것이며, 시장에서 매매를 하는 데 있어 여러분이 착각하는 것들이 무엇인지를 일깨워줄 것이다. 자기 스스로를 평가하는 관점을 바꿀 수만 있다면, 시장에 대한 잘못된 시각을 변화시키는 것 역시 그렇게 어렵지는 않을 것이다.

시장은 장기적으로 보면
항상 상승한다

주식을 하는 사람들 사이에선 "시장은 장기적으로 보면 항상 상승한다"는 견해가 매우 보편적으로 통용되고 있다. 누군가 여러분에게 그런 말을 한다면 그 사람은 그저 잘 분산된 펀드나 인덱스펀드를 매수해놓고 기다리기만 하면 된다고 말하는 것이다. 하지만 여기서 문제가 되는 것은 장기적으로 보았을 때도 실제로 시장이 항상 상승하지는 않는다는 점이다. 사실 그것은 여러분이 '장기적'이라는 단어에 어떤 의미를 부여하는가에 달려 있다.

다우지수가 고점을 찍은 1929년에 여러분이 주식을 매수했다고 생각해보자. 다우지수는 1929년 이후 상당히 오랫동안 이전의 고점을 회복하지 못했기 때문에, 주식을 매수한 이후 설사 여러분이 90% 이상의 손실을 견뎌낼 수 있었다고 가정해도 본전을 찾기 위해서는 25년을 참고 기다려야만 했을 것이다.(그림 1 - 1)

이번에는 1960년대 중반에 주식을 매수했다고 생각해보자. 그 후 1983년에 시장이 폭발적으로 상승하기 전까지 여러분의 투자 이익은 아무리 좋은 시기를 찾아보아도 거의 제로에 가까운데, 이익이 나려면 무려 17년을 기다려야만 가능하다.(그림 1 - 2)

나는 이 책의 집필을 시작하면서 사람들이 "그때는 그랬을지 몰라도 지금은 다르지 않느냐"라는 식으로 생각할 수도 있다는 것을 가장 걱정했다. 내가 이 책을 쓰기 시작할 때 S&P500지수는 2000년에 만들어

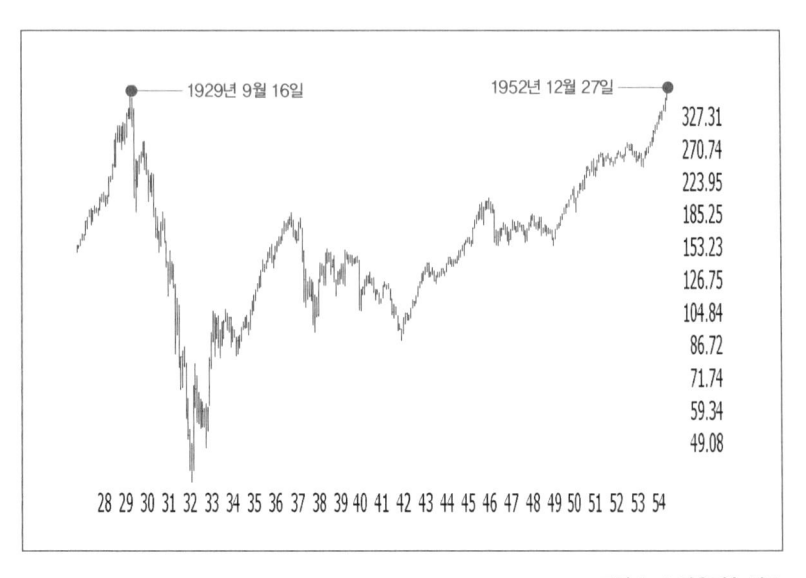

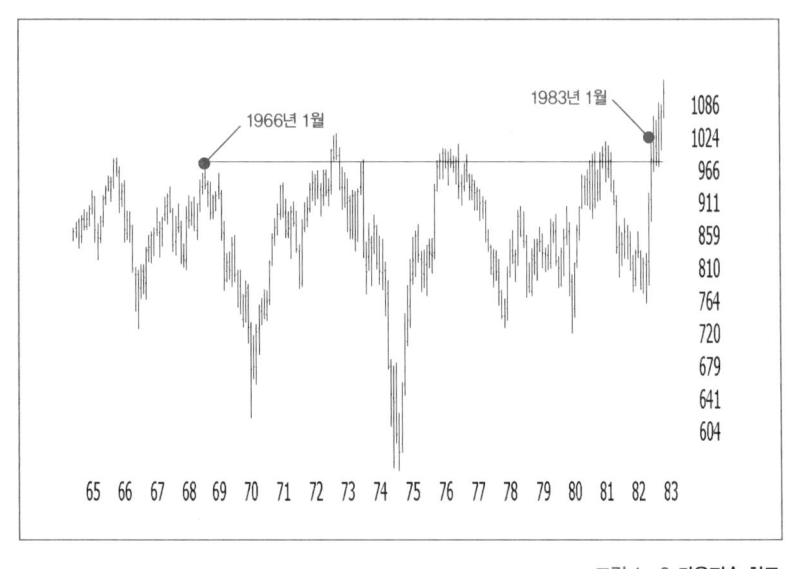

진 고점과 비교해 그리 낮은 수준이 아니었다. 그래서 나는 '매수 후 장기 보유'가 언제나 정답이 될 수 없다는 것을 보여주는 강력한 사례를 또 하나 만들어야겠다는 생각을 했다. 매수 후 장기 보유하는 투자자들에게는 매우 불행한 일이지만 시장은 내가 또 하나의 강력한 사례를 추가할 수 있도록 움직였다. 전 세계적인 금융 위기로 2007년 후반부터 시작한 대세 하락장이 1929년 이후 가장 참혹한 하락으로 기록되었던 것이다. S&P500지수는 2009년 3월에 직전 13년 내에 가장 낮은 지수를 기록했다. 2009년 3월의 S&P500지수가 원래 수준을 회복하려면 200%의 상승을 해야 가능한 정도가 되었다.

내가 종종 참석하는 칵테일파티에서 사람들에게 시장이 앞으로 25년 혹은 더 오랫동안 반등 한 번 없이 하락할 수도 있다고 말하면 사람들은 내 면전에서 코웃음을 친다. 대개의 경우 파티장에서 과열된 논쟁이 벌어져 내 입장이 난처해지기도 한다. 그런 상황이 벌어지면 나는 데일 카네기Dale Carnegie와 아내 마시Marcy에게 배운 대로 단지 고개를 끄덕여주고 술이나 마시면서 논란이 잦아들기를 기다린다. 시장이 오랫동안 하락할 수도 있다는 내 말을 곧이곧대로 받아들이라는 것은 아니지만, 그것이 사실인지 아닌지 쓸데없이 논쟁할 시간에 집에 가서 주식 차트 좀 찬찬히 살펴보고, 지금 나에게는 그냥 맥주나 가져다 달란 말이야!

전문가들은 시장이
언제 상승할지 정확히 알 수 있다

소위 '전문가'라는 사람들이 터무니없는 확신을 갖고 시장에 대한 자신의 견해를 말하는 것을 보면 놀라지 않을 수 없다. 내가 알고 지내는 사람들 중에는 텔레비전에 나오는 전문가가 주가가 바닥을 친 것이 확실하다고 말했다는 이유만으로 특정 종목을 매수했다며 내게 자랑스럽게 말하곤 한다.

그들이 말하는 것이 무엇을 의미하는지 함께 생각해보자. 어떤 종목이 저점을 찍었다는 것을 100% 확신할 수 있으려면, 여러분은 세상의 '모든 것'을 알아야만 한다. 그 회사의 CEO가 심장마비로 갑자기 죽지는 않으리라는 사실을 알아야 하고, 설사 그런 것을 안다 해도 거기서 끝나는 것이 아니라 그와 관련된 다른 모든 것들도 알아야만 한다. 여러분은 그 CEO가 성 추문이나 회계 부정을 저지르거나 회사 공금을 횡령하지 않을 것이란 사실도 알아야만 한다.

엉뚱하게 들릴지 모르겠지만 지금 내가 하고 있는 말들을 믿어야 할 것이다. '그런 일들'은 언제 어디서든 충분히 일어날 수 있는 일들이기 때문이다. 여러분은 또한 그 회사의 지분을 많이 보유한 헤지펀드가 단지 지분을 보유하는 데 그치지 않고 추가 매수까지 고려한다는 사실도 알고 있어야만 한다. 게다가 수많은 소액주주들—단주를 보유한 사람이든 혹은 자신들의 포트폴리오에 그 회사를 포함시킨 거대한 펀드 운용사든—이 매도를 고려하지 않고 있다는 사실도 알고 있어야만 한다. 또한 여러분은 테러리스트의 공격이 더 이상 없을 것이라는 사실도 알고 있어야 한다. 전 세계 경제가 호황을 이어갈 것이란 사실과, 시장에 대한 정부의 간섭이나 현재 그 회사에 우호적인 법률의 변경 따위는 없을 것이란 사실도 알아야만 한다. 여러분이 알아야 할 것은 끝이 없다. 내가 말하고자 하는 요점은 바로 이것이다. 어느 누구도 모든 것을 전부 알 수는 없다. 즉 100% 확신을 갖고 예측한다는 것은 전지전능한 신의 영역이다.

기업 가치가 좋은 회사에 투자하면
수익을 낼 수 있다

————————— 과연 그런 일이 일어난 적이 있는가? 여러분
이 어떤 회사의 주식을 보유하고 있다고 생각해보자. 그 회사는 이번
분기에 엄청난 당기순이익이 발생한 사실을 공시했다. 그러면 여러분
은 흥분하게 된다. 하지만 그렇게 좋은 공시가 발표되는 순간, 그 회사
의 주가가 갑자기 떨어진다면 여러분은 극도의 공포를 느낄 것이다.
도대체 이 회사에 무슨 일이 벌어진 거지? 결과적으로 해석해보았을
때 주식시장은 해당 기업의 이번 분기 당기순이익을 시원찮게 본 것이
고, 사실은 더 큰 순이익을 기대했던 것이다.

주식을 매매하는 데 있어 기업 가치는 그렇게 중요하지 않다. 물론
어떤 기업이든 주가가 상승하려면 언젠가는 수익을 내야 할 것이다.
수익을 내지 못한다면 자금 상태가 악화되어 회사 문을 닫아야 할지도
모르기 때문이다. 하지만 '언젠가는'이라는 시간이 우리가 생각한 것
보다 꽤 긴 시간일 수도 있다. 좋은 기업 가치가 오랫동안 유지될 것이
란 기대가 시장에서 받아들여지면, 그 기업의 주가는 몇 달 혹은 몇 년
씩 상승곡선을 그릴 수도 있다. 사실 최고의 투자 수익을 안겨주는 주
식 중에 어떤 종목은─최소한 그 기업의 주가가 최고의 수익을 안겨
주고 있는 기간 동안 ─ 기업 가치가 최악인 경우도 종종 발견할 수 있
을 것이다.

반대로 기업 가치가 아주 좋은 회사의 주가가 오랫동안 하락 추세를

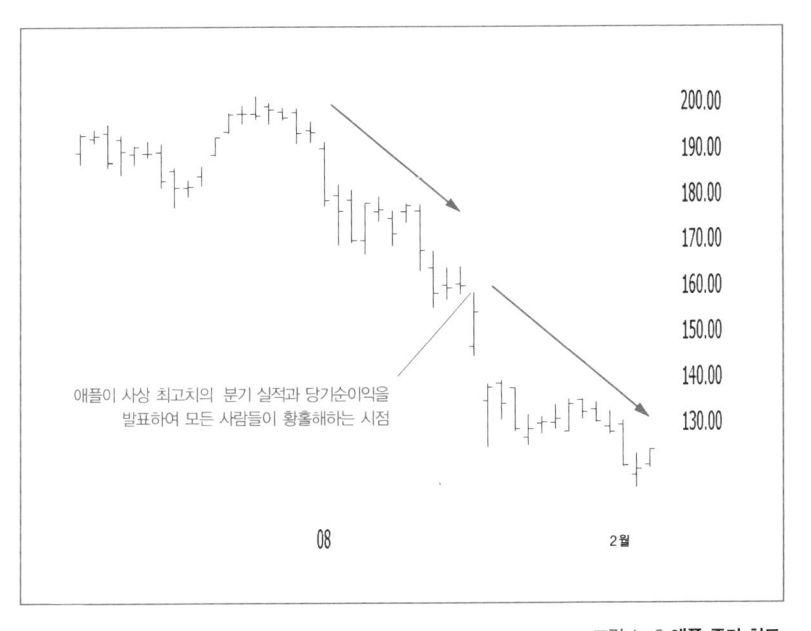

애플이 사상 최고치의 분기 실적과 당기순이익을
발표하여 모든 사람들이 황홀해하는 시점

그림 1-3 **애플 주가 차트**

보여주는 경우도 있다. 어떤 시점이 되면 그 회사의 기업 가치를 제대로 인정받아 상승 추세로 돌아설지도 모르겠지만, 그때가 언제가 될지는 누구도 알 수 없다. 그러는 동안 세계 경제가 악화될 수도 있고, 그 회사가 생산하는 물건이 시장에서 퇴출될 수도 있고, 경쟁 기업이 나타날 수도 있으며, 주식시장 전체가 대세 하락장으로 돌아설 수도 있다. 다시 말하지만, 주식을 매매하는 데 있어 기업 가치는 그리 중요한 문제가 아니다. 정작 중요한 것은 방금 내가 말한 이러한 진실들을 정확히 아는 것이다.

우리의 초보 투자자가 보유한 2008년 1월 22일의 애플컴퓨터로 돌아가보자. 당시 애플의 CEO인 스티브 잡스Steve Jobs는 다음과 같은 실적 결과를 발표했다. "우리는 사상 최고치의 분기 실적보고서로 인해 매우 흥분해 있습니다. 이것은 애플 역사상 최고의 당기순이익입니다." 그러나 불행하게도 이후 애플의 주가는 몇 주에 걸쳐 완전히 결딴나버렸다.(그림 1-3)

저점에 사서
고점에 팔아라

———————— 여러분은 주식시장의 오래된 격언인 "저점에 사서 고점에 팔아라"라는 말을 알고 있을 것이다. 여기서 문제는 그 누구도 언제가 '저점'인지 알 수 없다는 사실이며, 하락 추세가 이어져 아주 낮은 가격대에서 거래되는 종목이라 할지라도 그 낮은 가격대에서 더 하락할 수도 있다는 사실이다.

2008년에 '저점'인 것처럼 보였던 종목들의 주가가 2009년에 더 하락한 예는 수없이 많다. 그리고 여기에도 하나의 예가 있다. 2008년 4월 28일, 억만장자이자 재계 거물인 커크 커코리언Kirk Kerkorian은 자신의 투자 회사인 트라신다Tracinda를 통해 포드자동차 주식을 8.50달러에 2000만 주 매수했다. 커코리언에게는 포드의 주가가 매우 '싼' 것처럼 보였을 것이다. 어쨌든 그 이전에 포드의 사상 최고가는 주당 39달러였으므로 이런 가격은 터무니없이 싼 가격처럼 보이는 것이 사실이다.

주당 8.50달러라는 가격은 고점 대비 거의 80%나 할인된 가격이었지만, 이 회사의 주가는 몇 달이 지나지 않아 주당 2달러 언저리에서 거래되었고, 결국 커코리언은 1억 2500만 달러에 달하는 손실을 보았다. 설상가상으로 그해 10월 21일, 트라신다는 자신들이 보유한 포드 주식의 매각을 발표했다. 안 그래도 하락하던 포드의 주가는 이 발표로 인해 더 곤두박질칠 수밖에 없었다.(그림 1-4)

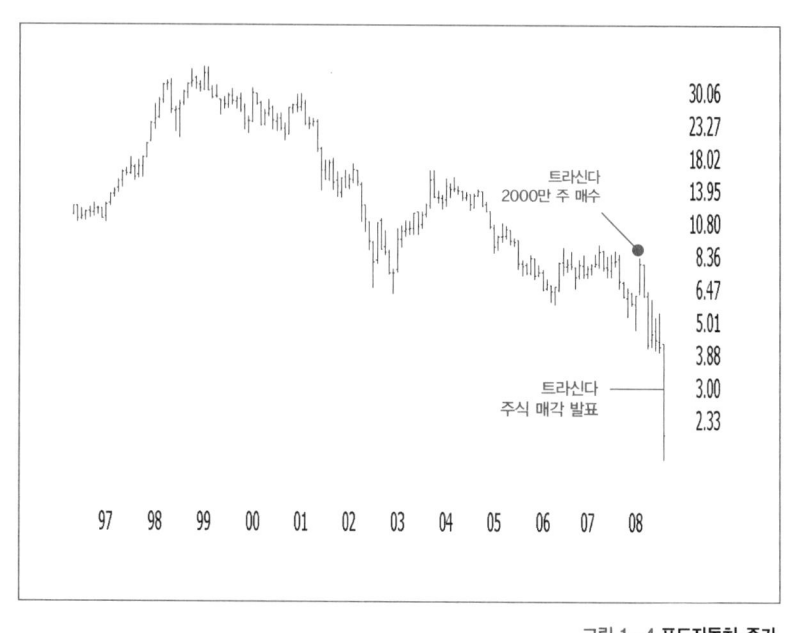

그림 1-4 포드자동차 주가

저점에서 주식을 사려는 것은 패배자들이 주로 사용하는 전략이다. 앞으로 이 책을 끝까지 읽는다면 여러분도 곧 알게 되겠지만, 주식은 비싸게 사서 더 비싼 가격에 파는 것이 훨씬 좋은 방법이다.

배당수익률이 좋은
회사의 주식을 사라

───────────── 2008년 7월 17일, 나는 잘 알고 지내는 이웃의 전화를 받았다. "데이브, 나 빌이야. 지금 테드 씨 목장 울타리 작업을 도와주러 가는 길인데, 그 친구가 GKK란 회사에 대한 자네의 견해를 궁금해하더군."

나는 그가 말하는 기업의 주가 차트(그림 1–5)를 열어보았고 이 주식이 오랫동안 하락 추세를 보여왔으며 1년 전에 비해 주가가 75%나 하락한 상태라는 사실을 알게 되었다. 게다가 최근 들어 하락 추세가 더욱 급격해진 상태였다. 나는 당연히 빌에게 전화를 걸어 그 회사의 주가는 현재 하락 추세이므로 매수를 자제하는 것이 좋겠다고 테드 씨에게 일러주라고 말했다.

어떤 이유에서였는지는 모르겠지만, 빌이 나의 의견을 구할 때 정작 그들이 찾고 있는 것은 진실이 아니었던 듯싶다. 그들은 나의 의견을 구하기 전에 이미 마음의 결정을 내린 상태였고, 설상가상으로 다른 초보 투자자들처럼 이미 상당한 양의 주식을 매수한 상태였던 것이다. 따라서 내가 무슨 말을 하더라도 그들의 귀에 들어가지 않으리라는 것을 알고, 좀 더 직설적으로 말해야겠다고 생각했다. "이봐 빌, 그 친구에게 헛소리하지 말라고 전하게." (이 정도로 세게 말하면 그들도 뭔가 심상치 않다는 걸 느꼈을 것이다.) 그러자 테드가 전화를 걸어와 나에게 사정을 털어놓았다. 그는 12%나 되는 그 회사의 배당률을 이유로 들었

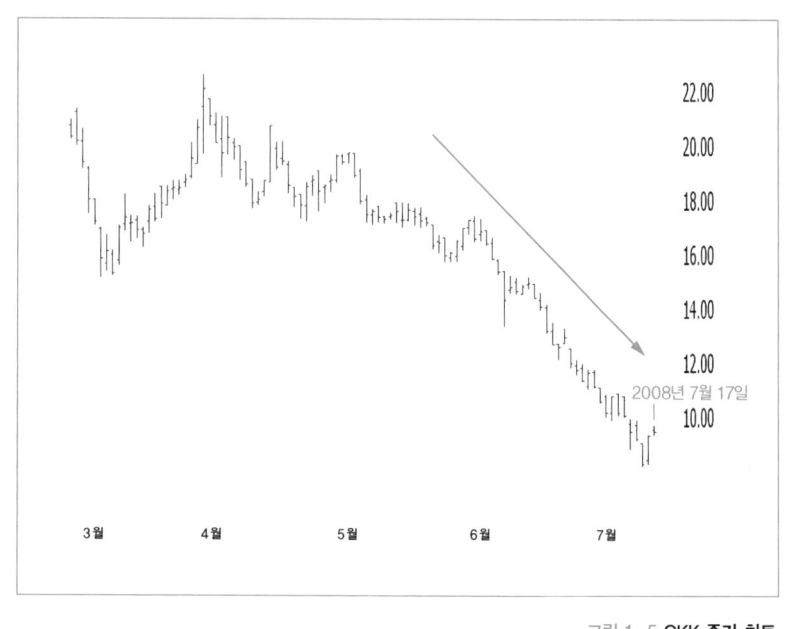

그림 1-5 **GKK 주가 차트**

다. 나는 그에게 배당률이 그렇게 높은 데는 다 그럴 만한 이유가 있을 것이라고 설명해주었다. 하지만 차트는 거짓말을 하지 않는다. 내가 볼 때 그 회사의 주가는 급격히 하락하는 중이고 틀림없이 무슨 문제가 있는 것이다. 뭔가 잘못된 것이 있을 것이다. 그 회사는 아마 그런 높은 배당률을 지속할 수 없을 것이며, 만약 그런 배당률을 고집한다면 주가는 계속 하락할 것이 뻔하다. "배당률에 집착하지 말고 하락하고 있는 주가의 흐름에 주목해라." 테드는 다른 자료들까지 인용하면서 그 회사가 얼마나 좋은지 집요하게 나를 설득하려고 애썼다.

불행히도 그 회사의 주가는 하락을 멈추지 않았고, 몇 달 지나지 않아 주가가 95%나 빠졌다. 테드의 말처럼 그 회사가 높은 배당률을 계속 유지할 수 있었다 해도 이만한 손실을 메우기 위해서는 15년 이상 똑같은 수준의 배당을 받아야 할 것이다.

이익 실현을 하면
절대 망하지 않는다

"이익 실현을 하면 절대 파산하지 않는다." 헐! 이것이야말로 그렇게도 많은 사람들이 주식투자를 통해 파산에 이르는 것을 설명해주는 이유다. 그들은 작은 이익을 아주 많이 얻은 후에 한두 번의 큰 손실로 그동안 벌었던 것을 모두 날린다. 시장에는 다음과 같은 오래된 격언이 있다. "새처럼 모이를 먹고 코끼리처럼 싸지 마라." 이 말은 작은 이익만 수없이 취하다가 한 방에 큰 손실을 입지 말라는 경고다.

지속적으로 리스크를 관리하고 장기적인 수익을 거둘 가능성을 확보할 수 있도록 도와주는 자금 관리 전략과 포지션 관리 전략의 중요성을 잊어선 안 된다. 이제부터는 자주 이익을 실현하더라도 파산할 수 있다는 사실을 여러분도 받아들여야 할 것이다.

시장이 상승하거나 하락하는 것은
다 원인이 있다

주식 관련 매체에서 날마다 시장이 상승하거나 하락한 원인을 설명하는 것을 보고 있을 때면 내심 놀라지 않을 수가 없다. 그들은 항상 주가가 상승하거나 하락한 직접적인 이유가 있는 것으로 추측한다. 이러한 논리에 따르면, 여러분이 해야 할 일은 그 연관성을 알아내는 것뿐이다. 하지만 실제로는 그런 연관성이 없다는 것이 문제다. 월요일에 '국제 유가 상승'으로 시장이 하락한다. 화요일이 되자 국제 유가는 하락 반전되었지만, 시장은 그 영향을 무시하고 계속 하락한다. 그러면 주식 관련 매체들에서는 재빨리 다른 원인을 찾기 시작한다. 수요일이 되자 국제 유가는 급등했지만, 주식시장은 이를 무시하고 큰 폭의 상승 흐름을 보여준다. 매체는 이 현상을 설명하기 위해 또 다른 원인을 찾느라 분주하고, 국제 유가의 상승에도 불구하고 주식시장이 상승했다는 사실 자체를 애써 무시하려고 한다. 목요일이 되자 국제 유가는 소폭 상승하고 주식시장은 폭락한다. 매체는 그때서야 또다시 국제 유가의 상승을 주식시장 하락의 범인으로 지목하는 것이다.

대개 시장이 상승하거나 하락하는 데는 특별한 이유가 없다. 그저 시장 참여자들이 자신들의 감정에 휩쓸려 매매를 하고 있을 뿐이다. 진실과 추측을 혼동하지 마라.

평가손실은
그저 평가손실일 뿐이다

평가손실이라는 말은 보유하고 있는 주식의 주가가 매수 단가에 비해 낮은 가격이지만 아직 청산하지 않아 손실이 확정되지 않았을 때 쓰는 표현이다. 불행히도 평가손실은 올바른 표현이라고 할 수 없다. 손실은 그저 손실일 뿐이다. 많은 사람들이 주식을 처분해서 손실이 확정되어야만 비로소 손실이라고 생각하는 경향이 있다. 그러나 장담하건대 손실은 손실일 뿐이다. 여러분이 주식에서 큰 손실을 보고 있다면, 당장 빠져나와야 한다. 물론 주가가 반등해 손실을 만회할 수도 있다. 하지만 그러지 않을 가능성 역시 똑같이 존재한다. 더 나쁜 현실은 주가가 현재 하락하고 있다는 것은 하락 추세가 이어질 가능성을 의미할 수도 있다는 사실이다. 이는 수렁으로 빠질 가능성이 높아진다는 것을 의미한다. 주식을 보유하고 있든 그렇지 않든 여러분의 계좌 자산은 그저 계좌 자산일 뿐이다. 빚쟁이에게 계좌를 보여주면서, 이 주식은 곧 반등할 것이므로 10만 달러를 회복하는 것은 시간문제이고, 지금은 그저 '평가손실'일 뿐이라고 아무리 우겨봐도 소용이 없다. 손실은 손실일 뿐이다. 여러분이 빌 클린턴이 아닌 이상 말이다(빌 클린턴은 성 추문으로 탄핵 위기에 처했을 때 "자신이 국민을 오도하기는 했지만 거짓말은 하지 않았다"는 교묘한 말로 불리한 국면을 빠져나간 적이 있다-옮긴이).

기술적 분석은
허튼소리일 뿐이다

--------------------　기술적 분석은 기본적으로 시장을 예측하기 위해 차트를 사용하는 것을 말한다. 차트는 주식시장뿐 아니라 모든 사업 분야에서 사용되는 중요한 도구다. 그런데 유독 주식시장에서는 왜 그렇게 많은 사람들이 차트 사용을 거부하려 하는지 나는 이해되지 않는다.

　매일매일의 일봉 차트에 무슨 마법 같은 의미가 있는 것은 아니다. 그것은 그날 하루에 모든 시장 참여자들이 낸 매수 주문과 매도 주문을 기초로 해당 주식이 어떻게 매매되었는지를 알려줄 뿐이다. 거대한 기관투자가가 매매에 참여했을지라도 그저 차트의 일부로 들어가 있을 것이다. 내부 정보를 잘 알고 있는 내부자가 거래를 했다고 해도 그 거래는 그저 차트의 일부로 포함될 뿐이다. 따라서 차트는 거대한 기관투자가에서 초보 투자자에 이르기까지 모든 시장 참여자들의 거래 결과를 반영한다. 사실 시장 참여자들이 다음에 어떻게 행동할지는 누구도 알 수 없다. 하지만 그들이 지금까지 어떤 행동을 보여주었는지는 정확히 알 수가 있다. 차트의 패턴은 그들과 다른 참여자들이 다음에는 어떻게 행동할 것인가에 대한 심리를 반영해 보여준다.

시장은
항상 괜찮다

나쁜 뉴스를 전하는 것이 신문의 판매 부수를 늘릴 수는 있겠지만, 텔레비전에서 시황 해설자가 하는 말로는 어울리지 않을 것이다. 대부분의 사람들이 텔레비전 시황 방송을 틀었을 때 주식시장이 침체되어 있다는 말을 듣고 싶어 하지 않는다. 그와는 반대로 최악의 상황은 넘겼으며 "시장은 다시 반등할 것"이므로 보유한 주식을 처분하지 말라는 말을 듣고 싶어 한다.

나는 사람들이 긍정적인 얘기를 더 많이 듣고 싶어 한다는 사실을 수 없이 목격했다. 지금까지 주식시장에 대한 부정적인 전망을 밝히는 내 기사의 제목이 편집자에 의해 덜 부정적인 애매모호한 것으로 바뀐 적이 한두 번이 아니다. 상승장을 예견하는 것처럼 바꾸는 편집자도 있었다. 금융 관련 뉴스나 기사를 보는 것은 좋은 일이다. 하지만 거기에는 뭐든 긍정적으로 포장하려는 경향이 숨어 있다는 사실을 명심해야 한다. 심지어는 시장이 무너지고 있는데도 장밋빛 전망을 내놓는 경우도 있다.

어딘가에 상승하는 종목이
반드시 있다

사람들은 "개별 종목들을 모두 살펴보면 상승하는 종목이 반드시 하나는 있다"고 말하면서 열심히만 살펴보면 시장 상황과 관계없이 매수할 종목을 찾을 수 있다고 말한다. 그러나 2008년의 글로벌 금융 위기는 이런 바람을 무참히 짓밟았다. S&P500 지수는 2008년 초반부터 2008년 11월 20일까지 50% 가까이 떨어졌다. 같은 기간 동안 모닝스타(미국의 펀드평가사─옮긴이)가 평가하는 모든 펀드의 가치가 하락했다. 대부분의 펀드(64%)는 시장보다 더 많이 펀드 가치가 하락했다. 심지어 하락률이 가장 작은 펀드조차 연간 수익률로는 사상 최악의 결과를 내고 말았다. 종목이나 시장을 잘 선택하면 전체 시장이 하락해도 잘나가는 종목을 고를 수 있다는 것이 전혀 틀린 말은 아니다. 하지만 '언제든지' 그런 일을 기대할 수 있는 것은 절대 아니다.

매도 거래는
모든 악의 근원이다

주식시장은 상승하기도 하고 하락하기도 한다. 여러분이 시장에서 오랫동안 살아남기를 원한다면, 상승장이나 하락장 모두에서 매매할 수 있어야 한다.

누군가 무엇이든 좋은 것은 불법적이거나 비열하거나, 혹은 도덕적으로 잘못되었다고 말하는 것을 들은 적이 있다. 하지만 시장이 하락 추세를 나타낼 때는 매도 포지션을 취하는 것이 좋다. 하락 추세에서 매도를 취하는 것은 불법적이지도 않고 도덕적으로 나쁜 행동도 아니며, 비열한 행동은 더더욱 아니다. 제대로만 된다면 하락장에서 매도 포지션을 취하는 것이 여러분의 지갑을 두둑하게 해주는 좋은 방법이 될 것이다. 주식시장에서는 하락 추세일 때 공매도하는 것을 비난하는 경향이 있지만, 소위 숏커버링(매도한 주식을 다시 사는 환매수—옮긴이)을 통해 이익을 취할 때는 별다른 비난을 하지 않는다. 공매도 거래자들은 경직된 시장에 유동성을 공급함으로써 활력을 불어넣는 역할을 한다. 실제로 2008년 미국증권거래위원회SEC에서 공매도 행위를 제한하려 했을 때 그것은 역효과를 냈다. 공매도 제한 조치가 시장의 하락을 가속시키는 결과를 초래했던 것이다.(그림 1-6) 아주 작은 매도만으로도 매수 세력은 씨가 말라, 결국 시장은 스스로의 무게를 견디지 못하고 추락했다.

많은 사람들이 매수도 하기 전에 매도부터 하는 데 거부감을 느낀다.

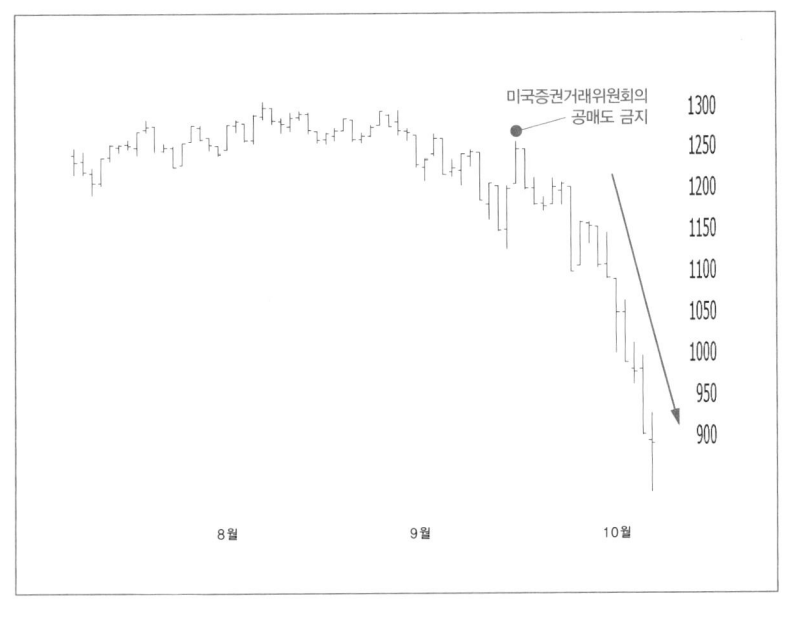

그림 1-6 S&P500지수 차트

그것은 자연의 법칙에 위배되는 것처럼 보인다. 자기 것이 아닌 것을 어떻게 팔 수 있단 말인가? 사실 공매도는 현실에서도 항상 일어나고 있는 일이다. 영업사원이 자기 손에 있지도 않은 무언가를 여러분에게 파는 경우를 생각해보자. 그는 지금 그 물건에 대해 '공매도'를 하고 있는 것이다. 여러분이 주문한 물건을 지불하기로 한 금액보다 낮은 가격으로 공급한다면, 그는 이익을 남길 수 있다.

주식시장의 공매도 역시 비슷한 과정이다. 주가가 하락할 것이라고 믿는다면 잠재적인 손실 가능성에 해당하는 만큼의 증거금을 내고 여러분의 브로커에게 그 주식을 공매도하라는 주문을 넣기만 하면 된다.

(미국은 한국에 비해 주식의 공매도 거래가 용이하다-옮긴이). 브로커는 이 주문을 수행하기 위해 다른 사람의 계좌에서 주식을 빌린 다음 시장에서 매도한다. 이제 여러분은 있지도 않은 주식을 매도한 것이다. 주식을 더 낮은 가격에 다시 살 수 있다면, 여러분은 수익을 내게 될 것이다. 어떤 메커니즘에 의해 이런 거래가 이루어지는지 걱정할 필요도 없다. 여러분의 계좌에서 공매도가 가능하다면 그저 '매수 주문' 버튼 대신 '공매도' 버튼을 누르기만 하면 된다. 만약 시장에서 주식을 빌릴 수 없으면, 브로커로부터 통보를 받을 것이고 공매도 주문은 취소될 것이다.

시장의 진실 1

주가의 하락 속도는
상승 속도보다 빠르다

——————————— 주식시장의 격언 중에는 진실이 몇 가지 있다. 주가는 하락하는 속도가 상승하는 속도보다 더 빠르다. 대개 무언가를 만드는 것보다는 파괴하는 것이 더 빠른 것처럼 말이다. 주식도 예외는 아니다. 작은 손실이 언제 갑자기 큰 손실로 바뀔지 모르기 때문에 적당한 손실을 보면 빠져나올 궁리부터 해야 한다.

다행스러운 점, 특히 대세 하락 중인 시장에서는 이러한 경향을 이용해 공매도(혹은 선물 매도)로 이익을 취할 수 있다는 사실이다. 여러분에게 주식을 공매도할 의지가 있다면 이후의 하락하는 시장에서 살아남는 것은 물론 오히려 더 큰 이익을 취할 수도 있을 것이다.

시장은
감정에 의해 좌우된다

주식 매매는 감정에 의한 것이다. 현실을 바탕으로 거래가 이루어지는 것이 아니다. 주식은 현실에 대한 사람들의 '인식'을 통해 거래되는데, 그 현실 인식이라는 것이 인간의 감정에 조종을 받는다. 규모가 큰 기관투자가부터 초보 투자자에 이르기까지 주식을 매수하거나 매도하는 행위는 두려움과 탐욕을 기반으로 하는데, 그것이 바로 감정이다.

그렇다면 어떻게 이런 감정을 읽을 것인가? 차트를 보는 것이 가장 쉬운 방법이다.

정보에 의지해
매매하려고 하지 마라

———————   나는 주식을 매매하는 것이 '직업'이기 때문에 사람들은 나에게 정보를 주려고 안달한다. 사교 모임에 참석할 때마다 종종 나를 구석 자리로 끌고 가서 '은근한 목소리'로 무언가를 말하는 사람들이 있다. 어떤 때는 목소리가 너무 커서 주변(그렇게 가깝지도 않은) 사람이 모두 듣는 경우도 있다. 개인적인 경험에 의하면, 그런 '정보'들의 99%는 사실이 아닌 것으로 판명된다. 그리고 사실로 판명되는 경우에도 그들이 주장하는 것처럼 대단한 경우는 별로 없었다. 한 예를 들면, 나는 어떤 회사가 인수 합병될 것이라는 정보를 받은 적이 있었다. 그리고 다음 거래일이 되자 정말로 인수 합병이 진행되었다. 하지만 인수 가격은 직전 거래일의 주가에 비해 몇 달러나 낮았다. 이른바 '저가 인수'였던 것이다.

내가 가장 좋아하는 예를 하나 보여주겠다. 2008년에 나는 석유 관련 종사자로부터 에너지 기업인 LNG의 인수 합병이 진행될 것이라는 정보를 들었다. 그리고 인수가 진행되지 않을 경우에도 그들이 막대한 비밀적립금을 갖고 있는데, 그것을 포함하면 현재 주가에 비해 기업 가치가 최소한 몇 배는 될 것이라는 내용이었다. 그 정보를 들은 뒤 이 회사의 주가는 하락을 계속하여 90%가 날아가 버렸다.(그림 1-7)

여기서 내가 말하고자 하는 점은 정보를 글자 그대로 믿지 말라는 것

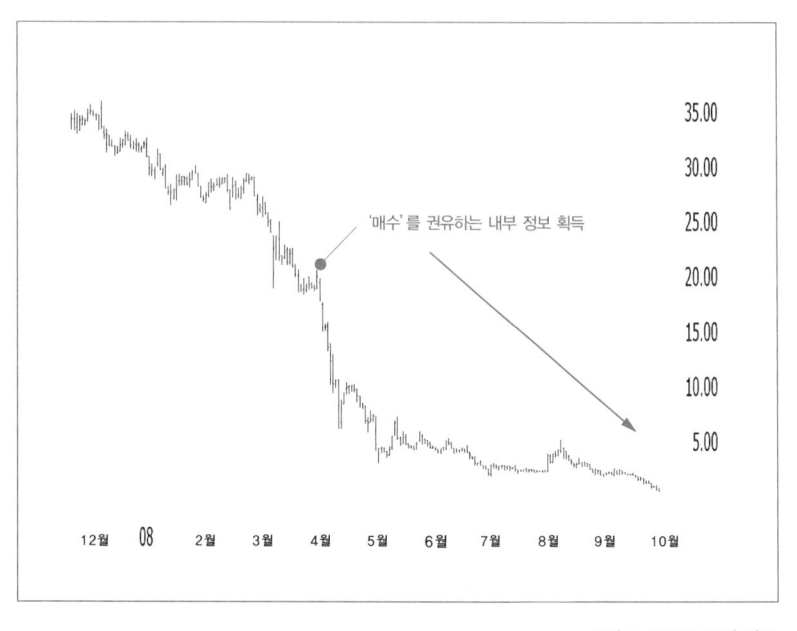

'매수'를 권유하는 내부 정보 획득

그림 1-7 LNG 주가 차트

이다. 그런 정보는 십중팔구 사실이 아니다. 설령 정보가 사실이라 해
도 그 영향은 정보 제공자가 말하는 것처럼 그리 대단하지 않은 경우
가 대부분이다. 게다가 그것이 내부 정보라면, 그야말로 불법적인 행
위가 된다.

물타기는
파산의 지름길이다

———————— 이론적으로는 주가가 떨어질 때마다 투자 금
액을 배로 늘리면 언젠가는 손실을 만회할 수 있다. 언제가 되었든 주
가가 다시 올라가면 그동안 잃은 돈을 모두 회복할 수 있는 것이다. 하
지만 그러기 위해서는, 우선 투자한 회사가 파산하지 않고, 주가가 원
래 수준으로 회복되어야 하며, 그때까지 여러분의 투자 자금이 바닥나
서는 안 된다. 이 세 가지 '조건'을 모두 만족해야만 실현될 수 있는 명
제인 것이다. 2008년에는 1850년에 설립된 증권 중개회사(리먼 브더더
스-옮긴이)와 1889년에 설립된 투자은행을 비롯해 다수의 유명한 상
장기업들이 파산 신청을 했다.

   인생과 비즈니스에서 성공을 거둔 사람들은 "이미 많은 돈을 낭비한
사업에다 돈을 더 쓰는 방법"으로 성공한 것이 아니다. 하지만 주식시
장에서는 이상하게도 그런 방법이 통할 것이라고 생각하는 사람들이
있는 듯싶다.

매매의
성배는 없다

———————— 매매 전략이나 시스템을 파는 사람들이 말하는 '매매의 성배'라는 것은 존재하지 않는다. 모든 매매 시스템은 돈을 잃을 수밖에 없다. 때문에 완벽한 매매 시스템은 불가능하다.

이 시점에서 여러분은 이렇게 생각할 수도 있겠다. "잠깐, 당신도 이 책에서 그런 매매 전략을 팔려는 것 아니었어?" 아니다. 나는 시장에 대한 상식적인 접근법을 알려주려는 것뿐이다. 사실 내가 여러분에게 유일하게 보장할 수 있는 것은 주식을 하면 항상 돈을 잃을 것이란 사실이다. 내가 제안하는 것은 추세를 존중하고 지속적으로 리스크를 관리할 때, 그런 손실을 줄일 수 있고 장기적으로 성공하는 길로 나아갈 수 있다는 것이다.

똑똑할수록 주식에서
성공하기가 더 어렵다

> 나는 투자에서 성공하는 것과 지적 수준의 연관성을 발견한 적이 없
> 다. 지적 수준이 뛰어난 많은 사람들이 매매에 있어서는 끔찍한 결과를 낸
> 다. 평균 수준의 지식이면 충분하다.
>
> — 윌리엄 에크하르트(William Eckhardt)

> 나는 그저 추세를 따르는 얼간이일 뿐이다.   — 익명인

이 책을 읽고 있는 여러분은 아마도 평균 이상의 지적 수준을 가진 사람일 것이다. 그걸 어떻게 아느냐고? 첫째, 큰 것을 얻고자 하는 열망은 마음의 가장 밝은 면과 밀접한 관련이 있기 때문이다. 두 번째 이유는 첫 번째 이유처럼 아첨하는 것이 아니다. 주식시장에 발을 들여놓으면 대부분의 사람들이 책을 읽으려 하지 않는다. 그들은 텔레비전의 주식 프로그램을 통해 지식을 얻으려고 한다. 하지만 앞에서 언급한 것처럼 끊임없는 긍정적 편견과, 뉴스나 기업 가치에 대한 맹신은 값비싼 대가를 치르게 되어 있다. 주제에서 약간 벗어난 것 같지만, 내가 말하고자 하는 요점은 여러분이 매매 지식을 얻기 위해 텔레비전을 보는 것에서 한 단계 더 나아가 이 책을 보고 있다는 사실이다. 확신하건대 여러분은 평균 이상의 지적 수준을 가진 사람이다.

그런 스스로가 자랑스럽겠지만, 한 가지 나쁜 소식이 있다. 여러분은

똑똑하기 때문에 주식시장에서 성공하기 위해 더욱더 많은 시간을 투자할 필요가 있다. 여러분이 살고 있는 집 뒷마당에서 유전이 발견되지 않는 이상, 인생에서 무언가에 성공하기 위해서는 논리적으로 접근할 필요가 있다. 하지만 주식을 매매할 때는 종종 그런 논리가 무용지물이 된다. 여러분은 시장 참여자들의 두려움과 탐욕을 상대하고 있기 때문이다. 주식시장은 인간의 감정을 기반으로 주식을 매매하는 곳이지, 논리를 기반으로 하는 곳이 아니다. 시장의 움직임에 대한 원인을 설명하려고 노력하는 것은 모두 부질없는 일이다.

스스로
공부해야 한다

————————— 내 방식대로 시장에 접근하게 되면 하루 종일 컴퓨터 모니터를 바라볼 필요가 없다. 나는 사실 여러분도 그렇게 하기를 권하고 싶다. 하지만 내가 내는 숙제는 반드시 직접 해야 한다. 바로 시장 지표들, 업종 그리고 주식에 대한 공부를 말한다.

만약 여러분이 훌륭한 연주자가 되기를 원한다면 자신의 악기로 열심히 연습해야만 할 것이다. 그리고 여러분이 차트를 잘 읽는 사람이 되고자 한다면 수많은 차트들을 공부해야 할 것이다. 다시 한 번 말하지만 여러분에게는 마땅히 해야 할 숙제가 있다. '숙제'라는 말에 지레 겁먹을 수도 있겠지만, 걱정할 필요는 없다. 사실 이 숙제는 아주 재미있는 것이다. 내 경우에는 이 숙제가 보물찾기와 같다.

전문가들이나 기관투자가도
틀릴 수 있다

―――――――― 나는 앞에서 정보를 잘 아는 석유 관련 종사
자도 틀릴 수 있다는 것을 보여주었다. 만약 여러분이 역사상 가장 유
명한 석유 사업가라면 다른 결과가 나올까? 글쎄, 억만장자 석유 투자
가인 BP캐피털매니지먼트의 피켄스Thomas Boone Pickens 회장은 2008년
에 국제 유가가 상승하는 쪽으로 베팅했다가 수십억 달러의 손실을 보
았다.(그림 1–8)

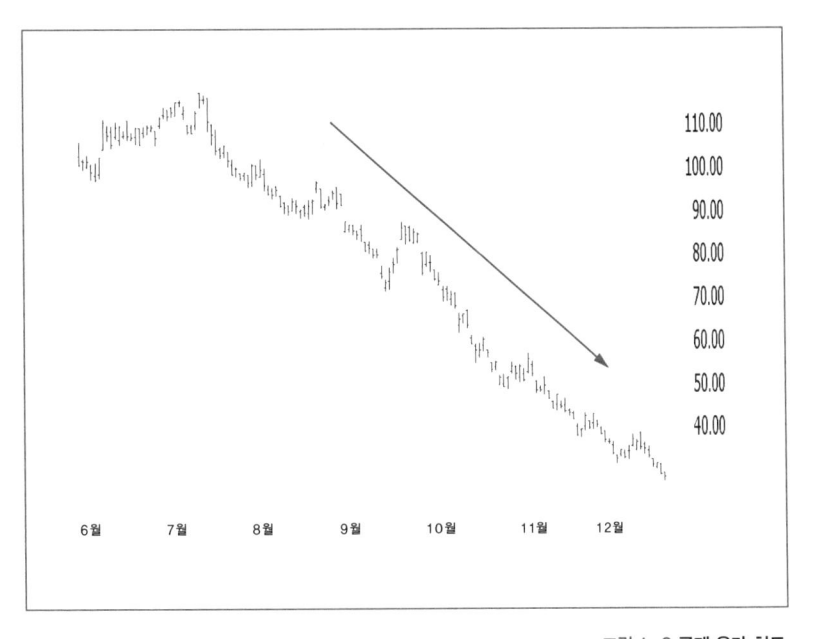

그림 1–8 **국제 유가 차트**

역사상 가장 유명한 석유 사업가조차 국제 유가에 투자해서 큰 손실을 보았는데, 하물며 초보 투자자라면 어떻겠는가? 결론은 아주 단순하다. 여러분은 자신이 믿고 싶은 것이 아니라 지금 눈앞에 보이는 것을 믿는 방법을 배워야 한다. 차트에 화살표 하나만 그려도 추세에 역행하여 싸우는 일을 멈출 수 있다. 모든 결정을 시장이 하도록 내버려 둔다면, 여러분이 맞을 때 시장에 머물러 있을 것이고, 여러분이 틀릴 때는 시장에서 빠져나와 있을 것이다. 가장 중요한 점은, 그렇게 함으로써 시장에 자신의 의지를 강요하는 감정적인 함정에 빠지지 않을 수 있다는 사실이다.

그렇게 쉬운 것이라면
왜 모든 사람이 하지 않는가

아주 좋은 질문이다. 사람들은 대부분 할인 판매를 좋아한다. 만약 50달러에도 괜찮아 보이던 주식이 있다면, 40달러는 굉장한 '할인 판매'처럼 느껴질 것이다. 그 주식이 30달러로 떨어진다면, 그야말로 초특가 할인 판매처럼 보인다. 이렇게 싼 물건을 찾아 헤매는 인간의 본성 때문에 사람들은 추세와 맞서 싸우려고 한다. 그런 사람들은 주가가 박살이 나서 곤두박질치고 있어도 포기하지 않을 뿐만 아니라 오히려 추가 매수를 하기도 한다. 하지만 이 같은 물타기는 손실을 키우는 지름길일 뿐이다.

시장을 이기려 하는 것은 인간의 본성이다. 나에게서 시장이 추세를 형성할 때 추세에 따라 매매하도록 배운 사람들은 대부분 처음에는 성공적으로 매매한다. 그들은 이제 매매가 쉬운 일이라고 생각하는 경향이 있다. 탐욕이 고개를 들기 시작하고, 좀 더 성공하기 위해 시장을 이겨보려고 애쓰게 된다. 그들은 추세가 시작되기도 전에 시장에 진입해 고점과 저점을 찾아내려고 애쓰다가 추세가 끝나기도 전에 빠져나온다. 그리고 필연적으로 발생하는 일련의 손실들을 겪고 나서 추세 추종 매매가 더 이상 통하지 않는다고 생각한다. 그들은 이제 다른 매매 시스템을 실험하기 시작한다. 때때로 괜찮은 방법을 찾아내 자신들의 새로운 매매 전략이 시장과 잘 들어맞는 '최적 값'을 용케 찾아낼 수도 있을 것이다. 하지만 그것은 생명력이 길지 않기 때문에 그들은 십중팔구 또 다른 접근법을 찾아 헤매게 된다. 어떤 접근법이든 결국은 시장과 영원히 잘 맞지 않는 것으로 결론 나기 때문이다.

　나는 매매가 쉬운 것이라고 언급한 적이 없다. 하지만 열심히 노력하고 약간의 상식만 갖추었다면 여러분도 매매에서 성공할 수 있을 것이라고 확신한다.

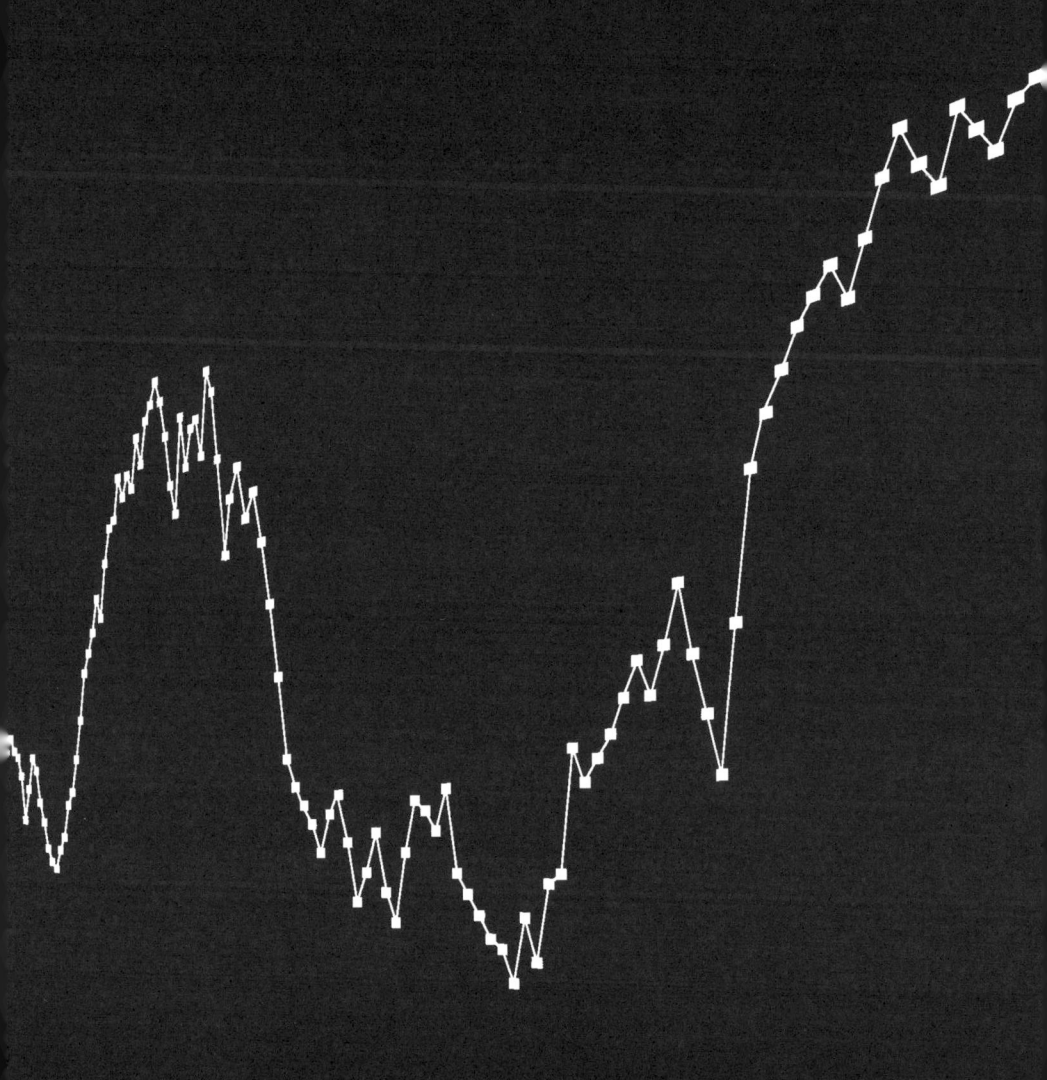

제2장

기술적 분석으로
시장의 마음을 읽어라

나는 이 책을 쓰기 시작했을 때, 주식은 매수해서 묻어두는 것이 아니라 사고파는 물건이라는 사실을 사람들에게 이해시키는 일이 매우 어려울 것이라는 생각을 했다. 다행스럽게도 2008년의 전 세계적인 금융 위기는 내 주장에 힘을 실어주었다. 대부분의 뮤추얼펀드가 시장이 하락한 것보다 더 큰 손실을 입었다. 슬픈 현실이지만, 이런 사태로 인해 많은 사람들이 퇴직금의 절반을 허공에 날렸다. 주식시장에서 일반적으로 통용되는 격언들은 대부분 틀린 말이다. 시장에서 오랫동안 살아남으려면 프로처럼 생각하는 방법을 배워야 한다.

바 차트
이해하기

　　　　　　　　　　　여러분이 시장을 이기려고 생각하지만 않는다면, 프로 투자자처럼 생각하는 것이 그렇게 어려운 일은 아니다. 시장은 감정을 기반으로 매매가 이루어지는 곳이다. 주가의 수익률이 최고인 기간 동안, 기업 가치는 주가에 별다른 영향을 미치지 않는다. 시장에 존재하는 진정한 감정을 읽는 유일한 방법은 기술적 분석을 사용하는 것이다.

　기술적 분석은 '주가 차트'를 사용하는 매우 효율적인 방법이다. 그러나 진정한 기술적 분석에서는 주가 차트만이, 오로지 주가 차트만이 사용된다. 오랜 연구 끝에 나는 스스로를 기술적 분석의 신봉자로 여기게 되었다. 나는 오로지 '가격' 한 가지에만 집중해야 한다는 것을 배웠다. 더 정확한 사실을 말하면, 가끔씩 사용하는 이동평균 이외에 나는 어떤 기술적 지표도 사용하지 않는다.

　주가 차트는 대규모의 기관투자가에서 초보 투자자에 이르기까지 모든 시장 참여자들의 거래를 반영한다. 물론 차트를 본다고 해서 시장 참여자들이 앞으로 어떤 행동을 할지 정확히 알 수 있는 것은 아니지만, 적어도 그들이 지금까지 어떤 행동을 했는지는 알 수가 있다. 바로 그 정보를 통해 다음번에는 어떤 일이 일어날지에 대한 아이디어를 얻을 수 있다.

　만약 그림 2-1의 간단한 차트를 이해할 수 있다면 여러분도 매매를 배울 수 있다.

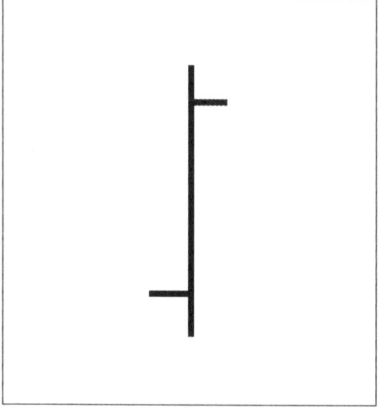

그림 2-1 **바 차트**   그림 2-2 **기본 바 차트**

　이것만 알면 여러분은 앞으로 주가수익비율PER, Price Earning Ratio, 배당금, 현금흐름, 현금준비금, 자산수익률ROA, Return On Assets 혹은 기업의 재무제표, 회계 자료 등의 어떤 것에도, 심지어 그 회사가 어떤 일을 하는 곳인지도 신경 쓸 필요가 없다. 그 밖에도 여러분이 신경 쓰지 않아도 될 것들이 이루 셀 수 없이 많다. 사실 해당 업종이 똑같은 추세를 형성하고 있는 기업의 주식에 투자하는 것이 중요하지만, 신경 쓸 부분은 딱 거기까지다.

　그림 2-1의 차트를 이해하기 위해 공부할 준비가 되어 있다면, 여러분은 시장에서 성공하는 투자자가 될 것이다.

　자, 이제 바 차트가 나타내는 것이 무엇인지 살펴보자. 앞으로 이 책에 나오는 모든 바 차트는 일간 바 차트다. 즉 하루 동안의 주가 움직임을 보여주는 차트다. 그림 2-2에 나오는 바 차트에는 네 가지의 정보가 들어 있는데, 시가 · 종가 · 고가 · 저가 이 네 가지가 바로 그것이다.

시가는 차트가 만들어지는 기간 동안, 즉 그날 하루에 처음 거래가 이루어진 가격을 의미한다. 그런 경우가 발생할 수도 있겠지만, 여기서 오늘의 시가가 반드시 전날의 종가와 같을 이유는 전혀 없다.

종가는 차트가 만들어지는 기간 동안, 즉 그날 하루의 마지막에 이루어진 거래 가격을 의미한다. 만약 화요일의 종가가 월요일의 종가보다 높다면, 이 주식을 매도하려는 사람보다 매수하려는 사람들이 더 많은 것이라고 판단할 수 있다. 만약 화요일의 종가가 월요일의 종가보다 낮다면, 이 주식은 매수하려는 사람들보다 더 많은 수의 매도하려는 사람들이 있다고 생각할 수 있다. 앞으로 곧 보게 되겠지만, 주식의 종가가 당일 가격 범위의 어느 위치에서 끝나느냐 하는 것 역시 유용한 정보가 될 수 있다.

고가는 차트가 만들어지는 기간 동안, 즉 그날 하루에 거래된 가격 중 가장 높은 가격을 의미한다. 만약 주식을 보유한 사람들이 주식을 팔려고 하지 않는다면, 매수 대기자는 그들의 매수호가를 현재가보다 올려야 한다. 따라서 매수 대기자가 더 높은 가격을 지불할 용의가 있다면, 주가는 더욱더 상승할 것이다.

저가는 차트가 만들어지는 기간 동안, 즉 그날 하루에 거래된 가격 중 가장 낮은 매매 가격을 의미한다. 만약 주식을 보유한 사람들이 불안감을 느끼고 매수 대기자가 매수를 주저하고 있다면, 주가는 하락할 것이다. 주식 보유자가 불안감을 더 느낄수록 점점 더 낮은 가격에서 매매가 이루어진다. 매도자는 자신이 원하는 가격에 주식을 사줄 매수자가 나타날 때까지 매도호가를 낮춰야 할 것이다.

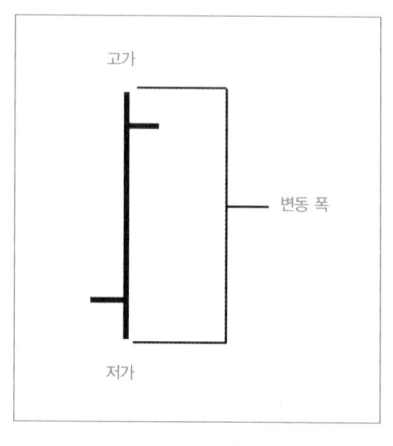

그림 2-3 **일일 변동 폭**

변동 폭(그림 2-3)은 당일 주가의 고가에서 저가까지의 폭을 의미
한다.

변동 폭이 좁을수록, 즉 고가와 저가의 차이가 작을수록 더 많은 투
자자들이 해당 주가에 동의했다는 것을 의미한다. 이런 일이 발생하면
그림 2-4와 같은 형태의 바 차트가 그려지는데, 이를 단봉NRB, Narrow
Range Bar이라고 한다. 반대로 변동 폭이 넓을수록, 즉 고가와 저가의 차
이가 클수록 더 적은 사람들이 해당 주가에 동의했다는 것을 의미한
다. 이런 일이 발생하면 그림 2-5와 같은 형태의 바 차트가 그려지는
데, 이를 장대봉 WRB, Wide Range Bar이라고 한다.

어떤 주식들은 기본 변동성이 매우 크기 때문에 변동 폭이 '크다' 혹
은 '작다'고 말하는 것은 상대적인 개념이라는 사실을 명심해야 한다.
어떤 주식에서는 넓은 변동 폭이 좀 더 변동성이 큰 주식에서는 반드

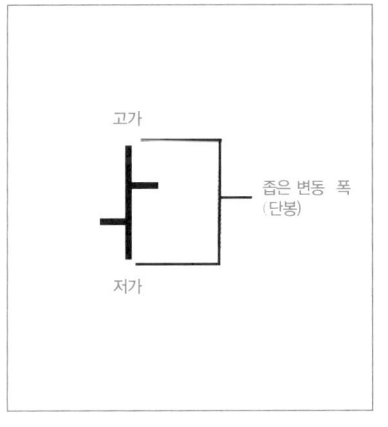

그림 2-4 **단봉**

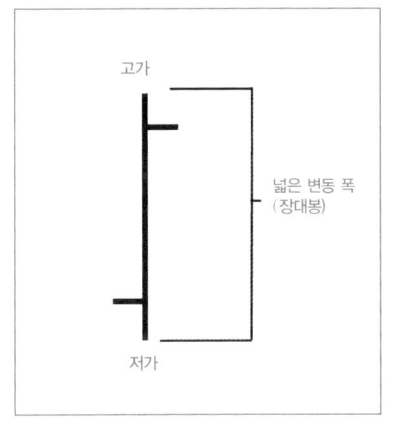

그림 2-5 **장대봉**

시 그렇지 않을 수도 있는 것이다. 또 같은 종목이라도 주식의 변동성이 항상 일정한 것은 아니다. 어떤 주식이든 과열되거나 침체기를 겪는 기간이 존재한다. 따라서 1년 전에는 넓은 변동 폭이었던 것이 지금은 보통의 변동 폭으로 받아들여질 수도 있다.

마지막으로 거래된 가격이 당일 변동 폭 중에서 고점이나 그 근처에 있으면 강한 종가(그림 2-6)라고 말할 수 있다. 이것은 그날 이 주식에 대한 매수 수요가 많았음을 의미하며, 중요한 점은 그 수요가 아직 남아 있는 것을 의미한다는 사실이다. 종가 무렵까지 매수한다는 것은 투자자들이 이 주식을 다음 날까지 보유하려 한다는 것을 의미한다.

마지막으로 거래된 가격이 당일 변동 폭 중에서 저점이나 그 근처에 있으면 약한 종가(그림 2-7)라고 말할 수 있다. 이것은 그날 이 주식에 대한 매도 공급이 매수 수요보다 더 많았음을 의미하며, 더 중요한 점은 공급할 물량이 아직도 남아 있다는 사실이다. 이는 투자자들이 이 주식을 다음 날까지 보유하고 싶어 하지 않는다는 것을 의미한다.

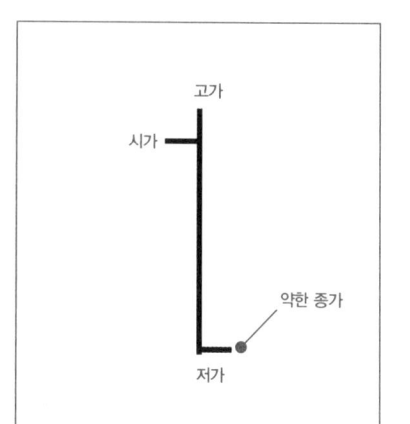

그림 2-6 **강한 종가**   그림 2-7 **약한 종가**

이제 전일 종가와 당일 시가의 관계에 대해 살펴보자. 반드시 그래야 만 하는 이유가 있는 것은 아니지만, 당일 시가가 전날의 종가와 같을 수도 있다. 하지만 밤사이 시장에 나온 뉴스나 사건들이 강력한 매수 세력 혹은 매도 세력을 만들어낼 수도 있다. 당일 시가는 밤사이에 나온 뉴스나 사건들이 투자자들에게 반영되어 서로 힘겨루기를 한 결과로 만들어지는 것이다. 주식을 보유하는 것에 불안감을 느끼는 투자자들은 가격에 상관없이 서둘러 매도하려 할 것이고, 자신이 그 주식을 매수하기도 전에 가격이 급등할까 봐 걱정스러운 투자자들은 가격에 상관없이 지금 당장 매수하려 할 것이다. 그 결과 감정에 휩쓸린 매매를 하게 되어, 장이 시작되자마자 당일의 고가 혹은 저가를 만들어낼 수도 있다. 나중에 설명하겠지만, 우리는 이런 상황이 발생했을 때 이익을 취하는 방법을 찾을 수 있다.

당일 시가는 다음 세 가지 중 하나가 된다. 1) 전일 종가보다 높은 당일 시가, 2) 전일 종가보다 낮은 당일 시가, 3) 전일 종가와 동일한 가격의 당일 시가가 그것이다.

만약 어떤 종목의 당일 시가가 전일 종가보다 높지만 전일 고가보다는 높지 않을 때, 우리는 이를 랩업Lap up이라고 부른다. 이 경우 당일 시가의 위치는 전일 변동 폭 범위 안에 존재하며 그림 2-8에 나타난 것과 같다.

만약 어떤 종목의 당일 시가가 전일 고가보다 높은 경우, 우리는 이를 갭업Gap up이라고 부른다. 갭업은 그림 2-9에 나타난 것과 같다.

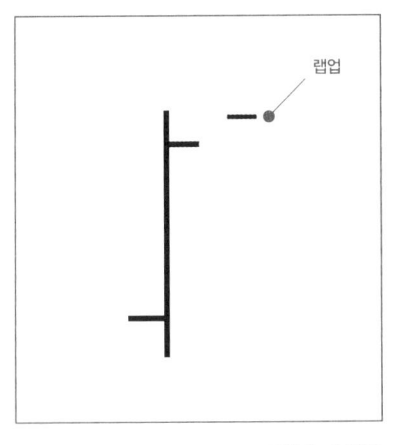

그림 2-8 **랩업**

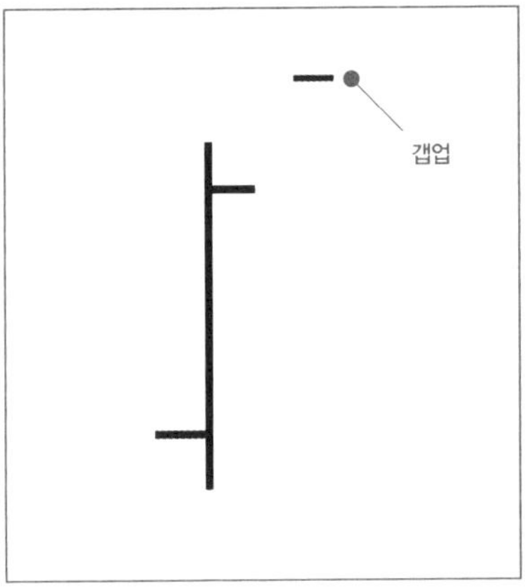

그림 2-9 **갭업**

랩업이나 갭업이 발생했다는 것은 밤사이 응축되어 있던 매수 수요가 당일 장이 시작되자마자 폭발적으로 쏟아져 들어왔다는 것을 의미한다. 반대의 경우로, 랩다운이나 갭다운이 발생했다는 것은 밤사이 응축되어 있던 매도 대기 세력이 장이 시작되자마자 일시에 매도 주문을 냈다는 것을 의미한다.

갭이나 랩이 발생할 때는 가격이 뛰는 폭도 중요하다. 큰 폭의 갭이나 랩이 일어난다는 것은 시장 참여자들 사이에 감정적으로 큰 동요가 있다는 것을 암시한다. 감정적 동요가 일어난 투자자들은 가격에 상관없이 서둘러 빠져나가거나 혹은 서둘러 진입하고 싶어 한다.

다음은 당일 종가와 시가의 위치에 따른 상관관계에 대해 살펴보자.

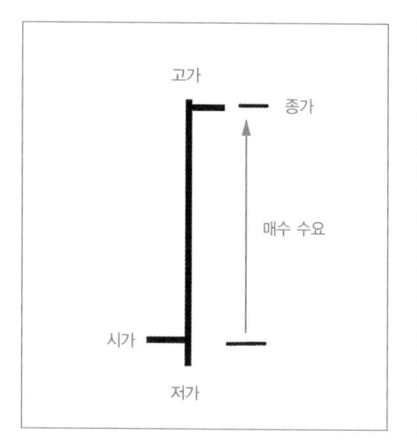

그림 2-10 **수요 초과**

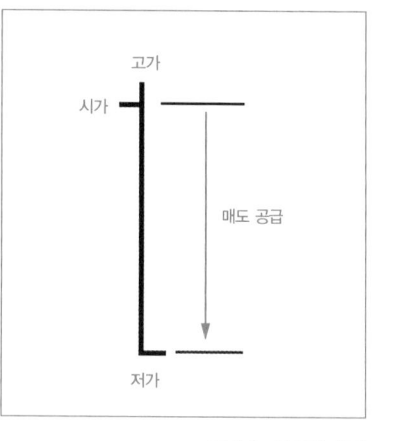

그림 2-11 **공급 초과**

그림 2-10과 같이 당일 종가가 당일 시가보다 높다는 것은 당일에 매

수 수요가 충분히 있었음을 의미한다. 특히 당일 주가가 시가 밑으로 많이 내려가지 않고 위쪽으로 넓은 변동 폭을 가지면서 강한 종가로 끝났다면 더욱더 확실하다.

반대로, 그림 2-11과 같이 종가가 시가보다 낮다는 것은 당일 매도 공급이 매수 수요를 초과했음을 의미한다. 특히 당일 주가가 시가 위로 많이 올라가지 못하고 아래쪽으로 넓은 변동 폭을 가지면서 약한 종가로 끝났다면 더 확실하다.

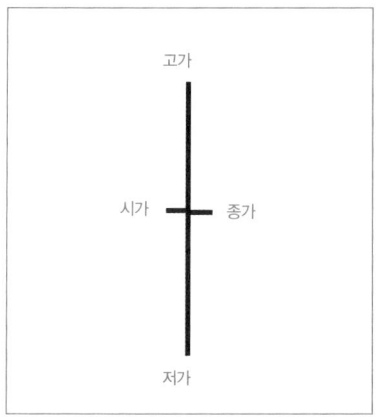

그림 2-12 **수요와 공급의 균형**

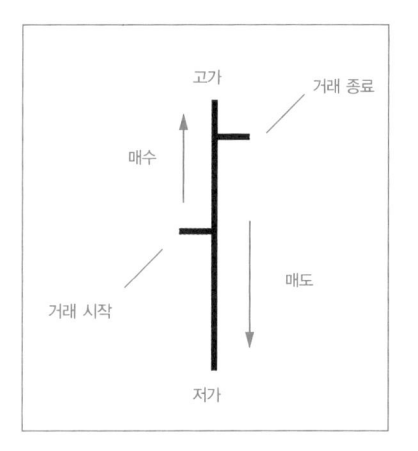

그림 2-13 **바 차트 정리**

이제 당일 종가와 시가가 거의 비슷한 경우를 생각해보자.(그림 2-12) 이는 당일 종가 무렵에 매수자와 매도자들이 해당 종목의 적정 가격에 거의 동의했음을 의미한다.

요약하면(그림 2-13), 시가는 당일 처음 거래가 이루어진 가격을 의미하고 종가는 마지막 거래가 이루어진 가격을 의미한다. 매수자(수요자, 매수호가로 가격을 올리는 투자자)는 당일의 고가를 만들어내고, 매도자(공급자, 매도호가로 가격을 내리는 투자자)는 당일의 저가를 만들어낸다.

예제: 가상 회사 벨르의 주가

버섯을 재배하는 벨르 BELLE라는 회사가 있다고 가정해보자. 이 회사는 맛 좋은 버섯 종균을 이용해 자금을 모으고 주식시장에 상장하기로 결정했다. 비공개 기업이 상장하기 위해서는 기업공개 IPO를 통해 주주를 모집해야 한다.

상장 첫날인 월요일에 이 회사의 주가는 10달러로 시작해 즉시 주가가 상승했다. 상장 초기 이 회사에 대한 반응은 매우 호의적이었다. 주가는 시가 아래로 내려가지 않았고, 따라서 당일 시가가 곧 저가가 되었다. 고가는 10.50달러까지 올라갔지만, 종가는 약간 밀려 10.25달러로 끝났다. 바 차트 하나로는 매매 결정을 위한 충분한 정보를 얻지 못하지만, 시장 참여자들이 첫날 이 주식을 어떻게 평가했는지는 알 수 있을 것이다.(그림 2-14)

화요일이 되자 이 주식은 전날의 종가보다 높은 가격에서 시가가 형성되었다. 하지만 전날의 고가보다 높지 않아서 랩업을 만들었다. 그것은 이 회사에 대한 매수 수요가 상당수 존재한다는 것을 말해준다. 투자자들은 밤사이 이 회사의 주식을 전일 종가보다 높은 가격에 매수

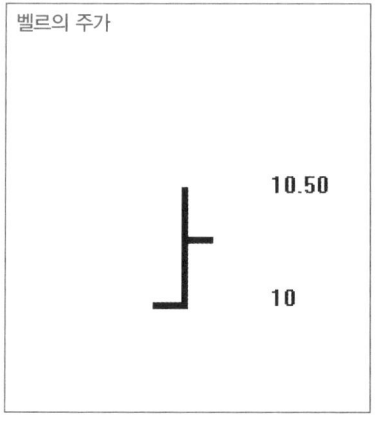

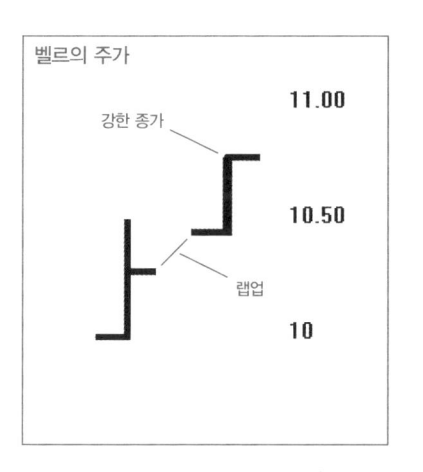

그림 2-14 **상장 첫날**   그림 2-15 **상장 둘째 날**

하기로 결정한 것이다. 또한 이날도 당일 저가는 시가와 같았다. 주가가 하루 종일 시가보다 높은 가격대에 머물렀다는 것은 사람들이 이 가격대를 적정 가격대로 여기고 있음을 의미한다. 이날의 종가는 당일 고가를 만들면서 끝났다. 이는 투자자들이 종가에 이 종목을 매수했음을 의미한다. 즉 적어도 종가에 팔아치우려 하지 않았다는 것이다.(그림 2-15)

수요일이 되자 이 주식은 전날의 고가보다 높은 가격, 즉 갭업으로 시작되었다. 이는 투자자들이 이 주식에 돈을 지불할 용의가 있음을 다시 한 번 증명하는 것이다. 시가에서 약간 하락하려는 시도는 매수자들의 지지에 의해 무산되었다. 이 주식은 이후 상승 추세를 지속했고 가장 큰 하루 변동 폭을 만들어냈다. 고가는 12달러를 찍었고 고가에서 많이 떨어지지 않은 가격에서 종가를 만들었다. 종가가 당일 고가

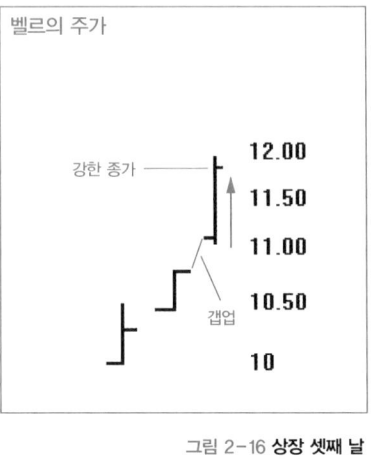

그림 2-16 **상장 셋째 날**

로 끝나지 않았다는 사실은 약간의 매도 세력이 남아 있다는 것을 의미
한다. 하지만 당일 고가 근처에서 종가가 만들어졌기 때문에 많은 투자
자들이 이날도 역시 이 주식을 다음 날까지 보유하고 싶어 한다는 사실
을 보여준다.(그림 2-16)

상장 후 넷째 날인 목요일이 되자 주가는 아주 높은 가격으로 갭업하
면서 시작되었다. 이는 일부 투자자들이 가격이 얼마가 되든 상관없이
이 주식을 무조건 보유하고 싶어 한다는 것을 의미한다. 하지만 갭업
으로 만들어진 시가는 당일의 고가가 되었다. 이것은 이전에 이 주식
을 매수했던 투자자들이 이젠 이 주식을 팔고 싶어 한다는 사실을 보
여준다. 강한 매도가 유입된 결과, 종가는 당일 저가로 마무리되었다.
게다가 당일 종가는 전날의 종가보다 낮은 가격이었다. 이것은 이 종
목에 이미 문제가 있었다는 사실을 암시한다. 시가에 이 종목을 매수

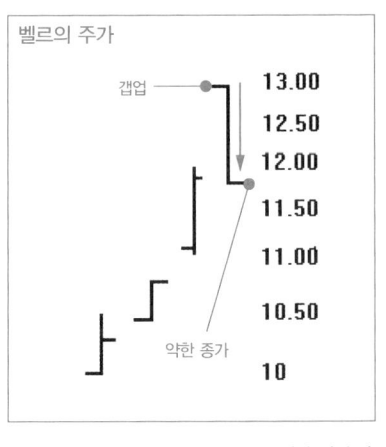

그림 2-17 **상장 넷째 날**

한 사람들은 이제 손실을 보는 거래를 하고 있는 것이다. 전날의 고가 근처에서 이 종목을 매수한 투자자들도 손실에 직면하지 않을 수 없다. 약한 종가는 투자자들이 해당 종목에서 빠져나가고 싶어 한다는 사실을 암시한다. 그들은 이제 이 주식을 다음 날까지 보유하고 싶어 하지 않는다.(그림 2-17)

금요일에도 매도는 계속된다. 주가는 갭다운으로 시작되었다. 그것은 투자자들이 가격이 얼마가 되었든 상관없이 이 종목에서 빠져나가고 싶어 한다는 사실을 의미한다. 이후 주가는 시가 위로 한 번도 올라가지 못했다. 하루 종일 강한 매도 세력이 유입되었고 종가는 아주 낮은 가격으로 끝났다. 이러한 약한 종가는 투자자들이 이 종목을 보유하지 않으려 한다는 사실을 의미한다. 또 이날의 종가는 월요일 종가보다 아주 약간 높은 수준이다. 이제 어느 시점에 매수를 했더라도 이

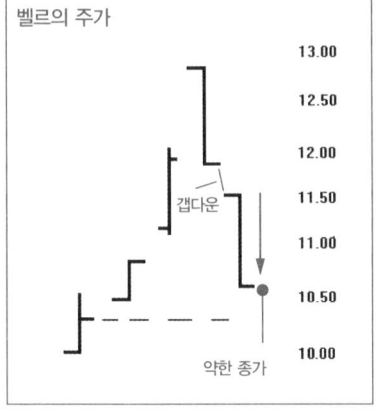

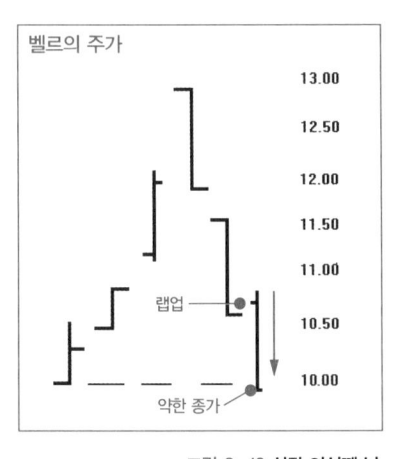

그림 2-18 **상장 다섯째 날**

그림 2-19 **상장 여섯째 날**

종목을 보유한 투자자는 대부분 손실에 직면하게 된다.(그림 2-18)

다음 주 월요일, 상장 6일째에 주가는 전날 종가보다 약간 높은 가격에서 출발해 초반에는 약간 상승하는 듯했다. 이는 싼값에 매수하려는 투자자들이 이 종목을 매수했음을 의미한다. 하지만 주가는 곧바로 고점을 찍고 미끄러져서 더 낮은 가격으로 종가를 만들었다. 이날의 종가는 지난주 월요일 상장 첫날 거래를 시작한 가격보다 아래로 떨어졌다. 이제 오늘 종가로 매수한 투자자를 제외하고 모든 사람들이 손실을 보고 있다.(그림 2-19)

상장 후 초반에 일었던 희열은 사라지고 이제 주가는 (a)의 화살표에 나타난 것처럼 횡보하기 시작한다. 이제부터 이 종목은 그저 그런 식품 회사로 여긴다. 그들이 만든 식품의 맛이 아무리 뛰어나다 한들 무슨 소용이 있겠는가? 주가는 10달러와 10.50달러 사이에서 지루한 횡보

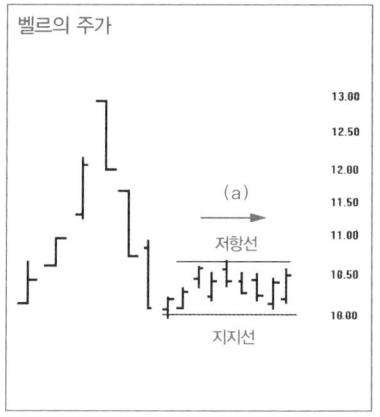

그림 2-20 **지지선과 저항선**

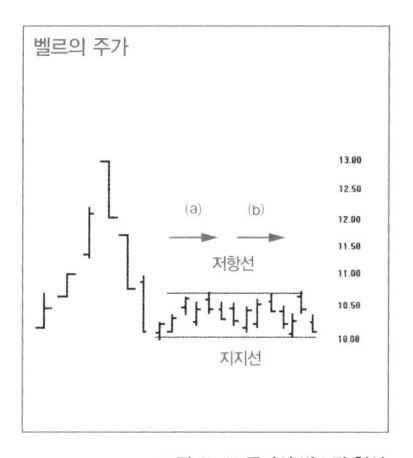

그림 2-21 **주가의 박스권 형성**

를 계속한다. 횡보하는 가격의 아래쪽은 '지지선' 역할을 하게 된다. 즉 주가가 그 가격까지 내려오면 저가 매수 세력이 달려들어 더 이상 내려오지 않도록 만든다. 횡보하는 가격의 위쪽까지 주가가 올라오면 투자자들은 이 가격이 비싸다고 생각해 매도 주문을 쏟아낸다. 이것이 우리가 알고 있는 '저항선'의 개념이다.(그림 2-20)

다시 일주일이 흘러갔다. 주가는 (b)의 화살표에 나타난 것처럼 횡보를 계속하면서, 횡보하는 가격대의 아래쪽 가격(10달러)은 지지선 역할을 하고 위쪽 가격(10.50달러)은 저항선 역할을 하고 있다. 주가가 지지선과 저항선 사이를 오르락내리락하며 움직일 때, 우리는 주가가 박스권에 갇혔다고 얘기한다. 주가의 횡보가 길어질수록 투자자들은 이 가격대를 적정 가격으로 여기는 경향이 있다.(그림 2-21)

그러다 주가가 횡보하던 박스권을 아래로 뚫고 내려온다. 그러면 직전 박스권 가격대의 아래쪽 가격대는 새로운 저항선 역할을 하게 된다. 이제 직전 박스권에서 이 주식을 매수한 사람은 모두 손실을 보게 되고 어떻게든 본전이라도 찾아 빠져나오려 할 것이다. 그것이 바로 인간의 본성이다. 따라서 주가가 박스권에 갇혔을 때는 매수하지 않는 것이 무엇보다 중요하다. 그렇지 않으면 그동안 어렵게 번 돈을 모두 날릴 수도 있다.(그림 2-22)

벨르의 주가는 8.75달러까지 떨어졌다가 직전 박스권의 저항선을 향해 다시 상승 흐름을 보인다. 이 시점이 아주 어려운 지점이다. 직전 박스권에서 이 주식을 매수한 투자자들은 본전만 되면 빠져나오려고 혈안이 되어 있을 것이다.(그림 2-23)

벨르의 주가는 다시 하락하기 시작하고, 8.75달러에서 살짝 반등한다. 바닥을 찾는 사람들은 이 가격이 싼 가격에 주식을 매입할 절호의 기회라고 여긴다. 현재의 주가가 단지 싸다고 해서 더 싸지지 말란 법은 없다. 하지만 직전의 저점에서 다시 한 번 반등한다는 것은 이 가격대가 새로운 지지선이 될 수 있음을 의미한다. 바닥을 찍고 반등하는 두 가격대가 똑같거나 거의 비슷하다면, 특히 둘 사이의 기간 동안 활발한 매매가 진행되었다면, 이 가격대는 이른바 '이중 바닥'을 형성하는 것이다.(그림 2-24) 이런 패턴이 발생했을 때 즉각 매매하라고 권유하려는 것은 아니다. 여러분은 해당 종목이 이 같은 고전적인 기술적 패턴에서 상승 흐름을 되찾을 가능성이 있는지 반드시 살펴봐야 한다. 여기서 중요한 점은, 고점이나 저점을 정확히 찍어내려는 시도를 해선 안 된다는 사실을 깨닫는 것이다.

벨르의 주가는 이전의 박스권으로 다시 올라섰고 그 가격대에서 오

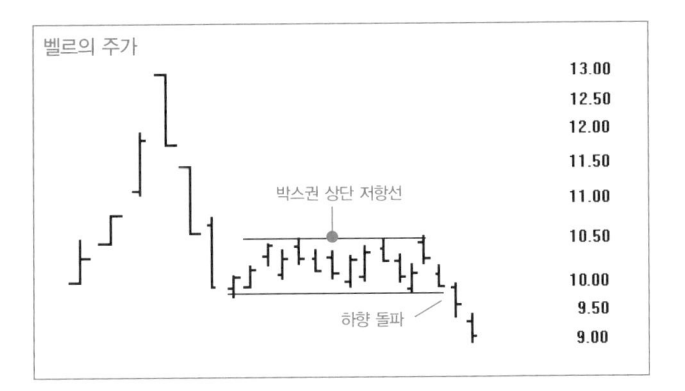

그림 2-22 **박스권의 저항선 역할**

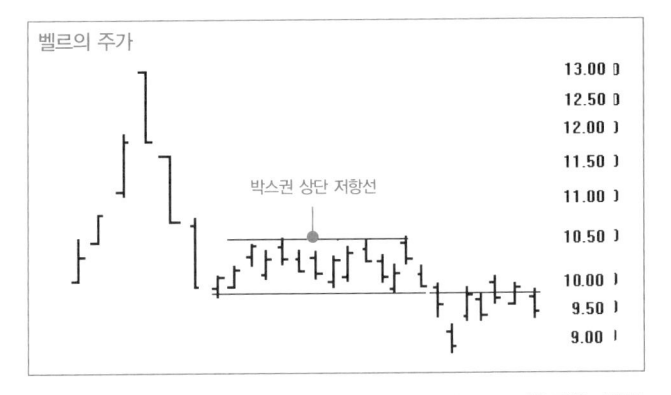

그림 2-23 **더욱 강한 저항선**

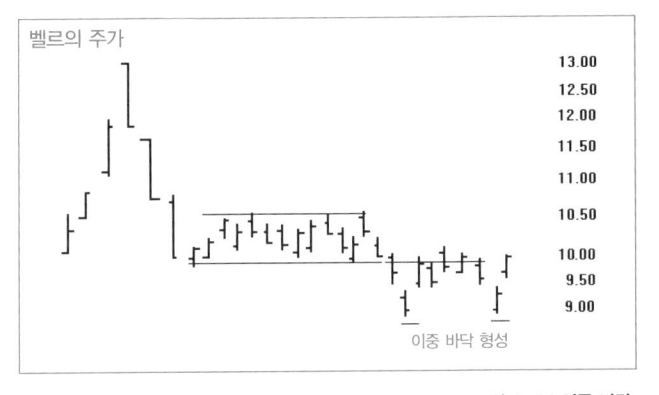

그림 2-24 **이중 바닥**

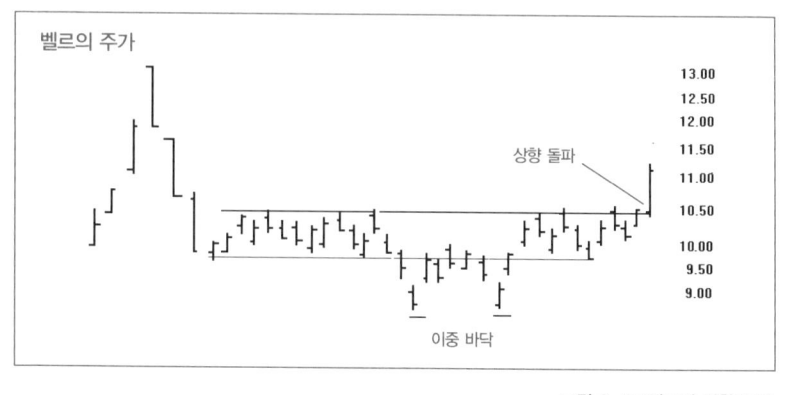

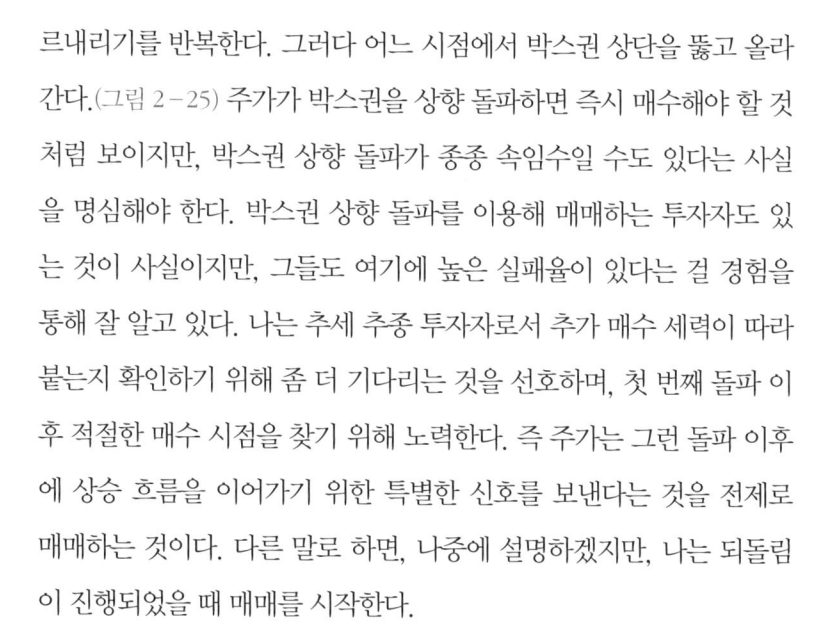

그림 2-25 **박스권 상향 돌파**

르내리기를 반복한다. 그러다 어느 시점에서 박스권 상단을 뚫고 올라 간다.(그림 2-25) 주가가 박스권을 상향 돌파하면 즉시 매수해야 할 것 처럼 보이지만, 박스권 상향 돌파가 종종 속임수일 수도 있다는 사실 을 명심해야 한다. 박스권 상향 돌파를 이용해 매매하는 투자자도 있 는 것이 사실이지만, 그들도 여기에 높은 실패율이 있다는 걸 경험을 통해 잘 알고 있다. 나는 추세 추종 투자자로서 추가 매수 세력이 따라 붙는지 확인하기 위해 좀 더 기다리는 것을 선호하며, 첫 번째 돌파 이 후 적절한 매수 시점을 찾기 위해 노력한다. 즉 주가는 그런 돌파 이후 에 상승 흐름을 이어가기 위한 특별한 신호를 보낸다는 것을 전제로 매매하는 것이다. 다른 말로 하면, 나중에 설명하겠지만, 나는 되돌림 이 진행되었을 때 매매를 시작한다.

벨르에 대한
새로운 뉴스

―――――――――― 이제부터는 벨르에 대한 가상 뉴스가 나오는 것을 소개하려고 한다. 여기선 뉴스에 의해 주가가 움직이는 것이 아니라, 기술적 분석(차트 자체)이 새로운 뉴스를 만들어낼 수도 있다는 사실을 보여줄 것이다.

내가 이런 작업을 보여주는 이유는, 차트는 뉴스를 완전히 무시할 뿐 아니라 뉴스와 반대로 행동할 수도 있다는 사실을 보여주기 위해서다. 애플에 투자한 우리의 초보 투자자에게 어떤 일이 일어났는지 다시 상기해보기 바란다.

주가가 오르내리는 것은 뉴스와 직접적인 연관성이 없는 경우가 종종 있다. 주식은 현실을 바탕으로 움직이는 것이 아니라 현실에 대한 사람들의 인식을 바탕으로 움직인다. 주식으로 돈을 벌기 위해서는 주가가 여러분이 원하는 방향으로 움직이기만 하면 된다. 다시 한 번 반복한다. 매매를 통해 수익을 내는 데 필요한 것은 주가가 원하는 방향으로 움직여야 한다는 것 이외에는 아무것도 없다. 여기에 무슨 특별한 이유 같은 것은 없다. 쓸데없이 뉴스에 민감하게 반응하면서 걱정할 필요가 없다. 다시 말하건대, 오로지 가격 자체의 움직임만 공부하면 된다.

현실에 대한 사람들의 인식을 바탕으로 움직이는 주가는 기술적 분석을 위대하게 만든다. 주가는 종종 뉴스가 '발표'되기도 전에 오르기도 하고 내리기도 한다. 물론 미디어들은 주가가 왜 움직였는지 나중에 그 이유를 설명하려고 애쓰겠지만, 대부분의 경우 매매를 잘하는 투자자들은 이미 몇 걸음 앞서나가 있다. 주식은 또한 아무런 뉴스 없이도 움직일 수 있다. 과거 여러분의 성공적인 매매들을 살펴보면 아무런 뉴스도 없이 가격이 상승한 종목이 있고, 어떤 경우에는 뉴스와 반대로 매매한 때도 있었을 것이다. 사람들은 항상 지나고 나서야 이유를 찾으려 한다. 하지만 주식 매매에 있어서는, 그런 식으로 딱히 설명할 만한 이유가 없는 경우가 많다. 시장의 움직임에 논리를 적용하려는 시도는 종종 투자자로 하여금 주가의 움직임과 반대로 행동하게 만든다. 다시 말하지만, 우리에게 필요한 것은 주가가 원하는 방향으로 움직이는 것뿐이다. 움직이는 '이유'는 중요하지 않다! 진실과 논쟁을 혼동하지 말자.

이제 다시 벨르로 돌아가자. 박스권을 상향 돌파하고 며칠이 지나자 아시아에서 시작된 다이어트 비법이 미국에서 유행하고 있다는 기사가 나온다. 벨르에서 재배한 버섯을 1파운드 먹을 때마다 몸속의 지방이 2파운드씩 빠져나간다는 추측 기사다.

벨르의 주가는 상승하지만 과거의 고점을 찍고는 반락하기 시작한다. 과거 고점에서 매수한 투자자들이 이제 본전을 찾아 빠져나오려 하는 것이다. 이것이 소위 말하는 '이중 천장'의 형성이다. 이때부터 매우 강한 매도세가 출현한다. 상승 추세는 가파르게 시작된 것만큼이나 가파르게 끝이 난다.(그림 2-26)

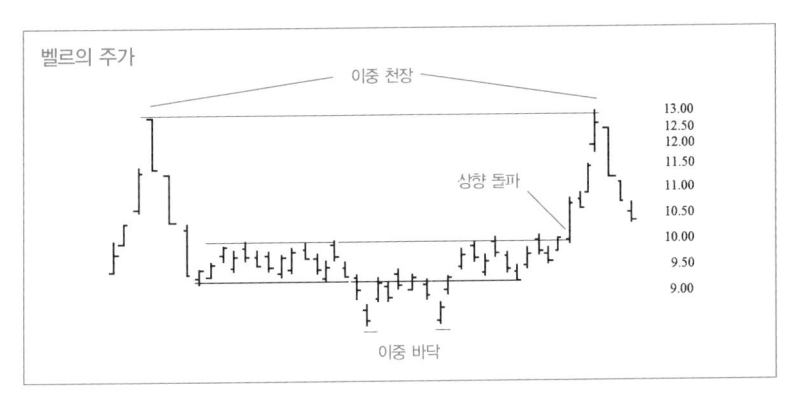

그림 2-26 **이중 천장**

다시 말하지만, 이런 패턴을 직접 이용해 매매하라고 권하는 것이 아니다. 그보다는 이런 패턴을 예비 신호로 삼고 뒤에서 논의될 개념들과 결합하여 매수 시점을 찾거나 매도 시점(공매도)을 찾는 도구로 활용할 수 있을 것이다.

며칠이 지나자 이 다이어트 방법이 광고에서 말하는 것처럼 효과적이지 않다는 보고서가 나온다. 또다시 주가의 움직임이 뉴스를 만들어낸 것이다.

벨르의 주가는 이제 (a)로 표시된 직전의 박스권 상단에서 지지를 받는다. 주가는 이후 며칠 동안 횡보하며 바닥을 다지다가 (b) 지점에서 다시 한 번 상승하기 시작한다. 그리고 이번에는 주가가 직전 고점을 뚫고 올라가 종가 기준으로 사상 최고치를 만들어낸다. 이 종목의 주식을 보유하고 있던 투자자들은 모두 이익을 보게 되는 것이다.(그림 2-27)

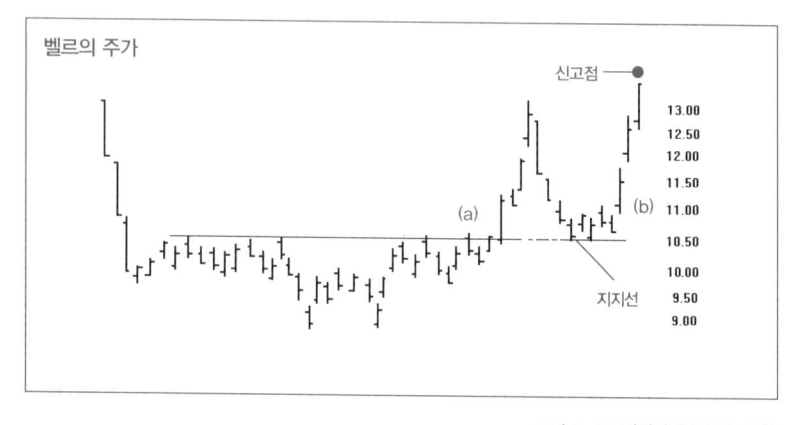

벨르의 주가

신고점 ●

13.00
12.50
12.00
11.50
(a)   (b) 11.00
10.50
10.00
지지선   9.50
9.00

그림 2-27 **지지선과 신고점 경신**

주가가 신고점을 경신하고 얼마 지나지 않아 벨르에서 재배한 버섯
으로부터 에탄올을 추출할 수 있다는 보고서가 나온다. 에너지 가격
의 급상승과 함께 벨르는 그저 그런 식품 회사가 아니라 새로운 에너
지 회사로 인식되어 매매가 이루어진다. 기술적 분석의 장점은 이러
한 패러다임의 변화를 누구보다 빨리 포착할 수 있도록 도와준다는
사실이다.

벨르에 대한 매수 수요가 폭발하여 주가는 높이 갭업하고 장대 양봉
을 만들면서 강한 종가로 장을 마감한다.(그림 2-28) 여기서 추세가 나
는 모양을 살펴보면 추세의 본질적인 특성과 관련한 단서들을 찾을 수
있다. 즉 추세는 그림 2-28에서 (a)로 표시된 것과 같은 되돌림을 동
반한다. 이런 현상이 나타나는 것은 추세가 충분히 진행되었다고 판단
한 일부 투자자들이 이익 실현을 했기 때문이다. 또 이런 되돌림은 벨
르의 버섯에서 추출한 에탄올로 모든 사람들이 자동차를 모는 일은 실

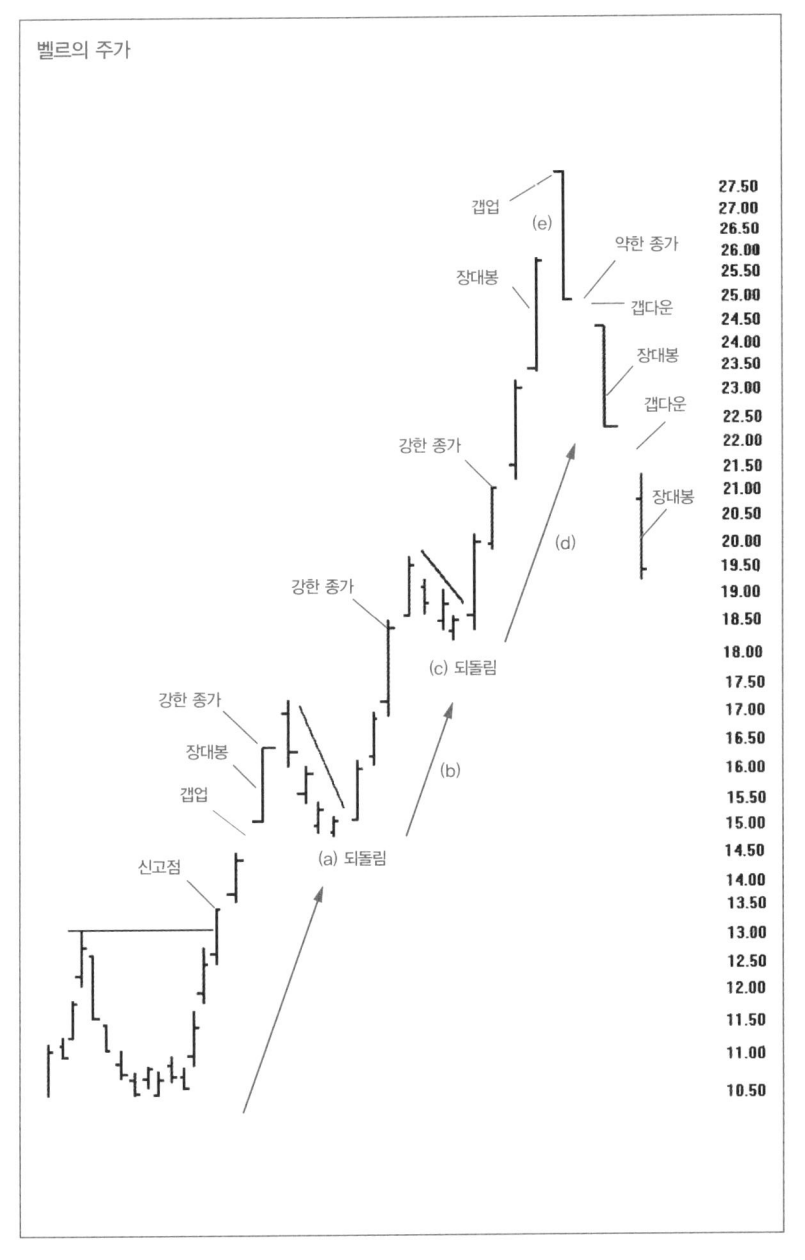

벨르의 주가

갭업 (e)	27.50 27.00 26.50
약한 종가	26.00 25.50
장대봉	25.00
갭다운	24.50 24.00 23.50
장대봉	23.00 22.50
갭다운	22.00 21.50
강한 종가	21.00 20.50
장대봉	20.00 19.50
(d)	19.00
강한 종가	18.50 18.00
(c) 되돌림	17.50 17.00
강한 종가	16.50
장대봉	16.00
갭업	15.50 15.00
(b)	14.50
(a) 되돌림	14.00 13.50
신고점	13.00 12.50 12.00
	11.50 11.00 10.50

그림 2-28 **최후의 고점**

제2장 · 기술적 분석으로 시장의 마음을 읽어라 79

현되기 어렵다고 믿는 사람들이 강한 매도 세력을 형성했기 때문일 수도 있다. (a)로 표시된 되돌림이 마무리되면 주가는 (b)의 화살표로 표시된 것처럼 다시 상승한다. 주가는 종종 추세를 형성하다가 되돌림을 보여주고, 또다시 추세를 만들어간다.(그림 2-28)

에너지 가격은 강한 상승 흐름을 지속하고 따라서 벨르의 주가도 상승을 계속한다. 버섯은 에탄올의 원료로 사용하기엔 그리 좋은 것이 아니라는 보고서가 나왔지만 별 영향이 없었다. 하지만 버섯에서 추출하는 에탄올이 연료로서의 가치가 떨어진다는 보고서들이 연이어 나온다. 그러자 주가는 다시 (c)로 표시된 것과 같은 되돌림을 형성하지만, 또다시 그런 보고서들을 무시하면서 (d)의 화살표로 표시된 것처럼 더 큰 상승 흐름을 만들어낸다.

(e)로 표시된 날이 되자 벨르의 주가는 투자자들이 상상할 수 없을 정도로 크게 갭업을 한다. 하지만 아무리 좋은 것도 끝은 있는 법. 갭업으로 시작된 시가는 정확히 이날의 고가가 되었고, 아마도 이 종목 자체의 사상 최고치로 기록될 것이다. 시가에 발생한 갭업은 시가 갭 채움 반전(OGRe, 나중에 설명할 것이다)을 만들면서 빠르게 하락하는 흐름을 보여준다.

자신만만하게 들어온 '신출내기'들은 시장의 함정에 빠지고, 주가는 처참하게 하락한 결과, 전일 종가보다 낮은 가격에서 끝난다. 다음 날이 되자 주가는 붕괴를 거듭하면서 상승할 때와 마찬가지로 방향만 바꾼 채 급격히 무너져 내린다.

추세 추종 투자자로서 여러분은 언제 추세가 끝나는지 빨리 알아차려야 한다. 여러분은 적절한 자금 관리와 포지션 관리를 통해 이러한 결정을 시장이 알아서 내릴 수 있도록 해야 한다. 만약 여러분이 시장은 오르기도 하고 내리기도 한다는 사실을 받아들인다면, 하락 추세가 나타날 때에도 매도를 통해 수익을 낼 수 있는 기회를 찾으려 할 것이다.

실제 기업의
주가 상승과 하락

─────────────── 이제 에너지 및 자원 관련 기업인 엠파이어 리소스ERS, Empire Resources라는 회사의 실제 주가를 살펴보자.

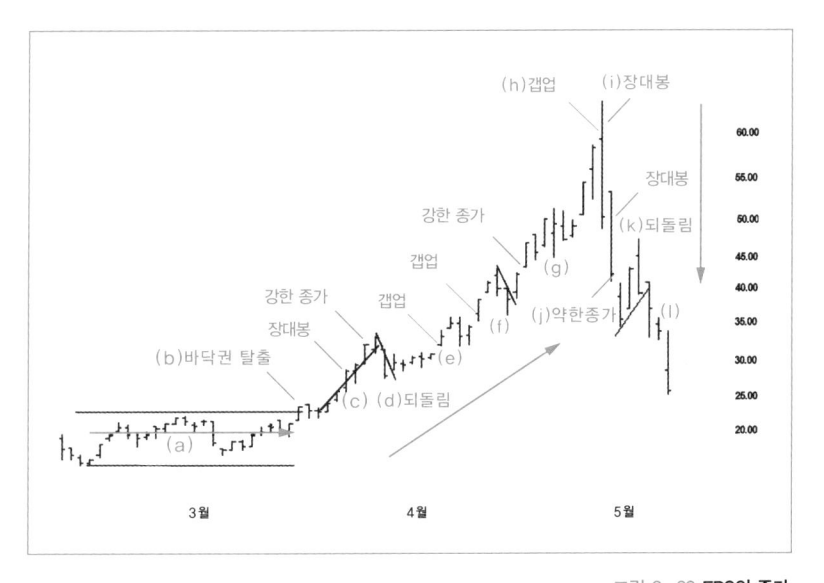

그림 2-29 **ERS의 주가**

그림 2-29에 나타난 이 회사의 주가 흐름을 살펴보면 우리가 지금까지 살펴본 가상 기업 벨르와 많이 닮았다는 것을 알 수 있다.

■ **요약**

진정한 의미의 기술적 분석은 주가의 움직임을 예측하기 위해 오로지 주가 차트만을 사용한다. 다른 요소들은 모두 무시한다. 주가 차트는 시장 참여자들이 지금까지 어떤 행동을 했는지를 정확하게 보여준다.

그들이 앞으로 어떤 행동을 하게 될지 알 수 있는 것은 아니지만, 우리는 지금까지 진행된 그들의 행동을 기초로 시장 참여자들이 앞으로 어떤 행동을 할 가능성이 높은가에 대한 아이디어를 얻을 수 있다.

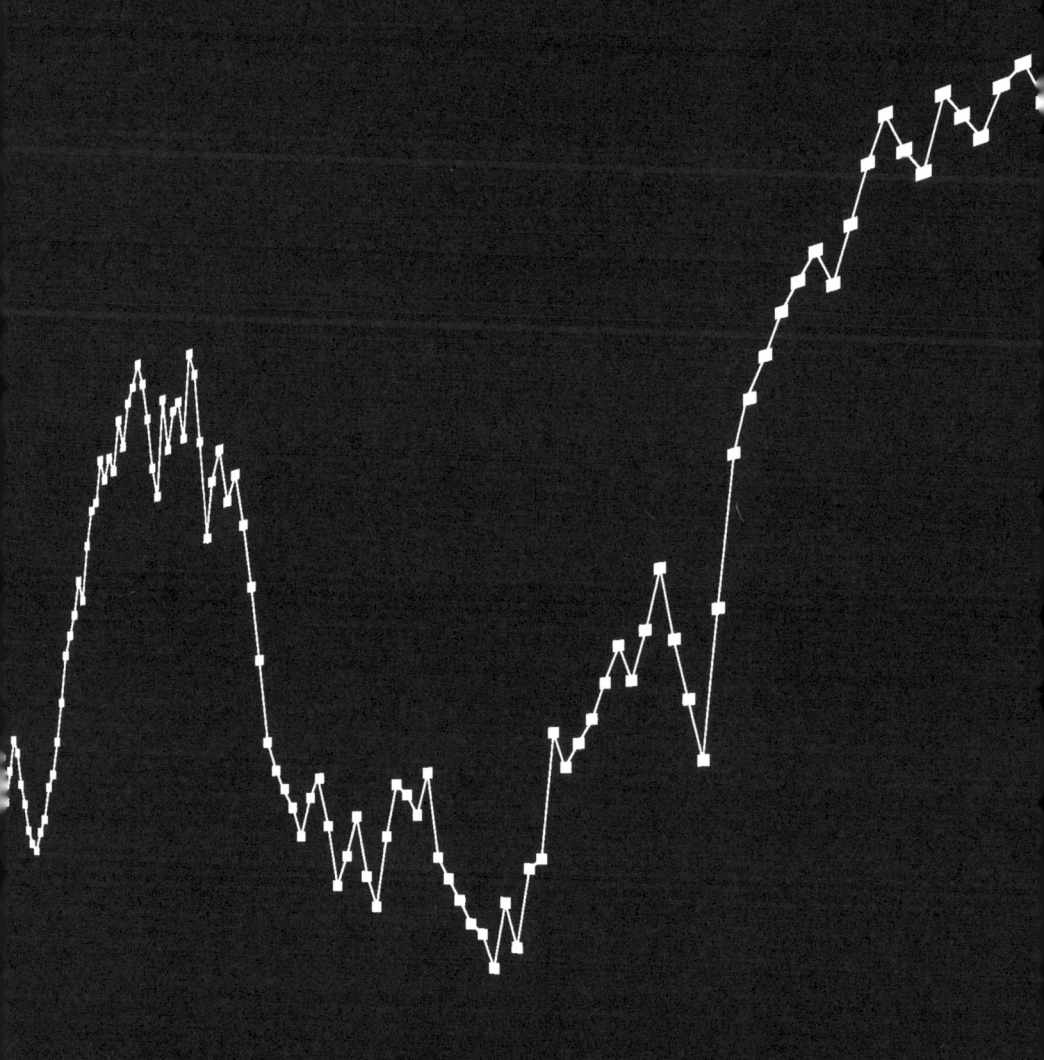

제3장

단기 수익과 장기 수익
모두를 위한 매매를 하라

단기 수익과 장기 수익
모두를 위한 매매를 하라

기상청에서 날씨를 예측할 때, 예측하려는 기간이 길수록 정확한 예측을 하기가 어려워진다. 지금 구름이 잔뜩 끼어 있고 천둥소리가 들린다면 곧 비가 올 확률이 높을 것이다. 하지만 다음 주 혹은 다음 달에 비가 올 것인지로 넘어가면 얘기가 달라진다. 마찬가지로 미래의 시장 움직임을 예상하는 것이 확률을 기반으로 한 것이긴 하지만, 장기적인 움직임보다는 단기적인 움직임을 예측하는 게 훨씬 쉽다. 더 나아가 여러분이 시장에 머무는 시간이 길수록, 비에 흠뻑 젖을 가능성이 더 높다는 것 또한 부인할 수 없는 사실이다. 따라서 단기 매매는 시장에 노출되는 기간이 짧기 때문에 리스크 또한 상대적으로 작다.

여기까지 듣고 나면 여러분은 내가 단기 매매를 옹호한다고 생각할 수도 있겠다. 어느 정도는 맞는 말이다. 하지만 단기 매매는 많은 장점들에도 불구하고, 단점 역시 갖고 있다. 가장 큰 단점은 시장에 참여하는 기간이 짧기 때문에 기대 수익 또한 제한적이라는 점이다. 큰 추세를 만들기 위해서는 많은 시간이 필요하다. 진짜 큰돈은 장기 추세에서 벌 수 있기 때문이다.

장기 매매는 큰돈을 벌 수 있지만 리스크가 너무 크고, 단기 매매는 리스크가 작지만 큰돈을 벌 수 없다면, 도대체 어떤 매매를 하란 말인가? 답은 간단하다. 그 둘은 상호 배타적인 선택의 문제가 아니다. 단기 수익을 노리면서 매매를 하더라도 자신이 원하는 방향으로 시장이 움직이는 한, 포지션 일부를 그대로 보유하지 않을 이유가 무엇이 있 단 말인가? 그렇게 하면 지금 당장 케이크를 맛보면서 일부는 냉장고 에 보관도 할 수 있다.

나는 이 같은 관점에서 단기 매매와 장기 매매 모두에서 수익을 낼 가능성이 있는 종목을 발굴한다. 나의 목표는 작지만 빠른 이익을 취 하면서, 시장이 내가 원하는 방향으로 움직이는 한, 일부 포지션을 그 대로 남겨두는 것이다. 나는 단기 스윙 매매 성향이 강하지만, 더 많은 시간과 자금 관리를 사용하는 장기 투자자로서의 내 모습 또한 사랑한 다. 나의 접근법은 한나 몬타나(톱스타와 평범한 학생의 이중생활을 하는 영화 속 인물 – 옮긴이)처럼 양쪽 세상의 장점을 모두 추구하는 것이다.

매매란
무엇인가

———————— 매매 전략으로 들어가기에 앞서 매매라는 것 이 과연 무엇인지 생각해보자. 매매는 간단히 말해 (a)의 가격에 주식 을 사서 또 다른 가격인 (b)에 다시 파는 것이다. 이 경우 매매로 인한 손익은 간단히 (b)-(a)로 계산된다.(그림 3-1)

반대로 (a)의 가격에 먼저 팔고(공매도 혹은 선물매도) 나중에 (b)의 가격 에 되사는 매매도 있다. 이 경우 매매로 인한 손익은 간단히 (a)-(b)로 계산된다.(그림 3-2)

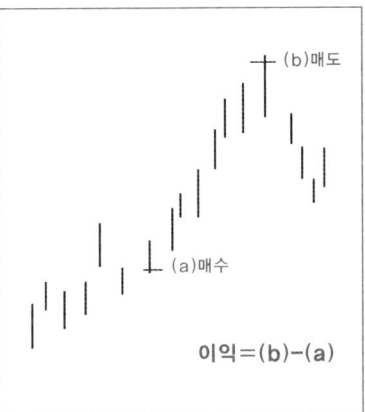

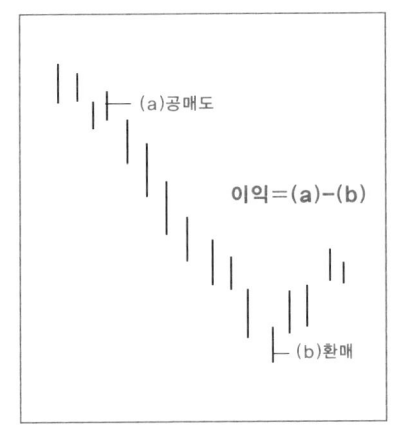

그림 3-1 매수 거래   그림 3-2 매도 거래

쉽지 않은가?

매수 거래와 매도 거래를 따로 생각해보면 복잡하게 보일 수도 있다. 하지만 쉽게 생각해보면 처음에 매수한 가격보다 높은 가격에 청산하거나 혹은 처음 매도한 가격보다 낮은 가격에 환매하면 이익을 낼 수 있는 것이다.

만약 여러분이 지금까지 매매를 하면서 기술적 지표의 진창에 빠져들거나 시장을 이기려고 버둥거린 적이 있었다면, 매매의 진정한 의미가 무엇인가 하는 단순한 개념으로 돌아오길 바란다. 확실한 추세를 찾으려 노력하고 그것을 이용한 매매를 하라. 확실한 추세가 없다면 차라리 아무것도 하지 않는 것이 최선이다.

매도 거래의
장점

나는 여기서 시장에서 매수 거래와 매도 거래를 모두 하는 것의 중요성을 강조하려고 한다. 아마 여러분은 내가 지금까지의 모든 설명에서 최소한 하나 이상의 매도 거래를 포함시켰다는 사실을 기억할 것이다. 시장은 오르기도 하고 내리기도 한다. 시장에서 오랫동안 살아남고 싶다면, 매수 거래와 매도 거래 모두를 할 수 있어야 한다. 우리는 투자자로서 "주가는 올라가는 속도보다 내려가는 속도가 빠르다"는 사실에서 이익을 얻을 수 있다.

나는 매매에 편견을 갖지 않으려고 한다. 즉 매도 포지션을 매수 포지션과 다르게 여기지 않는다. 물론 매도 거래가 매수 거래와 똑같이 편하다는 의미는 아니다. 매도 거래를 할 때는 민첩하게 행동할 필요가 있다. 매도 포지션을 취하려 할 때 시장은 진입 시점에 많은 여유를 주지 않는 경향이 있다. 매도 포지션을 취하고 있을 때 숏커버링에 의한 급격한 주가 상승이 발생할 수도 있는데, 그러면 투자자는 어쩔 수 없이 자신의 매도 포지션을 청산하고 다시 이전의 하락 추세가 계속되기를 기다려야 한다. 그런 매매들은 기계적으로 막후에서 진행되는 것들이지만, 매도 거래를 위해서는 처리해야 할 기술적인 문제들이 또 있다. 즉 주식을 공매도하려면 미리 주식을 빌릴 수 있어야 한다. 주식을 빌리지 못하면 공매도가 불가능하다. 여러분이 주식을 매도하려면 거래하는 증권사에 그런 환경이 조성되어 있어야 한다. 증권사에 대해서는 제7장에서 자세히 다루겠다(실제로 한국 시장에선 개인투자자에 의한 공매도 거래가 없다고 보아야 할 것이다 – 옮긴이).

공매도를 비판하는 사람들은 무제한의 리스크에 노출될 수 있다는 점을 지적한다. 주식을 매수하면 최악의 경우 제로가 되는 것, 즉 100% 손실이다. 하지만 공매도한 주식의 주가는 얼마든지 상승할 수 있기 때문에 무한대의 손실이 가능하다. 적어도 이론적으로는 그렇다. 하지만 그런 일이 실제로 일어나는 것은 여러분이 아주 무식하고 고집이 세서, 자신의 판단이 확실히 틀렸다는 것이 드러난 이후에도 자금 관리 계획에 의한 청산 절차를 거부하는 경우에만 벌어질 수 있는 일이다. 게다가 아마도 여러분이 매도 거래를 계속하기 위해서는 계좌 손실을 보충할 정도의 추가 증거금을 날마다 입금해야 할 것이다. 그렇지 않으면 브로커가 정중하게 당신의 포지션을 강제 청산할 것이기 때문이다. 흔히 '마진 콜'이라 부르는 일이 일어나는 것이다.

추세를 따라 매매하기

> 하늘 아래 새로운 것은 없다. ── 전도서 1장 10절

『데이브 랜드리의 스윙 매매 *Dave Landry On Swing Trading*』라는 나의 첫 책이 출판될 무렵, 나를 비판하던 어떤 사람은 나를 "추세를 따르는 멍청이"라고 불렀다. 두 번째 책인 『데이브 랜드리의 패턴과 전략 10선 *Dave Landry's 10 Best Patterns and Strategies*』이 나왔을 때

는 또 다른 비판자가 이렇게 말했다.

"이 책을 사는 것은 정말 돈 낭비일 뿐이다. ……이 책에서 말하는 것이라곤 고작 다음과 같은 것뿐이다. 추세를 따라 매매하라. 그리고 되돌림 이후에 추세가 재개되면 그 추세를 따라 진입하라."

나의 첫 책이 출간된 지도 거의 10년이 되었다. 그리고 나는 여전히 '추세를 따르는 멍청이'다. 게다가 '추세 추종 멍청이'라는 글씨가 적힌 티셔츠와 단추도 갖고 있다. 나는 오랫동안 여러 가지 물건들의 용도를 조금씩 변경해서 써왔지만, 내가 사용하는 매매 전략만큼은 근본적으로 변화가 없었다.

나는 언제나 추세를 따라 매매하고, 되돌림이 발생했을 때 진입한다. 다음의 몇 쪽을 읽어보면 알겠지만, 이전의 두 책(이 책들은 좀 더 경험 많은 투자자들을 위한 매뉴얼로 계획되었다)에서는 차트 패턴에 심하게 몰두했었다. 그 책들에서 사용한 기본 패턴들이 지금까지 바뀌지 않았다는 사실은 아주 바람직한 현상이다.

이는 과거 10년 동안 그랬던 것처럼 앞으로의 10년 동안에도 이 기본 패턴들이 시장에서 잘 통하리라는 것을 의미한다. 하지만 패턴들을 적용하는 방법에는 시장 환경의 변화에 발맞추어 약간의 변화가 있어왔다.

앞으로 여러분이 되돌림과 나의 특별한 패턴들을 이용하여 추세를 인식하고 매매하게 될 때가 되면, 이러한 패턴들과 그 개념이 모든 시장에서 잘 통하는 것이라는 사실을 기억하기 바란다.

이 책이 주식투자자를 위한 것이기는 하지만, 그 개념들은 다른 어떤 시장이나 상품에서도 사용될 수 있다. 여기서 다른 상품은 지수선물,

FX마진, 상품선물, 채권 등을 말한다. 어떤 개별 종목들에서는 실제로 추세가 더 잘 형성되기도 하는데, 그것이 바로 내가 주식을 선호하는 이유다.

하지만 패턴은 패턴이고 시장은 시장이다. 인간의 심리는 모든 금융 상품에서 동일한 양상으로 존재한다.

추세
인식하기

───────── 이 책에서 지속적으로 리스크를 관리하는 일 다음으로 중요한 것이 다음의 세 가지 그림이다. 이 세 가지가 몸에 밸 때까지 몇 시간이고 각각에 대해 공부하기를 권한다. 그다음 제3장 마지막에 나오는 테스트를 해보기 바란다. 테스트를 통과했다면 거의 끝난 것이나 다름없다.

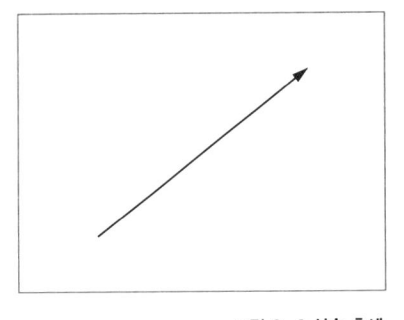

그림 3-3 **상승 추세**

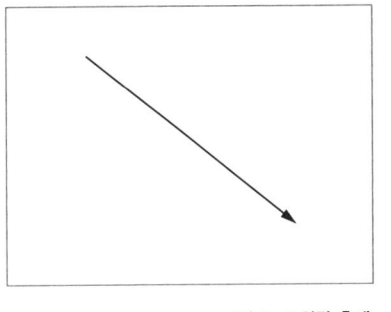

그림 3-4 **하락 추세**

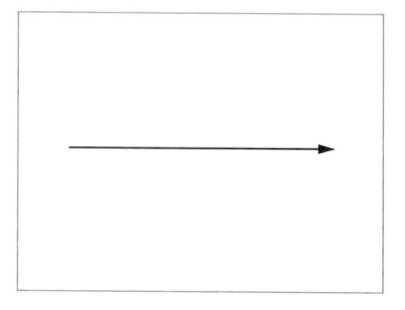

그림 3-5 **횡보하는 시장**

추세는
여러분의 친구다

이쯤에서 여러분은 아마 이렇게 생각할 것이
다. '이게 그렇게 중요한 거야?' 나는 분명히 그렇다고 말할 것이다. 여
러분은 스스로를 추세 추종 투자자라고 여기는 많은 사람들이 실제로
는 추세를 잘 따르지 않는다는 사실에 놀랄 것이다. 그들은 확실하게
눈에 보이는 추세와 싸움을 벌이고 있다. 추세는 여러분의 친구다. 이
를 부정해서는 안 된다. 여러분이 만약 지금 누적 손실을 겪고 있다면
이 문구를 떠올리기 바란다. 스스로에게 이렇게 묻는 것이다. "내가 추
세와 싸우고 있던 것은 아닐까? 아니면 추세가 없을 때 추세를 찾으려
했던 것은 아닐까?"

무엇보다 자신이 매매하고 있는 시장을 이해할 필요가 있다. 시장이
할 수 있는 일은 오르거나 내리거나 횡보하는 것, 딱 세 가지밖에 없다.

시장이 전체적으로 상승하고 있다면 주식을 매수해야 한다. 시장이 하락하고 있다면 주식을 매도해야 한다. 그리고 시장이 횡보하고 있다면 어떤 포지션도 취하지 말고 현금을 든 채 머물러 있어야 한다.

우리는 지금까지 매매라는 것은 (a)라는 가격에 시장에 진입하여, (b)라는 다른 가격에서 청산하는 것이라는 개념을 배웠다. 그 개념을 보여주기 위해 나는 그림 3-1과 3-2의 가상 차트에서 의도적으로 이익이 나는 매매를 예로 들었다. 그 두 가지의 이익이 나는 매매를 다시 한 번 살펴보자.

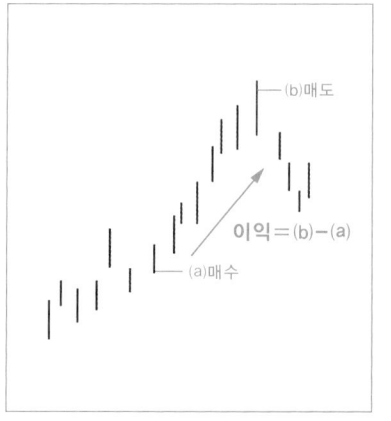

그림 3-6 **매수 거래**

그림 3-7 **매도 거래**

그림 3-6과 3-7에서 달라진 점이 보이는가? 나는 차트에 유명한 화살표들을 추가했다. 두 차트에서 (a)에서 (b)로 향하는 움직임이 바로 추세다. 심지어 자신은 추세 추종 투자자가 아니라고 주장하는 사

람들조차 시장에 머물러 있는 동안에는 바로 이 같은 매매 전략을 따르고 있다. 다시 한 번 반복하면, 그들도 최소한 자신이 시장에서 포지션을 취하고 있는 동안에는 반드시 추세를 따라야만 한다는 것이다. 포지션을 취한 방향으로 추세가 나지 않는다면 절대 돈을 벌 수 없기 때문이다. 이렇듯 여러분이 시장에서 포지션을 취하고 있는 동안에는 반드시 추세를 따라야 하는데, 그렇게 추세 추종을 거부하려고만 하지 말고 항상 추세를 따르면 안 되는 것인가?

추세를 판단하기 위해 내가 즐겨 사용하는, 화살표를 그리는 것 외에도 다른 간단한 것들이 여러 가지 있다.

그것들이 무엇인지 말하기 전에 가장 중요한 것부터 말해야겠다. 확실한 추세가 있는지 알아보기 위해서는 먼저 차트를 잘 살펴뫼야만 한다. 그리고 스스로에게 이렇게 묻는다. "차트 오른쪽이 확실히 왼쪽보다 위에 있는 게 확실한가?" '그렇다'는 답이 나오면 그 종목은 상승 추세인 것이다. 아니라면? 그때는 스스로에게 이렇게 묻는다. "차트 오른쪽이 왼쪽보다 아래에 있는 게 확실한가?" '그렇다'는 답이 나오면 그 종목은 하락 추세인 것이다. 이런 식으로 추세를 판별해냈다면, 이제부턴 그것을 검증할 수 있는 증거들을 찾아보자.

추세 식별 패턴

————————— 시장의 위대한 점 중 하나는 그것이 추세를 만들 때면 무언가 단서를 남긴다는 사실이다. 나는 이러한 단서들에

'추세 식별 패턴"이라는 별명을 붙여주었다. 여기에는 지속성, 가격 돌파, 갭 발생, 랩 발생, 추세 가속, 장대봉, 고점의 상승, 저점의 상승, 강한 종가, 신고점 경신 그리고 일정한 기간 동안 주가가 얼마만큼 움직였는가 하는 것들이 포함된다. 이동평균선의 움직임도 추세를 판별하기 위해 사용될 수 있다. 이제 각각을 자세히 살펴보자.

고점의 상승 및
저점의 상승

가장 간단한 형태인 경우를 생각해보면, 상승 추세에서는 고점이 연속적으로 상승하고 저점 역시 연속적으로 상승한다.(그림 3-8) 현재 주가에 추세가 있는지 없는지 확실하지 않다면 스스로 이렇게 묻는다. "고점이 높아지고 있는가? 혹은 저점이 높아지고 있는가?" 물론 그전에 여러분이 생각한 화살표를 미리 그려보는 것도 잊어서는 안 된다.

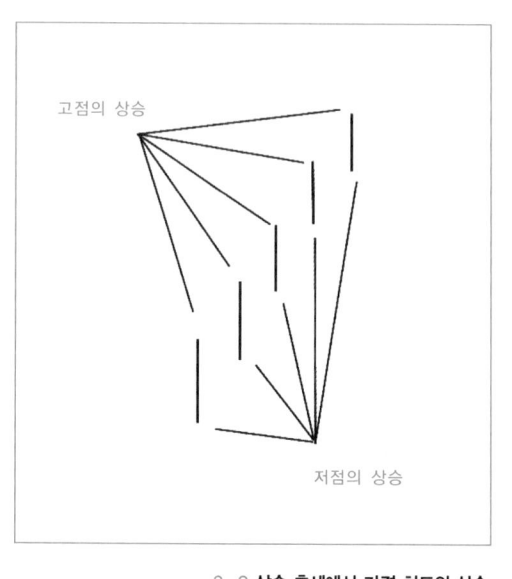

<figure>

고점의 상승

저점의 상승

3-8 **상승 추세에서 가격 차트의 상승**
</figure>

지속성

추세를 판별하기 위해 화살표를 그리는 것 다음으로 내가 가장 애용하는 것이 주가의 지속성이다. 이것은 시장이 매일매일 추세를 지속하는 힘을 말한다. 좀 더 수학적인 표현을 빌려 말하자면, 주가의 지속성은 '선형 회귀분석'과 같이 복잡한 통계적 측정법을 이용해 측정할 수 있다. 그런 수학을 모르는 우리가 사용할 수 있는 방법이 있다면, 단순히 차트를 살펴보고 가능한 한 많은 바들을 포함하는 추세선을 그리는 것이다. (그림 3-9)

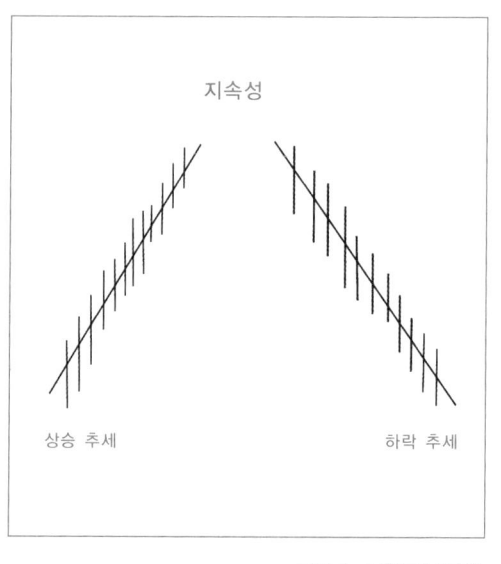

지속성

상승 추세   하락 추세

그림 3-9 **추세의 지속성**

개별적인
차트 패턴들

우리는 제2장에서 개별적인 차트 바들이 매일매일의 매수 수요와 매도 공급에 대해 말해준다는 사실을 배웠다. 전일 종가보다 높은 당일 종가는 이 종목의 매수 수요가 많다는 사실을 보여준다. 강한 종가는 투자자들이 다음 날까지 해당 종목을 보유하고 싶어 한다는 사실을 보여준다. 또 갭업이나 랩업이 발생하는 것은 밤사이 억눌려 있던 매수 수요가 폭발했다는 사실을 보여준다. 특히 저가가 시가에서 크게 밀리지 않은 상태에서 나타나는 장대 양봉

의 경우, 당일 내내 지속적인 매수 수요가 있었다는 사실을 강하게 암시한다. 이렇듯 다양한 정보를 알려주는 바들이 여러 개 모이면 특정한 패턴이나 추세가 나타난다.

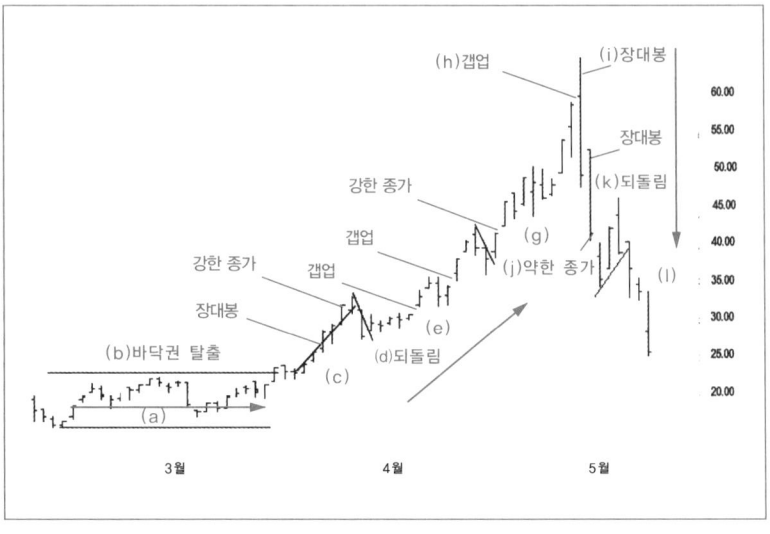

에너지 및 자원 관련 기업인 엠파이어 리소스의 주가 차트에서 추세 식별 패턴을 찾아보자. 그림 3-10을 보면 이 종목은 (a)로 표시된 처음 몇 주 동안 뚜렷한 방향성 없이 횡보를 거듭한다. 이 기간에는 별다른 추세가 없으므로 횡보 화살표를 그려 넣는다. 엠파이어 리소스의 주가는 (b) 지점에 이르자 박스권 상단을 상향 돌파하는 모습을 보여준다. 그리고 나선 (c) 기간 동안 일봉의 고점과 저점을 계속 높여간다.

이런 상승 움직임이 일주일 남짓 계속된다. 이 기간 동안 이 종목은 매일 강한 종가를 만들면서 장대 양봉을 형성하고, 10포인트 넘게 상승해 (b) 지점에서 박스권 상향 돌파가 이루어진 이후 주가가 50% 가까이 상승했다. 주가는 (d) 지점에서 되돌림(눌림목)을 보여준 다음 천천히 오르는가 싶더니 (e) 기간에서 대체적으로 고점과 저점을 계속 높이며 더 높은 가격으로 자신의 길을 간다. (f) 지점에서 또다시 짧은 되돌림이 있지만, (g) 기간이 되자 주가는 더 높이 치솟는다. 그리고 (h) 지점에서 갭업이 발생하고 주가는 조금 더 상승한다. 하지만 불행하게도 이것은 이 종목이 상승할 수 있는 마지막으로 판명되었다. 곧바로 매도세가 폭발하여 (i)로 표시한 것처럼 장대 음봉을 만들면서 약한 종가로 끝났기 때문이다. (j)로 표시된 다음 날 랩업으로 시작되어 상승 흐름을 재개하는 듯 보이던 주가는 바로 방향을 바꾸어, 전일에 이어 또다시 장대 음봉을 만들면서 약한 종가로 끝난다. 이후 (k) 지점에서 짧은 되돌림이 있었지만, (l) 기간에서처럼 엠파이어 리소스의 하락 추세는 멈출 줄을 모른다. 이후 주가는 저점과 고점을 낮추면서 바닥을 향해 간다.

이동평균선

─────────── 이동평균은 많은 투자자들이 사용하는 지표로서, 일정 기간의 종가들을 평균한 값이다. 예를 들어 10일 이동평균이라고 하면 최근 10일 동안의 종가를 모두 더한 다음 10으로 나눈 값

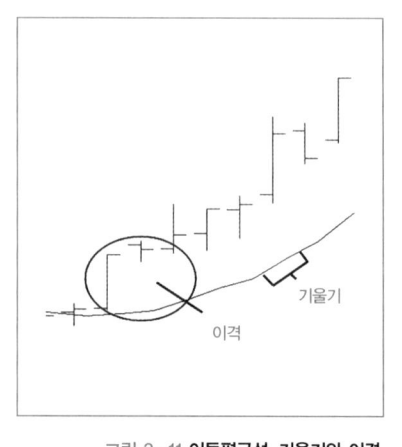

그림 3-11 **이동평균선, 기울기와 이격**

이다. 10일 이동평균을 계산했을 때 여기에 포함된 가장 오래된 주가는 10일 전 가격인데, 이 가격은 다음 날이 되면 이동평균의 계산에서 제외된다. 평균값이 주가의 움직임과 함께 '이동'하기 때문에 이동평균이라는 이름이 붙었다. 아무리 간단한 차트 프로그램일지라도 이동평균은 반드시 포함되어 있으므로 이 값을 따로 계산할 필요는 없다.

　여기서 반드시 짚고 넘어가야 할 점이 한 가지 있다. 바로 모든 지표들은 이미 지나간 가격에서 파생된다는 사실이다. 때문에 아무리 복잡하거나 세련되게 만들어진 지표라 할지라도 모든 지표들에는 필연적으로 약간의 후행성이 존재할 수밖에 없다. 그래서 나는 지표보다는 가격 자체를 직접 살펴보는 것을 더 좋아한다. 다른 지표들처럼 약간의 후행성이 있긴 하지만, 이동평균에는 나름대로 여러 가지 유용한 점들이 있다. 그림 3-11에 나타난 것과 같은 '기울기'와 '이격'이 바로 그런 것인데, 이것들을 이용하면 현재의 추세 방향이나 추세의 전환을 쉽게 알아낼 수 있다.

기울기

기울기는 단순히 이동평균선이 이루는 각도를 말한다. 이동평균선의 기울기가 위쪽이라는 것은 주가가 상승 추세 중에 있음을 의미한다. 반대로 이동평균선의 기울기가 아래쪽을 향하고 있으면, 주가가 지금 하락 추세 중이라는 것을 의미한다. 그리고 이동평균선의 기울기가 위쪽도 아니고 아래쪽도 아닌 경우에는 추세가 없다고 판단할 수 있을 것이다.

이격

주가가 상승 추세 중인 경우를 예로 들었을 때, '이격'은 해당 종목의 일일 저가가 이동평균보다 위에 있어 이동평균선에 닿지 않은 상태를 의미한다. 저가가 이동평균선에서 멀리 떨어져 있을수록 주가의 상승 추세가 곧 시작될 것이고 그 추세가 가속화하리라는 것을 암시한다. 이것은 특히 이동평균이 양의 기울기를 갖고 있을 때 잘 맞는다.

이제 엠파이어 리소스의 다른 차트를 살펴볼 터인데, 이번에는 10일 단순이동평균선sMA이 추가되어 있다. 그림 3-12를 보면 주가가 횡보

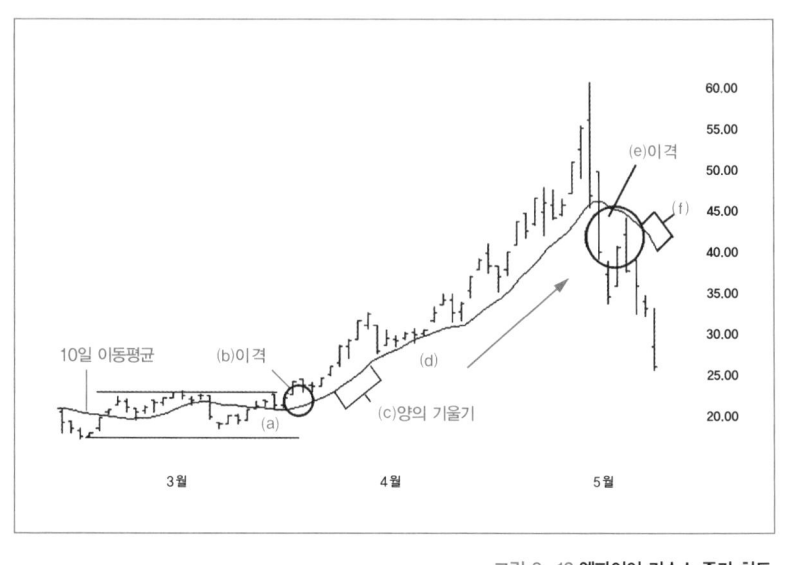

하는 (a) 기간 동안에는 이동평균선이 거의 수평인 것을 알 수 있다. 그러다가 (b) 지점에서 박스권 상향 돌파가 일어나고 주가가 이동평균선에서 멀리 떨어져 큰 이격을 만들게 된다. (b) 지점의 주가를 살펴보면 저가가 이동평균보다 위에 있고 일일 바들이 이동평균선과 떨어져 있다. 그리고 (c) 기간에서 주가가 상승하며 이동평균의 기울기는 더 큰 양의 값으로 바뀐다. 이동평균의 기울기는 추세가 형성되는 내내 양의 값을 유지한다. (d) 지점에서 딱 한 번 주가 차트와 이동평균선이 만나는 것을 제외하면 상승 추세 기간 내내 주가 차트가 이동평균선에서 이격되어 있는 것을 볼 수 있다. 상승 추세가 끝나고 다른 추세가 시작되면서 이번에는 (e) 지점에서 주가가 이동평균선의 아래쪽으로 이격되는 것을 볼 수 있다〈즉 고가〈이동평균〉. (f)로 표시된 기간을 보면 이동

평균선의 기울기가 양에서 음으로 바뀐 것을 알 수 있다.

복수의
이동평균 사용하기

———————— 여러 개의 이동평균이 정배열하는 것은 추세를 판단하는 유용한 도구가 될 수 있다. 상승 추세의 경우, 이동평균선들이 정배열을 이룬다는 것은 단기 이동평균이 장기 이동평균보다 높은 값을 갖는 것을 말한다. 그림 3-13을 보면 세 가지의 이동평균이 그려져 있다. 하나는 10일 단순이동평균(10SMA), 또 하나는 20일 지수이동평균(20EMA), 나머지 하나는 30일 지수이동평균(30EMA)이다. 이들에 대해서는 이동평균의 '나비넥타이형 교차' 전략을 논의할 때 자세히 설명하겠다. 지금은 그저 단기 이동평균이 장기 이동평균보다 위에 있다(10SMA 〉 20EMA 〉 30EMA)는 사실만 알면 된다. 그것은 지금이 상승 추세 중이라는 사실을 암시한다.

여기서 조심할 게 하나 있다. 앞에서도 언급한 것처럼 모든 지표는 약간의 후행성을 갖고 있다. 따라서 주가의 추세가 갑자기 변할 때는 이동평균이 이를 뒤늦게 포착할 수 있다는 사실이다. 엠파이어 리소스의 차트를 살펴보면 주가의 상승 추세가 확실히 꺾인 이후에도 이동평균들은 여전히 정배열(10SMA 〉 20EMA 〉 30EMA) 상태임을 알 수 있다. 다른 종목의 차트를 살펴볼 때도 이동평균을 사용하는 데에는 이런 오류가 있다는 사실을 명심해야 한다. 추세를 판단하기 위해서는 가장

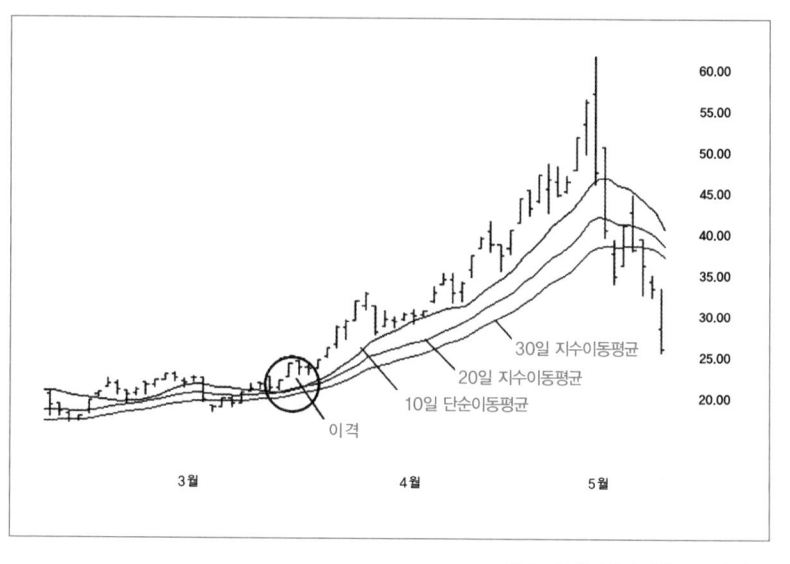

그림 3-13 **엠파이어 리소스 주가 차트**

먼저 주가 자체의 움직임을 연구하고 그다음에 이동평균을 추가 확인하는 것이 좋다.

추세는 명확히
판별할 수 있어야 한다

———————— 확실한 추세가 없는데도 불구하고 거기에서 추세를 찾아내려 하는 수많은 투자자들을 볼 때마다 놀라지 않을 수가 없다. 추세는 명확히 눈에 보여야 한다. 차트의 오른쪽이 왼쪽보다 위

에 있다면 그것은 상승 추세라고 할 수 있다. 차트의 오른쪽이 왼쪽보다 아래에 있다면 그것은 하락 추세라고 할 수 있다. 만약 추세의 방향을 보여주는 큰 화살표를 그릴 수 없다면, 그것은 현재 추세가 없기 때문일 것이다. 나 또한 이런 '화살표'를 하찮게 여겼던 적이 있지만, 추세는 확실히 눈에 보여야 한다!

주식시장:
무엇이 보트를 띄우는가

"밀물은 모든 보트를 띄워 올린다"는 말은 사실로 밝혀진, 몇 안 되는 주식시장의 격언 중 하나다. 이 말이 의미하는 바는 대세 상승장에선 대부분의 주식이 상승한다는 것이다. 반대로 대세 하락장에서는 대부분의 주식이 하락한다. 대세 하락장에서 개별 주식을 매수하려 하거나 대세 상승장에서 개별 주식을 매도하려 하는 것은 마치 파도를 거슬러 헤엄을 치려는 것처럼 무모한 짓이다. 물론 운 좋게 맞는 경우도 있겠지만, 대개의 경우 앞길을 가로막는 커다란 역경을 피할 수 없을 것이다.

여러분은 이제부터 시장이 어디로 향하고 있는지 알고 있는 것처럼 말하는 시황 방송이나 애널리스트에게 귀 기울여선 안 된다는 사실을 명심해야 한다. 여러분 스스로 그린 추세 화살표가 가장 최선의 협력자다.

업종: 깃털이 같은 새

———————— 업종 지수는 비슷한 종목들을 함께 묶어 만든 지수를 말한다. 밀물이 모든 보트를 띄워 올리는 것처럼, 깃털이 같은 새는 함께 모인다. 업종 지수가 크게 오르면 해당 업종을 구성하는 개별 종목들의 주가도 대부분 오른다. 업종 지수가 별 볼 일 없으면 업종을 구성하는 대부분의 개별 종목들의 주가도 하락한다.

따라서 여러분이 주목하고 있는 개별 종목을 포함한 업종 지수를 확인하는 것은 매우 중요한 작업이다. 어떤 업종들은 때때로 전체 시장과 다른 방향으로 매매가 이루어질 수 있기 때문이다. 이것은 간과할 수 없는 주요 사항이다.

되돌림이란 무엇인가

———————— 앞에서도 한 번 언급했듯이, 나를 비판하는 사람은 내 매매 전략을 그림 3 - 14와 같이 고작 다음의 두 문장으로 요약할 수 있다고 말한다.

1. 추세를 따라 매매한다.
2. 되돌림 이후에 추세가 재개되면 추세를 따라 진입한다.

여러분은 이제 추세가 무엇인지 잘 이해했으리라 믿는다. 아직 이해가 덜 되었다면 다시 앞으로 돌아가 이번 장의 앞쪽에서 언급한 화살

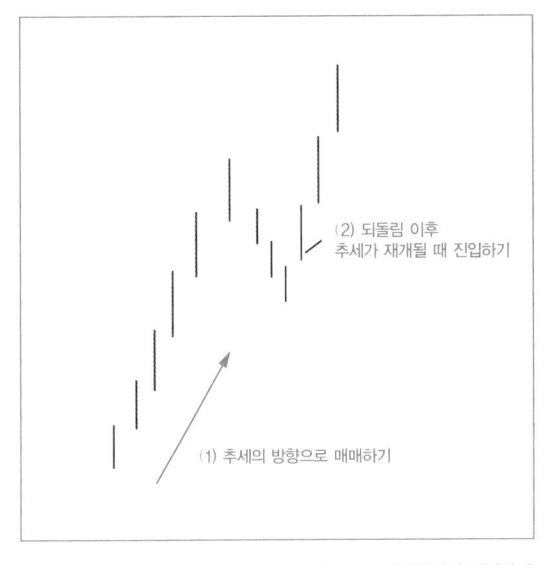

(2) 되돌림 이후
추세가 재개될 때 진입하기

(1) 추세의 방향으로 매매하기

그림 3-14 **되돌림에서 진입하기**

표들을 공부하라. 되돌림은 간단히 말해서 이미 형성된 추세가 약간의
조정을 받는 것을 말한다. 그것은 주가가 더 많이 상승하기 위해 힘을
비축하는 것이므로 좋은 현상이다. 되돌림은 조급한 매수 세력이 떨어
져나가게 만들고, 추세에 역행하고 싶어 하는 매도 세력을 끌어들이는
역할을 한다. 그 와중에 이전의 상승 추세가 재개되면 매도했던 세력
은 손실을 보지 않기 위해 환매할 수밖에 없고, 되돌림 현상이 나올 때
떨어져나갔던 매수 세력 역시 손실을 만회하기 위해 다시 매수할 수밖
에 없다. 이렇듯 매수가 집중되면 주가는 이전보다 더 가파르게 상승
하는 것이다.

　나는 이 책의 나머지 부분에서 되돌림에 대해 아주 상세하고 꼼꼼하

게 살펴볼 것이다. 이제 여러분이 나를 비판하는 사람들이 말하는 두 개의 문장이 설명하는 의미를 이해했다면, 내가 시장에 접근하는 방식이 어떤 것인지도 이해했을 것이다. 앞으로 나오는 것들은 이를 구체적으로 설명하는 것이다.

중요한 문제　　　되돌림 현상의 예와 나의 특별한 되돌림 패턴들을 살펴보기에 앞서, 앞으로 몇 페이지에 걸쳐 내가 여러분에게 보여주려 하는 것들은 되돌림 현상을 이용해 매매하는 '교과서적인 방법'들이라는 사실을 알아두기 바란다. 예를 들어 나는 설명을 간단히 하기 위해 대부분의 예제에서 매수는 고가보다 바로 위의 가격으로, 매도는 저가보다 바로 아래의 가격에 진입하는 것으로 가정했다. 실제로 매매를 하는 경우, 특별히 모든 조건들이 정말 좋은 경우가 아니라면, 여러분은 조금 다른 방법으로 진입하고 싶어 할 것이다. 따라서 되돌림과 연관된 패턴들을 이용해 지금 당장 매매를 시작하려 하기보다는, 미묘하지만 중요한 것들을 다 이해했는지 확인하기 위해 먼저 이 책을 끝까지 다 읽어보길 권한다. 그리고 이러한 것들이 실제로 시장에서 어떻게 작동하는지 몸으로 체감할 때까지는 패턴들을 이용한 '가상 매매'로 충분한 연습을 해야 할 것이다.

되돌림 현상의 예

❶ 그림 3 – 15는 에너지 관련 회사인 RPC의 주가 차트인데, (1)의

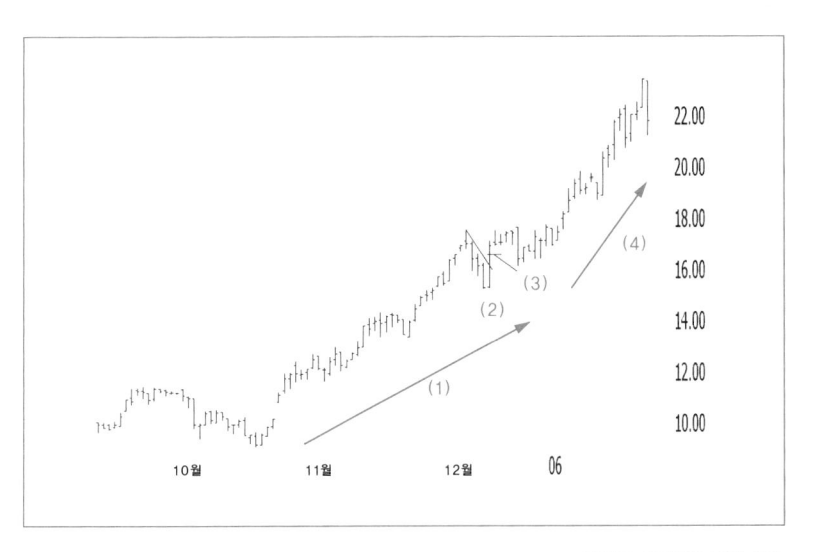

그림 3-15 **RPC 주가 차트**

화살표로 표시된 것처럼 두 달이 조금 못 되는 기간 동안 주가가 80% 이상 상승했다. 갭업, 상승 추세의 지속과 가속 그리고 내가 가장 좋아하는 커다란 상승 추세 화살표와 같은 추세 식별 패턴들이 나타나고 있는 것을 확인할 수 있다.

❷ (2)로 표시된 지점에서 주가의 되돌림 현상이 발생한다.

❸ (3)으로 표시된 날, 주가가 상승 추세를 재개할 때 전일 고점 바로 위에서 시장에 진입한다.

❹ (4)의 화살표로 표시된 것처럼 이어지는 6주 동안 이 종목의 주가는 50% 이상 상승한다.

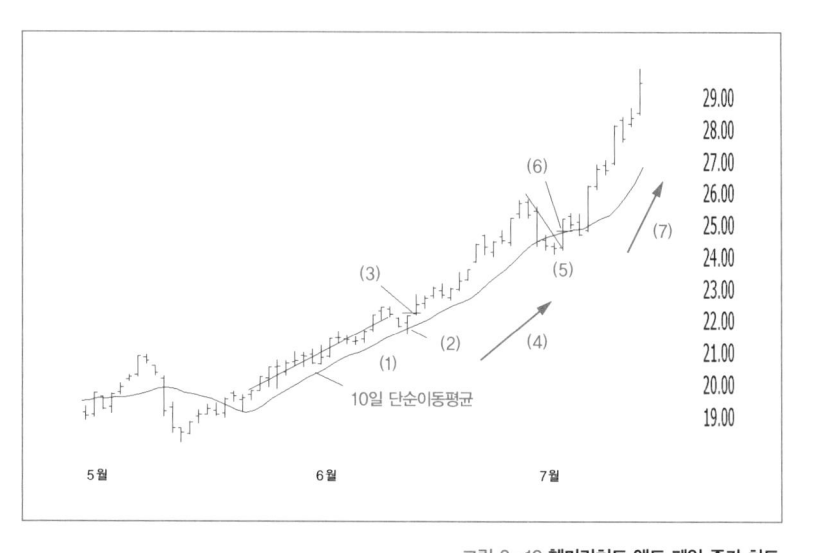

❶ 그림 3-16은 에너지 업종 주도주 중 하나인 헬머리치드 앤드 페인Helmerich & Payne의 주가 차트인데, (1)로 표시된 기간 동안 주가의 상승 추세가 시작된다. 이 기간 동안 주가는 날마다 고점을 높여간다. 이 종목의 주가는 해당 기간 동안 10일 단순이동평균선 위에서 움직이고 있다. 다른 말로 하면 주가의 이격이 발생하고 있는 것이다.

❷ (2)로 표시된 지점에서 주가의 되돌림 현상이 발생해 10일 단순이동평균선을 건드린다. 이것은 나중에 설명하겠지만, '이동평균 건드리고 되돌아가기Kiss MA Goodbye' 패턴이다. 또한 이것은 지속적인 상승 추세 이후에 나오는 되돌림 현상이므로 '지속적인 추세의 되돌림Persistent Pullback' 패턴이기도 하다(이에 대해서는 이번

장의 뒷부분에서 논의하겠다).

❸ (3)으로 표시된 지점에서 주가의 상승 추세가 재개될 때 전일 고점 바로 위에서 시장에 진입한다.

❹ (4)의 화살표로 표시된 것처럼 주가는 상승 추세를 재개하고, 이어지는 몇 주 동안 15% 이상 상승한다.

❺ (5)로 표시된 지점에서 주가는 또 다른 되돌림 패턴을 만들기 위해 다시 한 번 되돌림 현상을 보여준다. 이것 역시 앞에서 말한 '이동평균 건드리고 되돌아가기' 패턴이다.

❻ (6)으로 표시된 지점에서 주가의 상승 추세가 재개될 때 전일 고점 바로 위에서 매수로 시장에 다시 진입한다.

❼ (7)의 화살표로 표시된 것처럼 이 종목의 주가는 이후 2주가량에 걸쳐 25% 추가 상승한다.

신규 상장된 종목들은 거래 기간이 짧아 되돌림 현상을 보여주는 예가 아주 많다. 이런 종목들은 새로운 이슈가 나와서 상승 추세를 만들 때 이전의 '나쁜 기억'이 별로 없기 때문에 강한 추세를 형성한다. 누구든 이 종목을 보유하고 있다면 그는 행복한 사람이다. 이 종목을 보유하지 않은 투자자들은 언제 이 종목에 올라타야 할지 노심초사할 수밖에 없을 것이다.

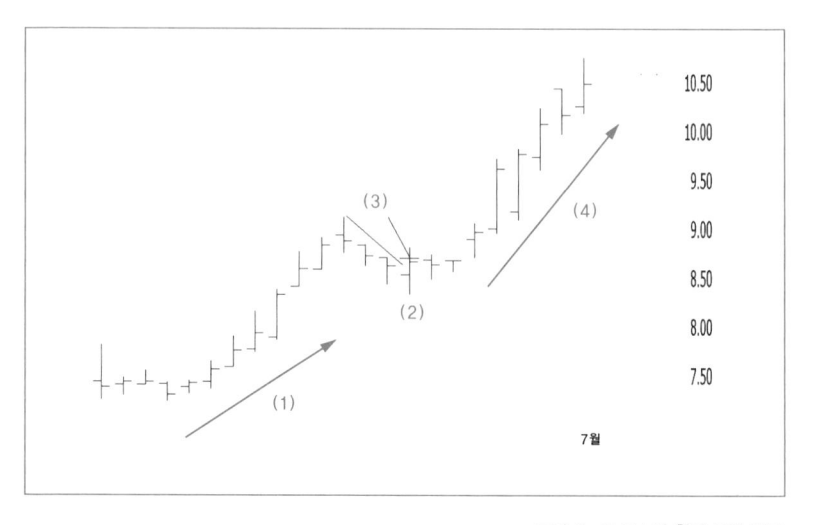

그림 3-17 **포스터 휠러 주가 차트**

❶ 그림 3-17은 글로벌 엔지니어링 기업인 포스터 휠러Foster Wheeler
의 주가 차트인데, 처음 상장되었을 때는 크게 주목받지 못하다
가 (1)의 화살표로 표시된 것처럼 점점 상승 추세를 보여준다.

❷ (2)로 표시된 기간에서 이 종목의 주가가 상장된 후 처음으로 되
돌림 현상을 보인다.

❸ (3)으로 표시된 지점에서 주가의 상승이 재개될 때 전일 고점 바
로 위에서 시장에 매수 진입한다.

❹ (4)의 화살표로 표시된 것처럼 이 종목의 주가는 이후 2개월이
조금 못 되는 기간 동안 20% 이상 상승한다.

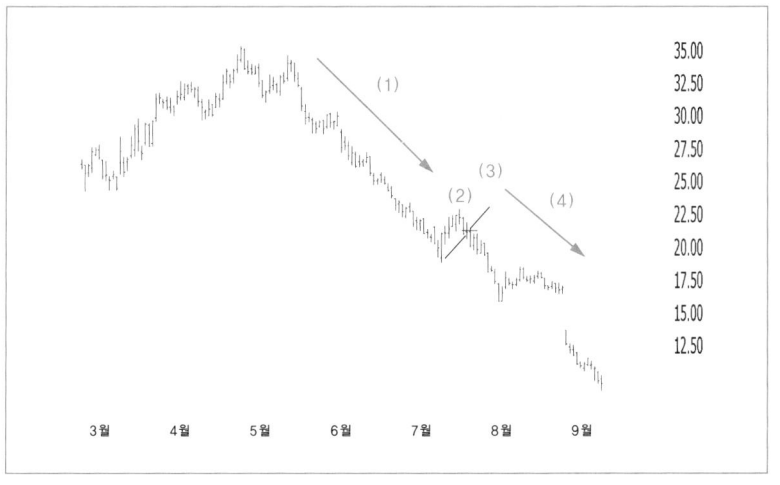

그림 3-18 **시에나 주가 차트**

❶ 그림 3-18은 통신 장비 제조사 시에나Ciena Corp.의 주가 차트인
데, (1)의 화살표로 표시된 것처럼 큰 하락 추세를 보여주고 있
다. 여기선 지속적인 하락 추세라는 사실에 주목할 필요가 있다.

❷ (2)로 표시된 기간이 되자 하락하던 주가의 되돌림(반등 조정) 현
상이 나타난다.

❸ (3)으로 표시된 지점에서 주가가 하락 추세를 재개할 때 전일 저
점 바로 아래에서 시장에 진입(매도)한다. 실제로 내가 표시한 진
입 시점은 '교과서적인' 진입 시점보다 낮은 가격이라는 점에 주
목하기 바란다. 교과서적인 방법으로 진입했다면 이보다 이틀
앞서 매도했을 것이다. 이와 같은 고급 수준의 진입 및 청산 전
략에 대해서는 뒤에서 자세히 논의할 것이다.

❹ (4)의 화살표로 표시된 것처럼 이 종목의 주가는 이후 7~8주에

걸쳐 거의 반 토막이 났다.

특별한 되돌림 패턴들

> 무엇이든 그것을 설명하는 데 필요한 요소를 꼭 필요한 것 이상으로 늘리지 마라. ― 오컴의 면도날 법칙

> 단순한 것이 가장 세련된 것이다. ― 레오나르도 다빈치

예전에 나는 완벽한 매매 전략을 찾느라 수많은 세월을 허비해야했다. 열심히 연구하면 그것을 찾을 수 있다는 생각에 아침 일찍 일어나 밤늦게까지 연구에 몰두하곤 했다. 나는 내가 찾아낼 수 있는 모든 지표들을 갖고 연구했다. 기술적 분석에 관한 수많은 책을 읽고 각각의 모든 지표들―오실레이터, 이동평균의 수렴과 확산, 스토캐스틱, 푸리에 변환, 상대강도지수RSI 그리고 순환 이론과 같은 것―을 연구하느라 많은 시간 공을 들였다. 그 외에도 뭐든 손에 잡히는 대로 적용해보려고 애를 썼다. 나는 이러한 지표들을 열심히 연구했을 뿐만 아니라, 그런 지표들을 이용해 점점 더 복잡한 나만의 지표들을 만들어내기도 했다. 심지어 주가 차트나 가격 파동의 수를 헤아리는 신비한 방법을 연구하기도 했다. 당시 나는 조급한 강박증에 휩싸여 있었던 것이다.

그러던 내가 매매의 성배가 없다는 것을 깨닫기까지는 오랜 세월이

필요했다. 나는 결국 어떤 방법을 사용하든 모든 손실을 피하면서 영원히 수익을 낼 순 없다는 사실을 알게 되었다. 그보다 더 중요한 것은, 단순한 것이 최선이라는 사실을 배웠다는 점이다. 주식투자를 하는 데 있어 궁극적인 목적은 주가의 추세를 포착하는 것이기 때문에, 나는 바로 거기에 초점을 맞춰야 한다고 생각하여 그것을 실천에 옮겼다. 나는 추세를 찾으면서 조금씩 지표라는 군더더기를 벗고 점점 더 가격 자체에만 집중하게 되었다. 결국 내 차트에서 모든 지표들이 사라지는 경지까지 도달했다. 이제 나는 가끔씩 사용하는 이동평균 이외에 어떤 지표도 사용하지 않는다.

완벽하지는 않지만, 나는 추세에 참여하는 가장 최선의 방법은 흔히들 '되돌림'이라고 표현하는 '주가 조정' 이후 시장에 진입하는 것이라는 사실을 발견했다. 앞서 언급한 일반적인 되돌림 패턴들에 더하여, 뒤에 나오는 변형된 패턴들이 내가 실제로 사용하는 매매 전략의 가장 기본적인 것들이다. 그것들은 대부분의 경우 매매에 늘 활용된다. 이 밖에 부수적인 변형들과 좀 더 세련된 패턴들에 관심 있는 분들은 나의 이전 책들을 참고하기 바란다.

우선 한 가지 패턴을 공부하는 것으로 시작해보자. 여러분의 성공을 위해 실제로 필요한 것은 하나의 패턴이다. 내 고객들 중에는 오로지 한 가지 패턴만 사용하여 돈을 벌고 있는 사람들이 많다. 한 가지를 마스터한 다음에 다른 것들을 추가해도 늦지 않다. 되도록 많은 차트를 보라. 먼저 어떻게 하면 추세를 판별할 수 있는지를 배우고, 그다음에 내가 앞으로 보여줄 특별한 패턴들을 찾아보라. 조금만 연습하면 최고의 신호들을 찾을 수 있다는 것을 알게 될 것이다.

추세 녹아웃

'추세 녹아웃 TKO, Trend Knockouts'은 간단하지만 매우 효율적인 패턴이다. 내가 즐겨 사용하는 것들 중 하나인데, 특히 지속적인 추세와 결합하면 더 좋은 결과가 나온다.

투자 규모가 작거나 인내심이 없는 사람들은 주가가 처음 조정을 받으면 곧바로 포지션을 정리하는 경향이 있다. 추세를 따라 그 방향대로 매매한다는 것은 매우 좋은 생각이지만, 추세가 난 것처럼 보인다고 해서 시장에 곧바로 진입하기보다는 손에 든 카드가 적은 사람들이 떨어져나갈 때까지(녹아웃 당할 때까지) 기다렸다가 들어가는 것이 더 좋은 방법이다. 이렇게 기다릴 수 있으면 사람들이 포지션을 던지는 바람에 여러분이 함께 휩쓸려 피해를 볼 가능성을 줄일 수 있다.

추세 녹아웃은 고점과 저점을 찾아다니는 투자자들에게 매력적인 패턴이면서 결국은 그런 사람들을 털어내는 역할을 한다. 추세 녹아웃 패턴은 상승과 하락 추세 모두에 적용된다. 상승 추세의 경우, 주가의 녹아웃 움직임(하락)은 해당 종목의 적정 주가가 그렇게 높지 않을 것이라고 믿는 사람들이 매도를 하도록 부추긴다. 그들은 소문과 사실을 혼동하는 이들이다. 필연적으로 이전의 상승 추세가 재개되었을 때 그들은 매도 포지션을 환매할 수밖에 없다. 매도 포지션의 환매로 인한 매수는 상승 추세를 이전보다 강하게 만드는 역할을 한다. 하락 추세의 경우, 주가의 녹아웃 움직임(상승)은 싼 주식을 찾아 바닥을 짚으려는 사람들의 마음을 끌어들인다. 그러다 이전의 하락 추세가 재개되면 이 변덕스러운 투자자들은 자신들의 포지션을 집어던지고 시장에서 빠져나오려고 안달한다. 결과적으로 이런 추가적인 매도 세력은 주가의 하락을 더욱더 부채질하는 역할을 하게 되는 것이다.

추세 녹아웃 패턴은 손에 들고 있는 카드가 적은 사람들이 나가떨어질 때 더 강한 추세를 만들어낸다. 이렇게 이전의 상승 추세가 재개될 때는 매수 주문 가격을 시장의 현재가보다 위에(매도의 경우에는 현재가보다 아래에) 넣어야 수익 기회를 쉽게 포착할 수 있다.

추세 녹아웃 패턴을 이용한 매수의 경우에는 다음과 같은 규칙을 지켜야 한다.(그림 3-19)

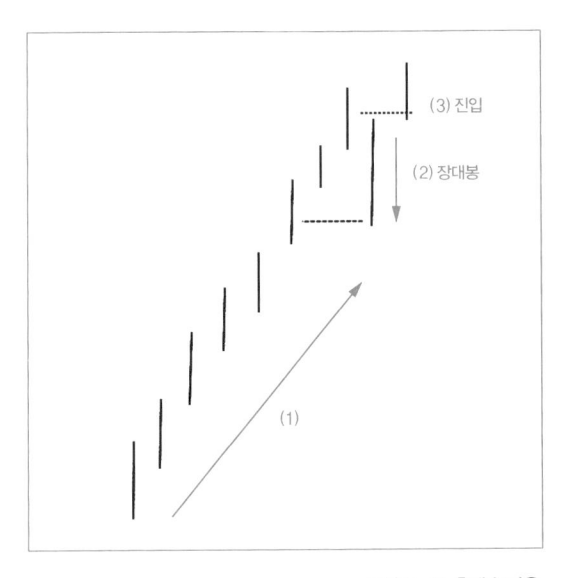

그림 3-19 **추세 녹아웃**

❶ 해당 종목의 주가가 강한 상승 추세에 있어야 하고, 가장 좋은 것은 지속적인 상승 추세 중인 경우다. 추세 여부를 측정하기 위해선 추세 식별 패턴이나 이동평균을 활용한다. 추세선 역할을 하는 화살표는 반드시 그려야 한다.

❷ 되돌림을 형성할 때 주가가 최소한 직전 두 개의 차트를 합친 것보다 아래로 내려와야 한다. 바의 길이가 길수록 더 이상적이다. 다른 말로 하면 갑자기 큰 폭으로 하락해야 한다. 즉 장대 음봉이 형성되어야 하는 것이다. 이 패턴은 주가가 신고점을 경신한 직후에 발생할 수 있는데, 한 바에서 필요한 되돌림을 형성할 수도 있고, 혹은 며칠에 걸쳐 되돌림을 형성할 수 있으며, 두 경우 모두 추세 녹아웃 패턴에 해당한다.

❸ 추세 녹아웃 패턴을 형성한 바의 고점보다 높은 가격에서 매수하되, 그 가격까지 다시 상승하지 않으면 절대 매수해서는 안 된다.

아래로 내려가는 폭이 클수록 더 많은 투자자들이 떨어져나가기 때문에 이 패턴을 이용하려는 투자자에게는 더없이 좋은 기회가 된다. 여기서 한 가지 경고할 것이 있다. 아래로 내려가는 폭이 너무 크면 진짜로 상승 추세가 끝나는 것이 아닌지 의심해볼 필요가 있다는 점이다. 그런 경우라면 이 종목을 매수해서는 안 된다. '너무 많이' 내려간다는 표현이 어떤 면에서는 임의적일 수도 있겠지만 경험이 쌓이다 보면 차트를 보고 스스로 판단할 수 있을 것이다.

여러분에게 경험이 적어도 크게 걱정할 필요가 없다. 너무 많이 내려간 경우에는 주가가 추세 녹아웃 패턴을 형성하는 바의 고점 이상으로 다시 상승하는 경우가 매우 드물기 때문이다.

추세 녹아웃 패턴에서 놀라운 것은 이 패턴이 다른 어떤 패턴보다 더 자주 발생하기 때문에 매매 기회가 많다는 사실이다. 추세 녹아웃 패턴을 이용한 매매에서 매수 진입 신호는 추세 녹아웃 패턴을 형성하는 바의 고점 바로 위의 가격으로 설정하고, 손절매는 추세 녹아웃을 형성하는 바의 저점 바로 아래 가격으로 설정할 수 있다.

이제 추세 녹아웃 패턴을 이용한 매매의 예를 살펴보자.

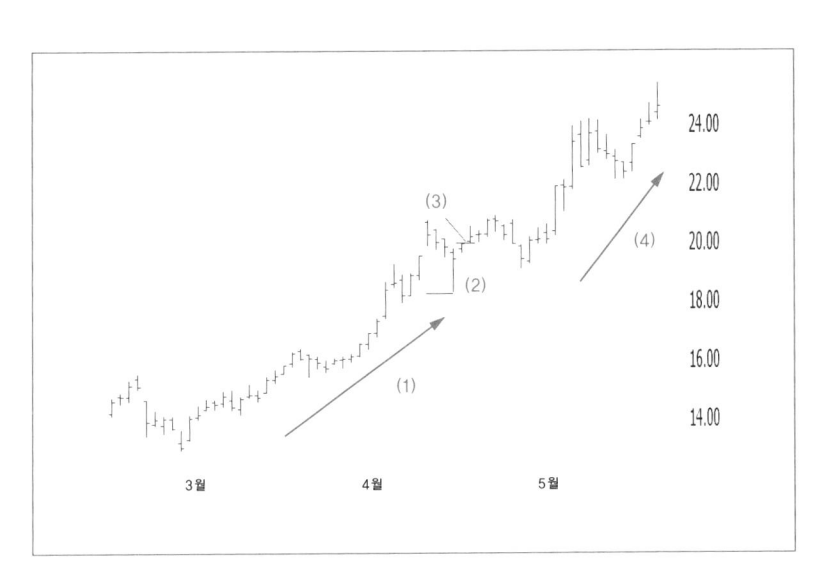

그림 3-20 **미국 우라늄농축공사 주가 차트**

❶ 그림 3-20은 글로벌 에너지 기업인 미국 우라늄농축공사의 주가 차트다. (1)의 화살표로 표시된 것처럼 이 회사의 주가는 강한 상승 추세를 보여주고 있다.

❷ 이 종목의 주가는 되돌림이 진행되다가 (2)로 표시된 지점에서 큰 폭의 하락이 발생하는 바가 출현했다. 이 바에서는 최소한 직전 두 개의 차트보다 낮은 가격까지 내려왔다. 좀 더 정확히 말하면 직전 네 개의 차트보다 아래로 내려왔다.

❸ (3)으로 표시된 지점에서 추세 녹아웃 패턴을 형성한 바의 고점을 뚫고 올라갈 때 매수 진입한다.

❹ (4)의 화살표로 표시한 것처럼 이후 이 종목은 상승 추세를 재개한다.

오래전에 우리의 초보 투자자가 가장 좋아했던 애플의 주가는 호재성 뉴스가 나오자마자 하락 추세를 시작했지만, 반대로 강한 상승 추세를 보인 적도 있다.

❶ 그림 3-21은 애플의 주가 차트인데 (1)의 화살표로 표시한 것처럼 강한 상승 추세를 보여주고 있다. 이 기간 동안에는 주가의 이격이 발생하고 있으며 갭업, 강한 종가 그리고 고점과 저점이 계속 상승하는 등의 추세 식별 패턴들을 확인할 수 있다.

❷ (2)로 표시된 지점에서 주가가 갑자기 크게 하락하는 바가 나타난다. 이 바가 '이동평균 건드리고 되돌아가기' 패턴(이에 대해서는 뒤에 설명하겠다)이라는 것을 보여주기 위해 10일 이동평균도 함께 표시했다.

❸ (3)으로 표시된 지점에서 주가가 추세 녹아웃 패턴을 형성하는 바의 고점을 뚫고 올라갈 때 매수 진입한다.

❹ (4)의 화살표로 표시된 것처럼 이후 주가가 상승 추세를 재개한다.

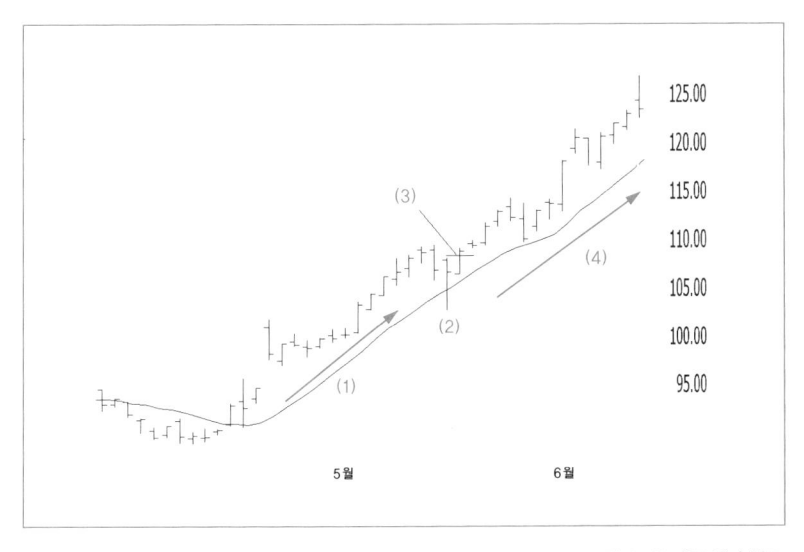

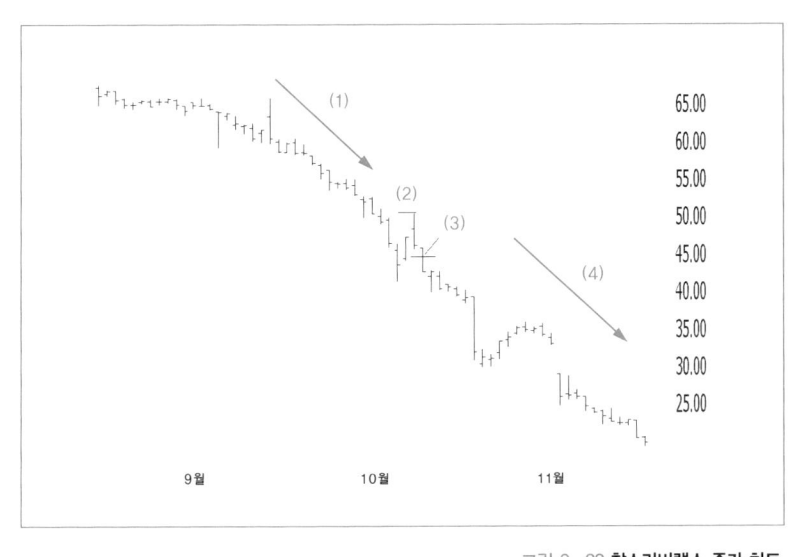

❶ 그림 3-22는 바이오 기업 찰스리버랩스Charles River Labs의 주가 차트인데, (1)의 화살표로 표시한 것처럼 이 종목은 하락 추세 중이다. 하락 추세가 지속적이며 더 강해지고 있음을 알 수 있다.

❷ (2)로 표시한 지점에서 주가가 갑자기 강하게 상승 반전하는 모양의 되돌림 움직임을 보여준다. 두 번째 되돌림 바는 최소한 이전 두 개 바의 고점을 상회한다.

❸ (3)으로 표시한 지점에서 주가가 추세 녹아웃 패턴을 형성하는 바의 저점을 뚫고 내려올 때 매도 진입한다.

❹ (4)의 화살표로 표시한 것처럼 이 종목의 주가는 이후 6주에 걸쳐 절반 가격 이하로 하락한다.

■ 요약

추세 녹아웃 패턴은 아주 간단하지만 비교적 자주 발생하며 큰 수익을 만들어 준다. 강한 추세를 만들고 있던 종목이 어리숙한 투자자들을 속이는 패턴을 보여주는 데 비해, 이것은 여러분이 이익을 얻을 기회를 확실하게 만들어준다.

패턴의 적용

──────────────── 이것은 매우 자주 나타나는 패턴이므로 조심해서 선별할 필요가 있다. 추세가 확실하고 추세 녹아웃 패턴이 분명히 나타나는 종목만 선별해서 매매해야 한다. 지속적인 추세를 만들고 있던 종목에서 이 패턴이 나타날 때가 가장 확실하다.

더 나아가 의미 있는 추세 녹아웃 패턴이 진행되어야 한다. 스스로에게 질문해보라. "내가 이 종목에서 이미 매수 혹은 매도 포지션을 갖고 있다면 지금의 추세 녹아웃 패턴에서 떨어져나갈 것인가?"

지속적인 추세의
되돌림 패턴

──────────────── 나는 앞에서 추세를 분석할 때, 추세 화살표를 그리는 것 다음으로 가장 즐겨 사용하는 기법이 지속성 여부를 판단하는 것이라고 언급했다. 지속성은 간단히 말해 매일매일 추세를 지속하는 시장의 능력을 말한다.

그림 3-9에서 추세의 지속성을 보여주었다. 좀 더 수학적으로 표현하면, 추세의 지속성은 선형 분석과 같은 복잡한 방법으로 측정할 수 있다. 하지만 수학에 익숙지 않은 우리들 입장에서는 단순히 차트를 살펴보고 가능한 한 많은 바에서 추세선을 그려보는 것이 도움이 될 것이다.

'지속적인 추세의 되돌림' 패턴의 장점은 자기 제어 기능이 있다는 것이다. 특히 여러분이 내가 늘 강조하는 업종 전체의 흐름을 함께 확인할 경우에는 더욱더 확실한 결과를 가져다준다. 들쑥날쑥한 시장에선 대개 추세라는 것이 존재하지 않기 때문에 지속적인 추세의 되돌림 패턴을 보여주는 종목을 찾는 것이 현실적으로 힘들다. 그리고 대세 상승 중인 시장에서 매도 기회를 찾는 것도 현실적으로 불가능하다. 마찬가지로 대세 하락 중인 시장에서 매수 기회를 찾는 것 또한 현실적으로 매우 어려운 일일 것이다. 사실 이 책을 집필하며, 나는 2007년에 시작되어 2009년 3월까지 지속된 대세 하락장에서 수천 개에 이르는 종목들의 차트들을 검색했다. 하지만 이 기간에 매수 거래의 예로 보여줄 만한 패턴을 띠는 종목은 하나도 찾을 수 없었다.

이런 자기 제어 특성은 처음으로 추세 추종 매매를 하는 투자자에게 큰 도움이 될 수 있다. 이를 통해 시장과 같은 방향에 서서 매매할 수 있게 된다. 마찬가지로 시장이 이상적인 조건이 아닌 기간 동안에는 시장에서 한 발짝 물러설 수 있도록 도와준다. 바로 이 점이 추세 추종 매매를 처음 접하는 사람들에게, 확신을 얻을 때까지는 지속적인 추세의 되돌림 패턴만을 이용하여 매매하라고 권하는 이유다.

좀 더 경험 많은 투자자들이라면 자신이 추세와 맞서 싸우고 있으며 들쑥날쑥한 시장에서 과도한 매매를 하고 있다는 사실을 알아차렸을 때, 지속적인 추세의 되돌림 패턴이 매우 유용한 접근법이라는 사실을 깨닫게 될 것이다. 나는 그런 사람들에게 시장이 어려울 때는 오로지 자기 제어 기능이 있는 패턴들만을 이용한 매매를 하도록 권한다. 그럼으로써 그들은 시장과 같은 방향에 서서 매매를 할 수 있고, 시장이 들쑥날쑥한 기간에는 시장을 떠나 있게 된다. 사실 나는 여러 경우에 슬럼프에 빠진 투자자들에게 이 방법만으로 매매하도록 권해왔다.

그렇지 않다면, 여러분이 스스로 어려움에 빠진 자신을 발견할 때, 내가 여러분의 매매를 맨투맨으로 도와주면서 많은 상담료를 받을 수도 있을 것이다. 하지만 그럴 생각이 없다면, 스스로 확신을 다시 얻을 때까지 지속적인 추세의 되돌림 패턴만으로 매매하는 것이 좋다.

이제 나의 지속적인 추세의 되돌림 패턴의 규칙을 살펴보자. 이 패턴은 원래『데이브 랜드리의 패턴과 전략 10선』에서 소개되었다. 다음은 이 패턴을 사용할 때 매수가 가능한 조건들이다. 매도의 경우는 반대로 생각하면 된다.(그림 3-23)

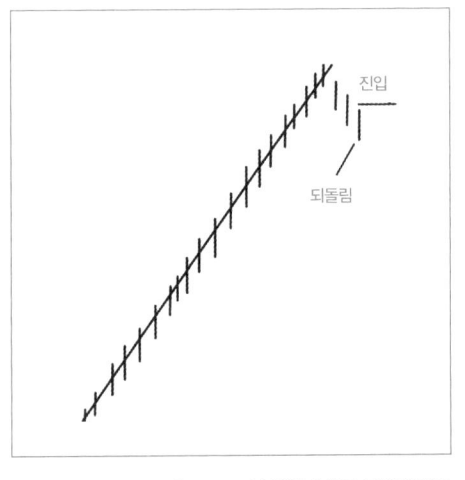

그림 3-23 **지속적인 추세의 되돌림 패턴**

❶ 주가가 적어도 한 달, 대략 20거래일 동안 한 방향으로 움직여야

한다. 이상적인 경우라면 그 기간 동안 추세선을 그렸을 때 가능한 한 많은 바가 추세선과 교차해야 한다. 이 추세선은 손으로 그려도 되고, 혹은 선형 회귀 추세선을 그려도 된다. 해당 종목은 그 기간 동안 의미 있는 움직임이 있어야 한다.

❷ 1번 조건이 충족되었다면, 되돌림 움직임이나 이와 유사한 패턴이 나타났을 때 매수 진입 기회를 찾는다. 지속적인 추세 후에 나타나는 그런 패턴 가운데 내가 가장 좋아하는 것 중 하나가 바로 추세 녹아웃 패턴이다.

이제 몇 가지 예를 살펴보자.

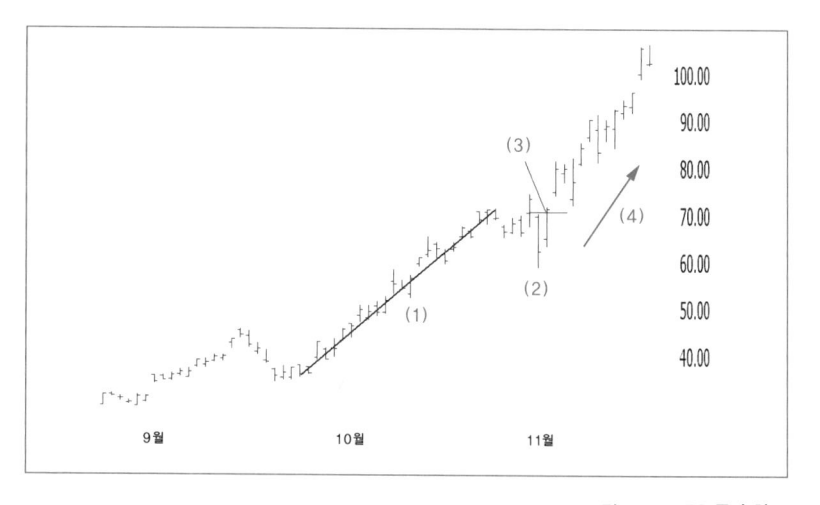

그림 3-24 **DTO 주가 차트**

❶ 그림 3-24는 원유 투자 상품인 DTO의 차트다. (1)의 추세선으

로 확인할 수 있는 것처럼 이 종목은 현재 지속적인 상승 추세 중이다. 차트의 바들을 관통하도록 그린 추세선이 거의 대부분의 바들과 교차하는 것을 볼 수 있다. 이 기간 동안 이 종목의 주가는 30달러 이상 올라 상승률이 80% 이상이었다.

❷ (2)로 표시된 지점에서 주가의 되돌림 현상이 발생한다. 이 지점에서 이 종목은 추세 녹아웃 패턴을 만들어낸다. 『데이브 랜드리의 스윙 매매』를 읽어본 독자라면, 이 패턴이 '이중 천장 추세 녹아웃_{DTKO, Double Top Knockout}' 패턴이라는 사실을 알아차렸을 것이다.

❸ (3)으로 표시된 지점에서 추세 녹아웃을 형성하는 바의 고점을 상향 돌파하는 시점에 매수 진입한다.

❹ (4)의 화살표로 표시된 것처럼 이후 한 달 동안 이 종목의 주가는 거의 두 배 가까이 상승한다.

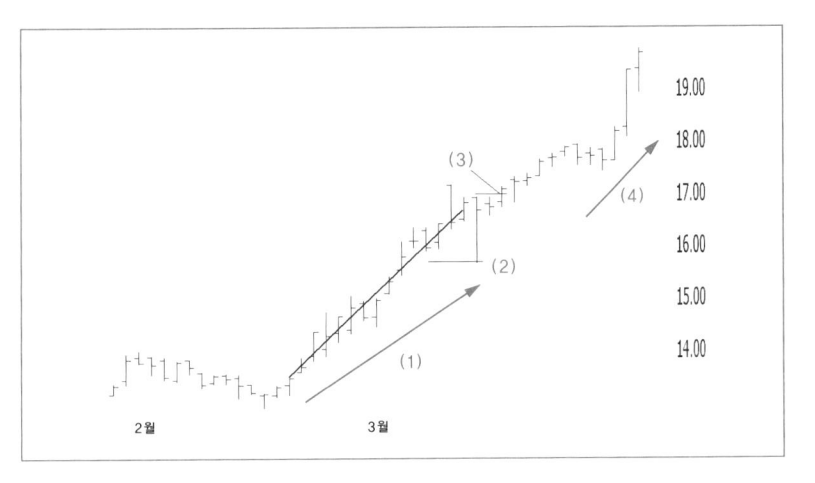

그림 3-25 **글로벌 인더스트리 주가 차트**

❶ 그림 3-25는 글로벌 인더스트리Global Industries라는 회사의 주가 차트인데, (1)의 화살표로 표시된 것처럼 이 종목은 지속적인 상승 추세 중이며 한 달이 안 되는 기간 동안 30% 이상 상승했다.

❷ (2)로 표시된 지점에서 하루 동안 크게 하락하여 추세 녹아웃 패턴을 만든다.

❸ (3)으로 표시된 지점에서 추세 녹아웃을 형성하는 바의 고점을 상향 돌파할 때 매수 진입한다.

❹ (4)의 화살표로 표시된 것처럼 이후 추세가 재개되어 2주 동안 주가가 18% 이상 상승한다.

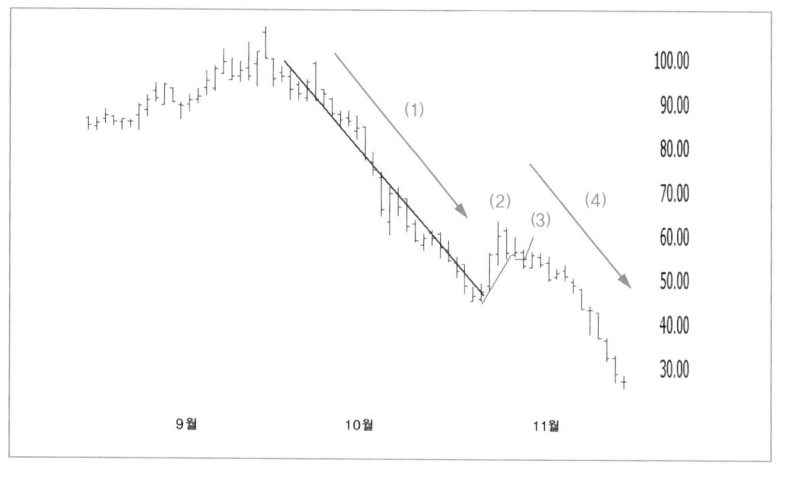

그림 3-26 **시어스 홀딩스 주가 차트**

❶ 그림 3-26은 시어스 홀딩스Sears Holdings라는 회사의 주가 차트인데, (1)의 화살표로 표시된 것처럼 이 종목은 지속적인 하락

추세 중이다. 이 기간 동안 주가가 50달러 이상 빠져 고점 대비 거의 반 토막이 났다. 추세선을 그렸을 때 대부분의 바가 추세선과 교차하는 것을 볼 수 있다.

❷ (2)로 표시된 지점에서 주가의 일시적인 반등으로 되돌림 현상이 발생한다.

❸ (3)으로 표시된 지점에서 주가가 마지막 되돌림 움직임을 보인 바의 저점을 하향 돌파할 때 매도 진입한다.

❹ (4)의 화살표로 표시된 것처럼 이 종목은 이전의 지속적인 하락 추세를 재개한 이후 3주에 걸쳐 주가가 50% 이상 하락한다.

■ 요약

'지속적인 추세의 되돌림' 패턴은 아주 간단하면서 매우 효과적인 패턴으로 자기 제어 기능을 갖고 있다. 시장이 좋을 때는 이런 패턴을 많이 발견할 수 있지만, 시장이 좋지 않을 때는 잘 나타나지 않는다. 특히 여러분이 업종이나 시장 전체가 개별 종목과 똑같은 추세를 형성할 때 이런 패턴으로 매매하려 한다면 더 효율적이다. 사실 이상적으로는 그런 경우라야만 지속적인 추세라고 말할 수 있을 것이다. 지속적인 추세의 되돌림 패턴이 갖고 있는 자기 제어 특성은 투자자가 트랙을 벗어나지 않도록 도와준다. 또 스스로의 규율이 무너졌을 때, 우리가 추세에서 벗어나 그것과 맞서 싸우지 않도록 통제한다. 가장 중요한 것은, 시장에 추세가 존재하지 않을 때 우리를 시장에서 멀리 떨어뜨려 놓는다는 사실이다.

패턴의 적용

이 패턴은 시장이 상승 추세 중일 때나 하락 추세 중일 때나 똑같이 잘 작동한다. 하지만 "올라갈 때보다는 내려올 때가 빠르기 때문에" 지속적인 하락 추세보다 지속적인 상승 추세를 찾는 것이 더 쉽다. 이 패턴을 이용한 매매는 업종 전체나 시장 전체가 똑같은 추세를 보여줄 때 가장 좋은 기회를 제공한다.

이동평균 건드리고 되돌아가기 패턴

나는 앞으로 내가 독자적으로 발견했다고 생각했지만, 오래전에 다른 사람들이 이미 발견했던 것들을 많이 제시할 것이다. '이동평균 건드리고 되돌아가기' 패턴 역시 그런 것들 중 하나다. 1990년대 중반, 나는 추세 추종 매매 시스템의 가능성을 연구하느라 많은 시간을 투자했다. 이때의 연구에서는 오로지 이동평균만을 사용했다. 그때 만들어진 시스템 중 하나가 '2/20 지수이동평균 돌파 시스템'이었는데, 1996년에 기술적 분석 전문 잡지인 『주식과 상품의 기술적 분석*Technical Analysis of Stocks & Commodities*』에 발표되었다. 이 시스템은 기본적으로 이동평균에서 멀리 도망가는 시점을 기다리는 것이다. 나는 이동평균으로 회귀하는 특성이 있는 '이격'을 추세를 측정하는 자료로 사용하면서 이 시스템을 수정하기 시작했다. 내가 그

런 작업을 하고 있던 비슷한 시기에 래리 코너스Larry Connors와 린다 라
슈케Linda Raschke가 자신들의 시스템을 발표했다. 놀랍게도 그들이 발표
한 패턴들 중 하나가 내가 '이격 되돌림'이라고 명명한 것과 아주 유사
했다. 자화자찬하는 것 같지만 내가 만든 패턴은 린다가 만든 '매매의
성배'와 아주 유사했다. 단 한 가지 차이점이 있다면 나는 추세를 측정
하기 위해 '이격'을 사용했고, 린다는 지표를 사용했다는 점이다.

내가 말하는 '이격'이라는 것은 간단히 말해 주가 차트가 이동평균
에서 멀리 떨어져 있는 것을 의미한다. 상승 추세의 경우 저가가 이동
평균선 위에 존재하고, 하락 추세의 경우에는 고가가 이동평균선 아래
에 위치한다.(그림 3-11)

이 패턴은 단순하게 이격을 이용해 주가가 추세를 형성하고 있는 것
으로 정의하고, 주가가 되돌림 움직임을 보이면서 '이동평균 건드리고
되돌아가기' 패턴을 형성할 때 진입 기회를 포착한다. 이격이라는 개념
과 대부분의 차트 프로그램에서 사용 가능한 10일 단순이동평균을 이
용해 이 패턴을 자세히 살펴보자.

다음은 이 패턴을 사용하여 매수할 때의 규칙이다. (그림 3-27)

❶ (1)로 표시한 기간에서처럼 주가가 최소한 10일 이상 이동평균
선으로부터 떨어져 있어야 한다(아주 강한 추세를 형성하고 있는 종목
은 10일이 조금 못 돼도 상관없다). 이 기간 동안 모든 바의 저가는 이
동평균선보다 위에 있어야 한다. 다른 말로 하면, 주가가 최소한
10일 이상 이격되어 있어야 한다.

❷ (2)로 표시한 지점처럼 주가가 조정(되돌림)을 받아 이동평균선을

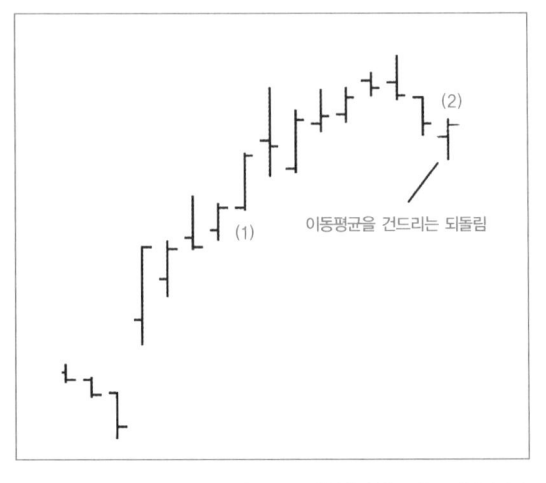

그림 3-27 **이동평균 건드리고 되돌아가기**

건드리기를 기다린다. 즉 저가가 반드시 이동평균선을 뚫고 내
려와야 한다.

❸ 주가가 전일의 고점(혹은 전일들의 고점)을 상향 돌파하면 매수 진
입한다.

이제 몇 가지 예를 살펴보자.

❶ 그림 3-28은 홀리 코퍼레이션Holly Corp.이라는 회사의 주가 차트
인데, 이 종목은 오랜 기간 상승 추세 중이다. 상승 추세가 빨라
지면서 이 종목의 주가는 (1)로 표시한 지점에서 10일 이동평균
으로부터 멀어진다. 최소한 10일 이상(정확히 13일) 저가가 이동평
균선보다 위에 있는 '이격'이 발생한 것을 볼 수 있다.

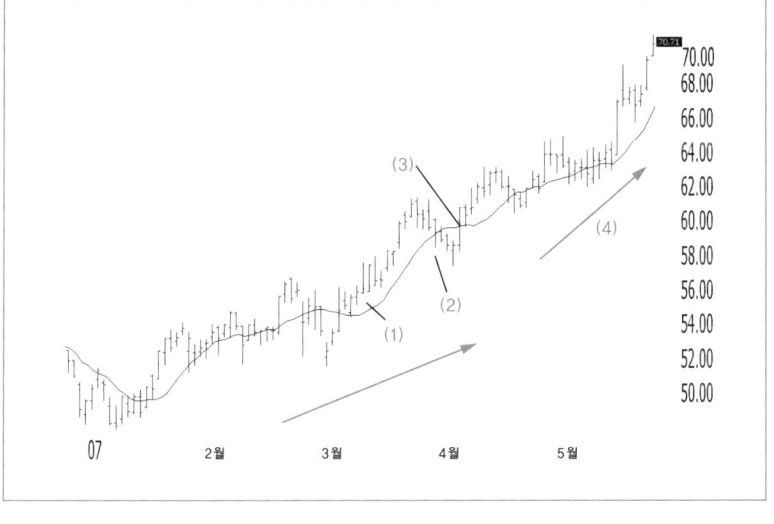

그림 3-28 **홀리 코퍼레이션 주가 차트**

❷ (2)로 표시한 기간에서 주가가 이동평균선 방향으로 되돌림 움직임을 보인다.

❸ (3)으로 표시한 지점에서 이전의 상승 추세가 재개되었을 때 매수 진입한다.

❹ (4)의 화살표로 표시한 것처럼 이 종목의 주가는 다음 몇 주 동안 20% 이상 상승 흐름을 유지한다.

❶ 그림 3-29는 아메리칸 타워 코퍼레이션American Tower Corp.이라는 회사의 주가 차트인데, (1)의 화살표로 표시한 기간 동안 최소한 10일 이상(정확히 16일) 저가가 10일 단순 이동평균선보다 위에 있으므로 상승 추세 중이라고 할 수 있다.

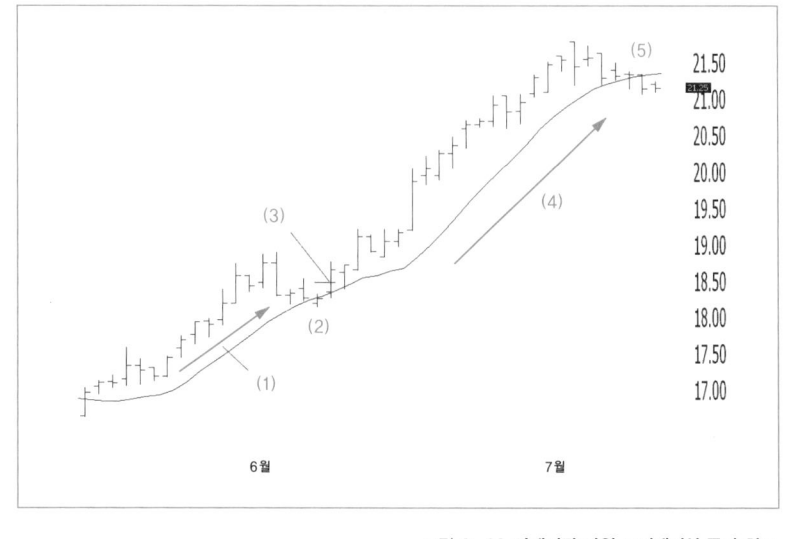

❷ (2)로 표시한 기간에서 주가가 10일 이동평균선 쪽으로 되돌림 움직임을 보인다.

❸ (3)으로 표시한 지점에서 이전의 상승 추세가 재개되었을 때 매수 진입한다. 나의 이전 책들을 읽어본 독자라면 이것이 추세 피봇 되돌림Trend Pivot Pullback임을 알아볼 것이다.

❹ (4)의 화살표로 표시한 것처럼 주가는 이후 16% 이상 상승한다.

❺ (5)로 표시한 지점에서 주가가 하락하여 이동평균선과 다시 한 번 교차한다.

❶ 그림 3-30의 알파 내추럴 리소스Alpha Natural Resources라는 회사 의차트는 (1)의 화살표로 표시한 기간 동안 최소한 10일 이상 고

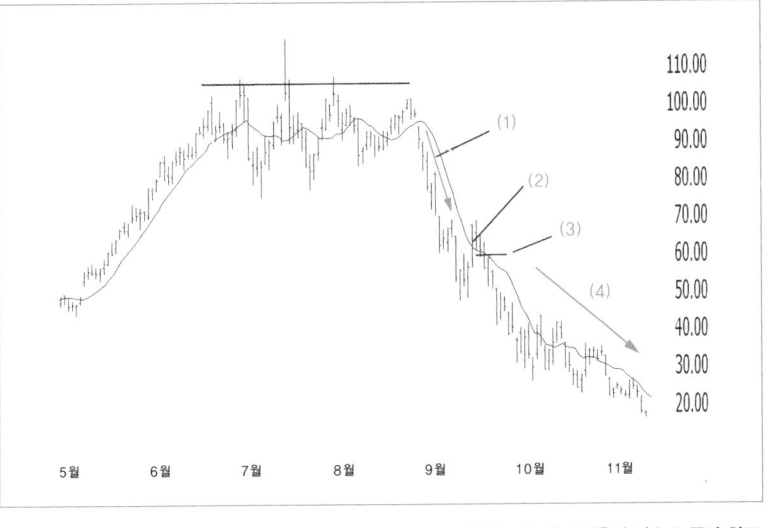

그림 3-30 **알파 내추럴 리소스 주가 차트**

가가 연속적으로 단순이동평균선보다 아래에 있으므로 하락 추세라고 할 수 있다. 이 하락 추세가 발생하기 직전에는 주가가 오랜 기간의 상승 추세를 마치고 더 이상 상승 흐름을 이어가지 못한 채 횡보하던 중이었다. 이는 이전의 상승 추세가 끝났다는 사실을 암시하는 것이다.

❷ 하락하던 주가가 (2)로 표시한 지점에서 되돌림 움직임을 보이며 단순이동평균선과 교차한다. 되돌림을 형성하는 바의 고가가 이동평균선을 뚫고 올라간 것을 볼 수 있다.

❸ (3)으로 표시한 지점에서 이전의 하락 추세가 재개되었을 때 매도 진입한다.

❹ (4)의 화살표로 표시한 것처럼 주가는 하락 추세를 재개하고, 이

후 몇 주 동안에 걸쳐 주가가 절반 이상 떨어졌으며, 몇 달 동안의 하락률은 거의 70%에 이른다.

■ 요약

'이동평균 건드리고 되돌아가기' 패턴은 단순이동평균만을 기준으로 사용하는 되돌림 패턴이다. '이격'을 사용하여 추세가 형성된 것으로 판단되면, 우리는 주가가 이동평균선으로 되돌아오는 것만 기다리면 된다. 이것은 추세의 형성과 조정을 짐작할 수 있도록 해주기 때문에 초보 투자자에게 아주 유용할뿐더러 시각적으로도 구분하기가 아주 쉽다.

패턴의 적용

──────────── 이 패턴은 시장이 상승할 때나 하락할 때나 똑같이 잘 작동한다. 하지만 "올라갈 때보다는 내려올 때가 더 빠르기 때문에" 개인적으로 매도 쪽으로 올라탈 때는 가능한 한 첫 번째 기회를 놓치지 않으려고 노력한다. 따라서 매도 거래를 할 때 내가 가장 좋아하는 방법은 매도 방향으로 추세가 전환되는 '추세 '전환' 패턴(제2부에서 설명할 것이다)들이 나타날 때 매도하는 것이다. 하지만 전체 시장이 대세 하락 중인 기간에는 실질적으로 대부분의 종목들이 이미 하락 추세를 만들고 있다는 사실을 명심해야 한다. 즉, 우리가 이용할 만한 추세 전환 패턴들이 나타나지 않을 수도 있다.

제3장을 마치며

──────────── 우리는 이번 장에서 여러 가지를 다루었다. 하지만 그것들은 모두 간단한 몇 가지 개념으로 귀결될 수 있다. 순수하게 보았을 때 매매는 단순히 특정 가격에서 매수(혹은 매도)한 다음 다른 가격에서 매도(혹은 환매)하는 것이다. 추세를 포착했을 때 매매해야만, 반드시 추세를 포착했을 때 매매해야만 이익을 거둘 수 있다.

우리의 궁극적인 목적은 추세를 포착하는 것이기 때문에, 추세를 찾는 것이야말로 매매에서 가장 합리적인 접근법이라고 할 것이다. 추세는 추세 식별 패턴과 이동평균에 의해 측정할 수 있다. 추세라고 할 수 있으려면 여러분이 큰 화살표를 그려 넣을 정도로 확실하게 보여야 한다.

가장 이상적인 경우는 전체 시장과 업종 시세가 해당 종목과 같은 방향의 추세를 보여주는 때다. 추세를 판별하고 나서는 바로 진입하는 것이 아니라, 조정이 이루어질 때까지 기다려야 한다. 다른 말로 표현하면, 되돌림에서 매매를 하는 것이다.

'추세 녹아웃', '지속적인 추세의 되돌림' 그리고 '이동평균 건드리고 되돌아가기'와 같은 특별한 되돌림 패턴들은 되돌림을 판단하고 추세를 따라 매매하는 효율적인 방법이다.

깜짝 퀴즈

여러분은 이제 확실한 추세를 판별할 수 있어야 한다. 아래의 퀴즈를 풀어봄으로써 확인해보기 바란다. 퀴즈를 통과한다면 다음 장을 읽어도 좋지만, 통과하지 못한다면 이번 장을 다시 읽어보길 바란다.

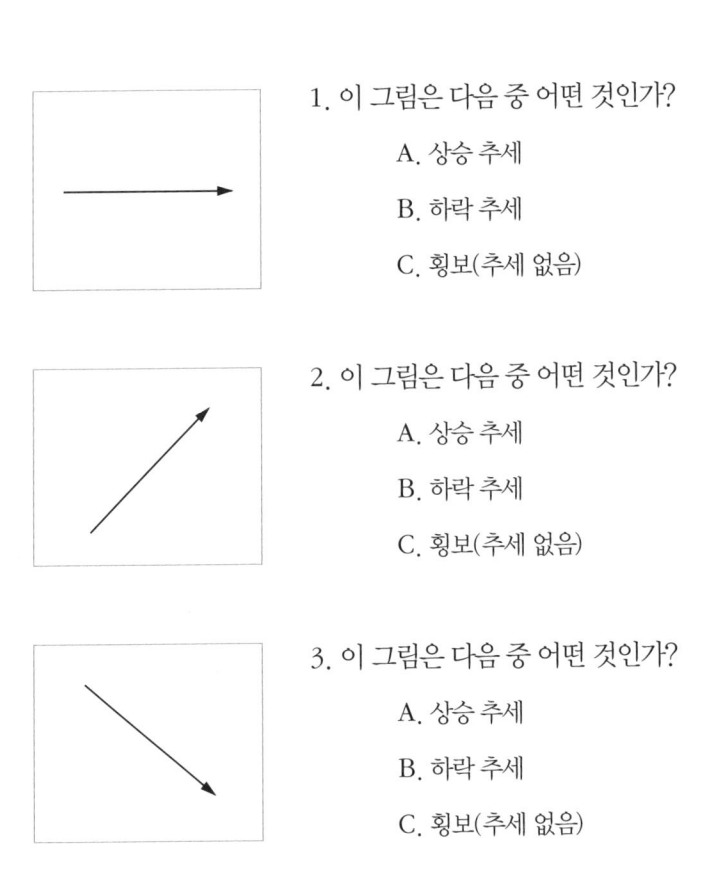

1. 이 그림은 다음 중 어떤 것인가?

   A. 상승 추세

   B. 하락 추세

   C. 횡보(추세 없음)

2. 이 그림은 다음 중 어떤 것인가?

   A. 상승 추세

   B. 하락 추세

   C. 횡보(추세 없음)

3. 이 그림은 다음 중 어떤 것인가?

   A. 상승 추세

   B. 하락 추세

   C. 횡보(추세 없음)

정답: 1=C, 2=A, 3=B

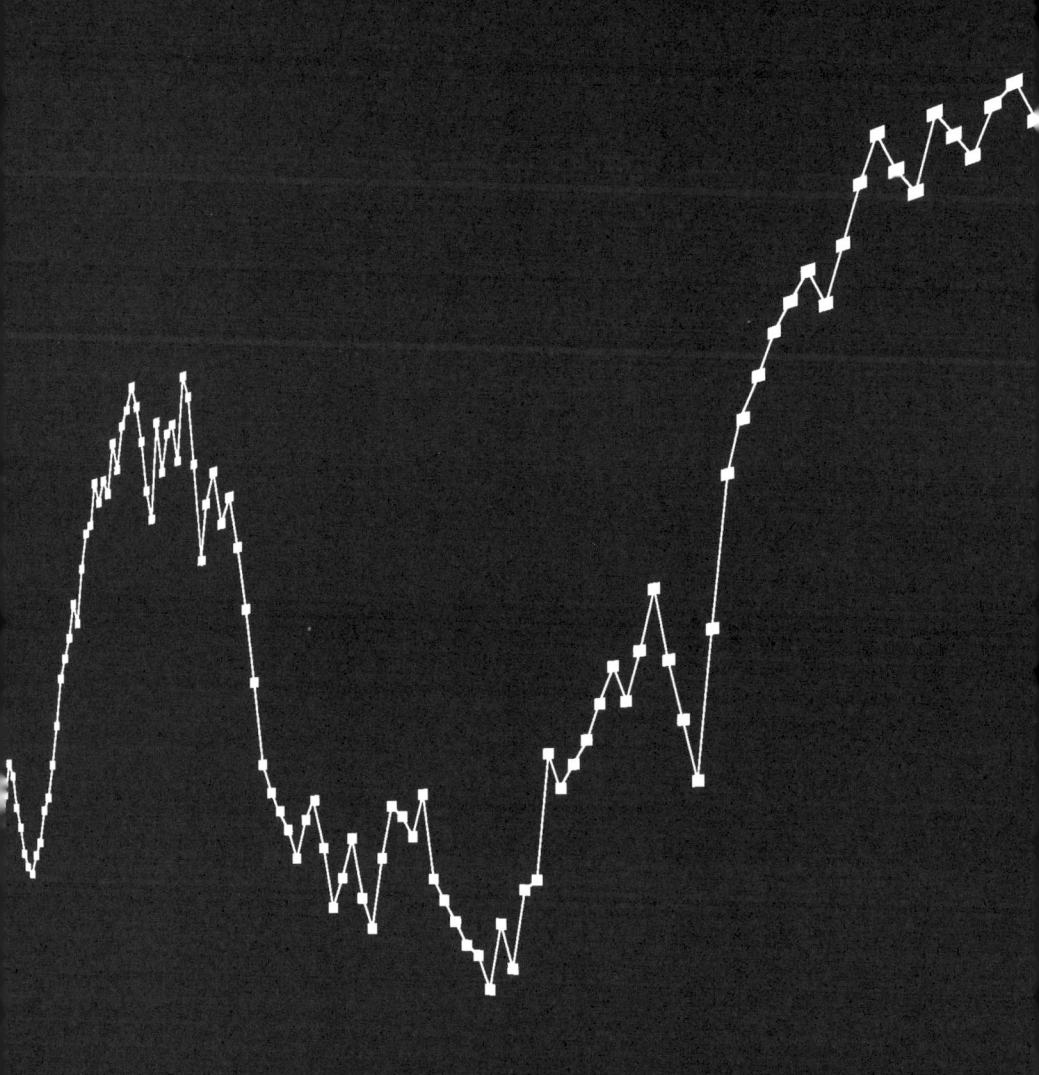

제4장

되돌림 매매하기

이제 여러분은 추세를 판별하는 방법을 이해하고 있어야만 한다. 추세를 판별한 다음에는 앞에서 소개한 특별한 세 가지의 패턴을 이용하여 기본적인 되돌림을 찾아낼 수 있어야 할 것이다. 하지만 추세를 찾아내고 패턴을 찾아내는 것은 쉽다. 정작 어려운 것은 구체적인 세부 사항들이다.

추세장에서
되돌림 매매하기

나는 "추세는 여러분의 친구다"라는 말이 시장의 격언 중에서 사실에 가장 가깝다고 믿는다. 그리고 추세를 형성하고 있는 시장에 진입하는 가장 효과적인 방법은 되돌림을 이용하는 것이다. 그림 4-1을 보면 알 수 있듯이, 되돌림을 이용한 매매는 다음과 같은 단계를 거친다. (a)의 화살표로 표시된 것처럼 시장이 강한 추세를 형성한다. (b)의 화살표로 표시된 것처럼 추세가 조정을 겪는다. (c)로 표시된 지점에서와 같이 추세가 재개되었을 때 시장에 진입한다. 시장에 진입한 이후 추세가 원하는 방향으로 계속 진행되지 않을 경우

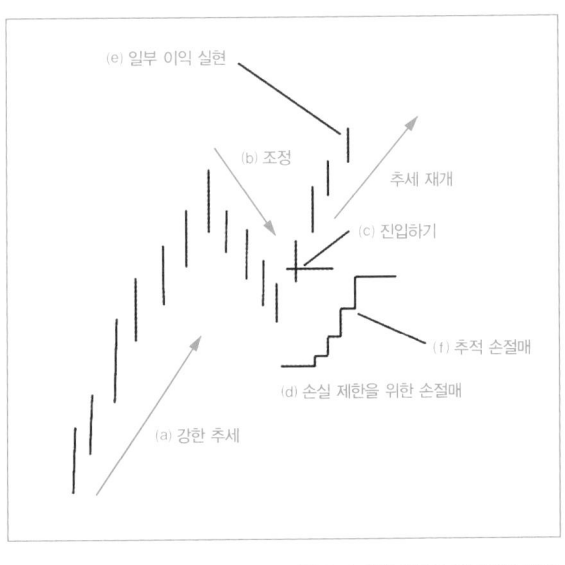

그림 4-1 **매매 전략의 개략적인 형태**

에 대비하여 (d)로 표시된 것처럼 적절한 손절매를 설정한다. 추세가 계속되면 (e)로 표시한 지점에서 일정 부분 이익을 실현한다. 나머지 수량에 대해서는 고점이 높아지는 것에 따라 (f)와 같이 손절매 가격을 올려가며 계속 보유한다. 바로 이것이 내 매매 전략의 전체적인 형태를 간단명료하게 표현한 것이다.

이제 세부적인 것들을 살펴보자.

강한 추세

추세를 이용한 매매를 하려면 주가가 강한 추세를 형성하고 있어야 한다. 되돌림은 확실한 '추세의 전환'(제2부에서 논의할 것이다)을 형성할 때도 발생할 수 있다. 추세의 형성은 추세 식별 패턴, 이동평균 혹은 차트를 살펴보고 주가가 움직이는 방향으로 화살표를 그리는 방법 등으로 측정할 수 있다.

되돌림의 기간

강한 추세를 형성하는 종목들은 추세를 재개하기 전에 너무 오랫동안 조정을 받지 않는 것이 일반적이다. 따라서 간혹 예외적인 경우가 있을 수는 있지만, 8일 이상 조정을 받는 종목들은 무시하는 것이 좋다. 이 정도로 조정이 길어진다면 오히려 직

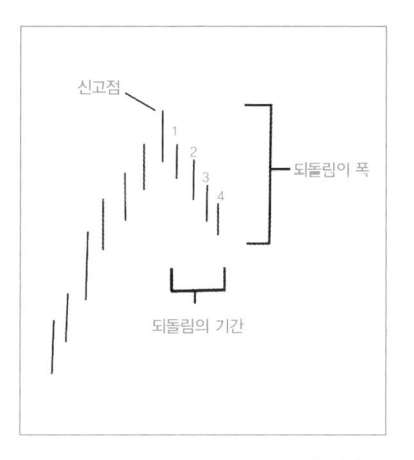

그림 4-2 **되돌림의 기간**　　　　　　　　그림 4-3 **되돌림의 폭**

전의 추세가 무뎌지거나 끝나가는 것이 아닌지 의심해보아야 한다.
(그림 4-2)

되돌림의 폭

────────────　　추세 조정의 폭(그림 4-3)은 해당 종목의 변
동성과 시장 상황 그리고 해당 업종의 특성에 따라 달라진다. 변동성
이 큰 종목은 큰 폭의 되돌림을 보이더라도 이전의 추세가 유효한 것
으로 판단할 수 있다. 오랫동안 대세 상승하는 시장에서는 되돌림의
폭이 작은 경향이 있다. 반대로 대세 하락 중인 시장에서는 하락 추세
에서의 되돌림 움직임이 매우 빠를 수도 있다.

진입하기

———————— 시장에 바로 진입하지 않고 기다리는 것은 시장이 기대한 방향으로 움직이는 것을 다시 확인하기 위해서다. 적절한 진입 신호가 나오지 않는다면 매매를 피하는 것이 더 좋다. 주가가 원하는 방향으로 움직이는 것을 확인할 때까지 기다리는 것이 손실을 피하는 방법이다. 즉 시장에 진입하기 전에 먼저 주가가 원하는 방향으로 움직이는 것이 선행되어야 한다. 주식을 매수하는 경우, 이 말은 주가가 직전 고점 이상으로 올라가는 것을 의미한다. 다시 한 번 말하지만, 이것은 주가가 이전의 장기 모멘텀 방향으로 다시 돌아왔다는 것을 확인하기 위한 방편이다.(그림 4-4)

『데이브 랜드리의 스윙 매매』에서 나는 되돌림 움직임을 형성하는 마지막 바의 고점 바로 위에서 진입 시점을 설정해야 한다고 언급했다. 그 책을 쓰고 있을 때는(저자의 첫 번째 책은 2003년에 나왔다-옮긴이) 시장이 역사상 가장 강한 대세 상승장이던 시절이었다. 당시에는 그림 4-5에 (a)로 표시된 것처럼 교과서적으로 직전 바의 고점을 상향 돌파할 때 매수 진입할 수도 있었고, 혹은 대부분의 추세 재개가 매우 빨리 일어났기 때문에 좀 더 일찍 진입하는 것도 좋은 방법이었다. 즉 기차가 역을 떠나기 전에 미리 올라타는 것이다.

하지만 오늘날의 시장에서는 주가가 직전 고점을 상향 돌파하는 것처럼 보이다가 다시 급락하는 속임수가 빈번히 발생한다. 이런 현상은 시장 조성자나 세력들이 이익 실현을 위해 주가를 의도적으로 직전 고점 이상으로 끌어올리기 때문인 것으로 보인다. 전일 고점 부근에서 매

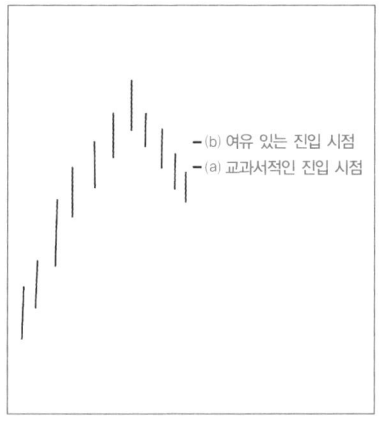

그림 4-4 **되돌림에서 진입하기**   그림 4-5 **진입 시점의 변경**

수 진입을 기다리던 투자자들은 이런 작전에 쉽게 걸려든다. 혹은 강한 상승장 이후에 늘 그렇듯, 시장이 매우 불안정하기 때문일 수도 있다.

따라서 나는 시장에 진입할 때 더욱더 보수적으로 판단하여 직전 바의 고점 혹은 직전 며칠 동안의 고점 바로 위보다는 조금 더 높은 가격을 진입 시점으로 설정한다. 다른 말로 하면, 그림 4-5에서 (b)로 표시된 것처럼 진입 시점에서 약간의 재량권을 스스로에게 부여하는 것이다.

주가의 노이즈(즉, 의미 없는 변동성)에 당하지 않으려면 진입 시점을 충분히 높게 잡아야 한다. 하지만 너무 높게 잡아서 추세를 따라잡는 것을 포기할 지경에 이를 정도는 곤란하다. 그림 4-6은 이러한 진입 시점의 오류를 보여준다.

진입 시점에 대한 재량권은 어느 정도 임의적인 값이고, 해당 종목의

그림 4-6 **진입 시점의 오류**

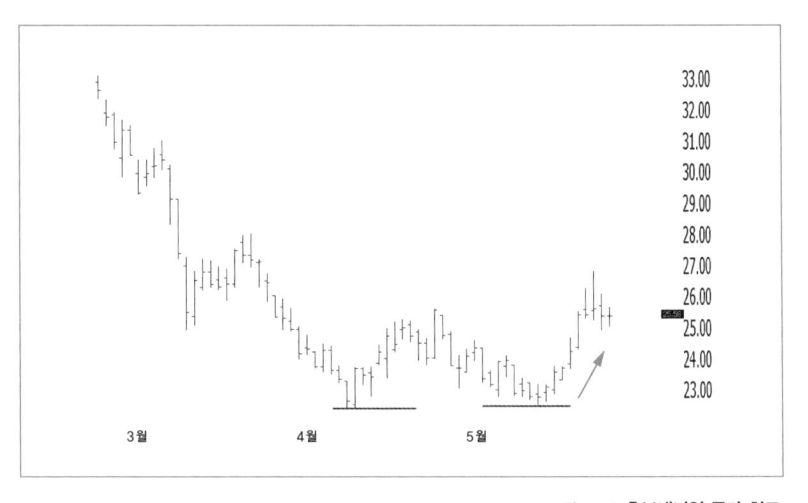

그림 4-7 **재량권의 크기를 정하기 위해 전일 종가를 관찰한다**

그림 4-8 **호브내니언 주가 차트**

주가 수준과 변동성에 따라 바뀔 수 있는 값이다. 또 이것은 전일 종가가 전일 바의 어느 위치에서 끝나느냐에 따라 바뀔 수도 있다. 전일 주가가 전일의 고점 부근에서 강한 종가로 끝났다면, 오늘 주가의 노이즈에 속지 않도록 진입 시점을 더 높게 잡을 필요가 있다. 만약 전일 주가가 전일 저점 부근에서 약한 종가로 끝났다면, 전일의 고점을 상향 돌파하기 위해서는 주가가 더 많이 상승해야 한다. 따라서 이 경우에는 진입 시점의 재량권을 크게 잡을 필요가 없다. 이는 그림 4-7에 나타난 것과 같다.

지난 수년간의 경험에서 나는 진입 시점을 설정할 때 일반적으로 재량권의 크기를 점점 더 크게 해야 한다는 사실을 발견했다. 그 결과, 교과서적인 진입 시점을 사용했다면 자칫 손실을 볼 수도 있었을 매매를 상당수 피할 수 있었다.

내가 가장 좋아하는 예를 하나 보여주겠다.

그림 4-8을 보면 주택 건설 업체인 호브내니언Hovnanian은 오랜 기간 하락 추세를 보이다가, 이중 바닥을 형성하면서 차트 오른쪽에 보이는 것처럼 상승 흐름을 보이기 시작한다. 호브내니언의 주가는 새로운 상승 추세에서 가볍게 되돌림 움직임을 형성하며 '첫 번째 찌르기First Thrust' 패턴(제9장에서 설명할 것이다)을 만든다. 호브내니언이 속한 주택 건설 업종 지수 역시 오랫동안 바닥을 헤매다가 상승 추세를 시작했다. 개별 종목과 업종 지수의 모든 조건이 딱 들어맞아 큰 수익을 기대하도록 만들고 있다.

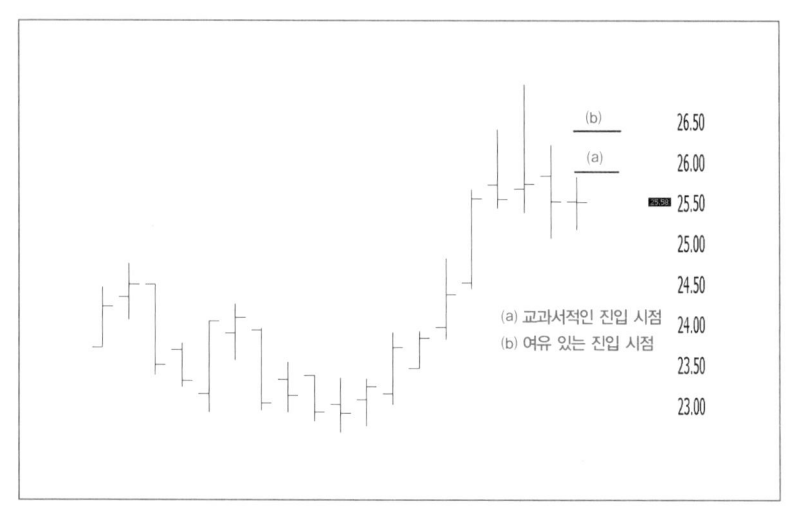

그림 4-9 **호브내니언 주가 차트**

　이제 그림 4-9에 나타난 것과 같이 진입 시점의 재량권에 대해 살펴보자. 교과서적인 방법으로 매수 진입한다면 (a)로 표시된 것처럼 당일 고점 바로 위의 가격이 다음 날 매수 기준 가격이 될 것이다. 교과서적인 매수 시점에 좀 더 재량권을 부여한다면 (b)로 표시된 것처럼 좀 더 여유 공간을 주면서 매수 진입 시점을 높여 잡을 수 있다. 특히 이날 바의 변동 폭이 전날 변동 폭 안에 포함되는 형태이기 때문에 재량권에 의한 여유 공간이 더욱더 필요하다. 즉 전날 고점보다 높은 가격을 매수 시점으로 잡을 수 있다.

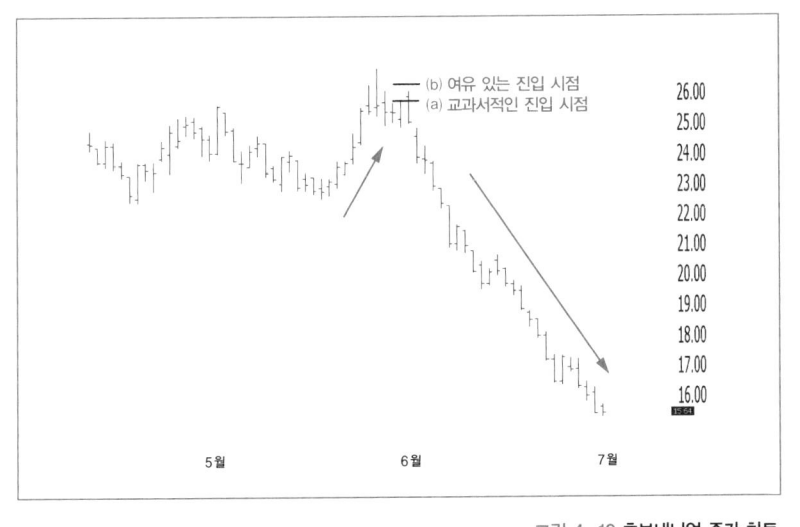

그림 4-10 **호브내니언 주가 차트**

이제 어떤 결과가 나오는지 살펴보기 위해 그림 4-10을 검토해보자. (a)로 표시된 것처럼 교과서적인 방법으로 매수하려 했다면, 다음 날 매수 신호가 발생하여 즉시 시장에 진입했을 것이다. 하지만 (b)로 표시한 것처럼 재량권에 따라 매수 시점에 약간의 여유 공간을 추가한 경우에는 매수 신호가 발생하지 않아 시장에 진입하지 않게 되고, 결과적으로 이어지는 큰 하락장에서의 손실을 피하게 된다.

이와 같이 진입 시점에 교과서적인 방법보다 좀 더 많은 여유를 두면 그림 4-10에서 보는 것처럼 손실을 보는 매매를 피할 수 있다. 매매를 할 때는 항상 손실을 볼 수 있다는 사실을 명심해야 한다. 매수 진입 시점에 많은 여유를 줄수록 손실을 보는 매매를 시작할 확률 자체가 낮아진다.

하지만 그렇다고 해서 매수 시점에 재량권을 주는 것이 마냥 좋은 점만 있는 것은 아니다. 매수 시점에 여유 공간을 더 주고 나서 시장에 진입할 경우에는 여유 공간으로 활용한 재량권만큼 이익을 포기하는 것이기 때문이다. 이는 보험에 가입하는 것과 유사하다. 큰 손실에 대비해 약간의 보험료를 지불하듯이, 잘못된 매수로 인한 손실을 방지하기 위해 더 높은 가격에 매수하기 때문이다.

시장 환경이 좋을 때는 교과서적인 방법으로 진입하는 것을 고려할 수도 있다. 또 시장의 조건들이 너무 좋을 때는 더 일찍 진입할 수도 있다. 하지만 시장 환경이 그렇게 좋은 상황이 아니라면, 대부분의 경우 진입 시점에서 약간의 재량권을 부여하는 것이 여러분의 매매 성과에 좀 더 도움이 될 것이다.

손실 제한을 위한
손절매 설정

어떤 매수 시점을 사용하든 일단 시장에 진입하면, 주가가 여러분의 의도와 다르게 움직이는 상황에 대비해 반드시 손실 제한을 위한 손절매를 설정해야 한다. 모든 매매마다 손실을 볼 수 있는 리스크가 항상 존재한다는 사실을 명심해야 한다.

따라서 손절매는 반드시 항상 필요하다! 손절매는 매매에 있어서의 과학이고 예술이다. 사실 손절매를 어느 정도로 설정해야 하는지에 대한 특별한 규칙이나 정답이 있는 것은 아니다. 손절매를 짧게 설정하

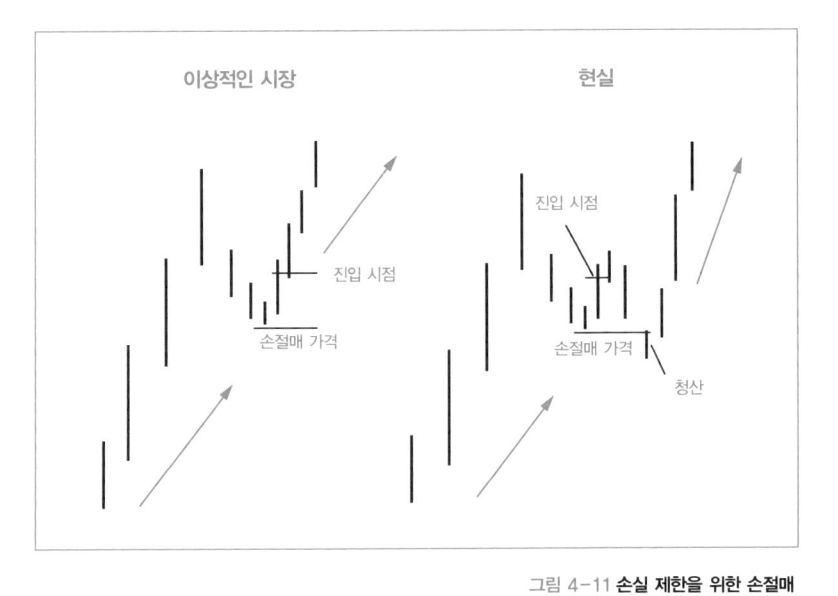

그림 4-11 **손실 제한을 위한 손절매**

면 큰 손실을 피할 수도 있겠지만, 시장의 불규칙적인 움직임으로 인한 노이즈에 속을 확률 역시 높아지기 때문에 결과적으로 잦은 손실을 야기할 수 있다.

손절매를 사용하면 리스크를 줄일 수 있다는 단순한 생각에 지나치게 짧은 손절매를 사용하여 오히려 자주 손실을 보는 것이다. 반대로 손절매에 여유를 주어 큰 폭의 손절매를 사용하면 추세가 다시 재개되는 것을 포착할 수 있을 만큼 오랫동안 시장에 머물러 있게 될 것이다. 그러나 여유 있는 손절매를 설정했는데 원하는 추세가 재개되지 않을 경우에는, 짧은 손절매에 비해 상대적으로 손실이 커지는 단점이 있다.

나의 첫 번째 책에서 손절매 가격은 직전에 되돌림을 형성하는 바의 저점 바로 아래 가격이 가장 적당하다고 밝힌 적이 있다. 다시 한 번 말하지만, 그 책이 강한 대세 상승장일 때 쓰였다는 점을 염두에 두고 판단해야 한다. 그림 4-11의 왼쪽에 나타난 것처럼 당시에는 대세 상승장이었기 때문에 주가가 이상적으로 움직이는 경우가 더 많았다. 그당시에는 손절매를 짧게 설정하는 것이 여러모로 좋은 방법이었다. 불행하게도 지금은 그때와 같은 대세 상승을 기대하기 어려우므로 주가가 추세를 재개하기 위해서는 좀 더 시간이 필요하고, 경우에 따라서는 우리가 예상한 것보다 좀 더 큰 폭의 조정을 거친 뒤 추세를 재개할수도 있다.

결과적으로 되돌림을 형성하는 바의 저점 바로 아래에 손절매를 설정하면 최악의 경우 매매를 할 때마다 손절매만 하다 끝날 수도 있다. 그렇게 짧은 손절매만 계속하다가 정작 자신에게는 보유한 포지션이 없는데 주가가 날아오르는 것을 보면 실망감이 이만저만이 아닐 것이다.

당시의 대세 상승장이 끝난 이후의 현실은 그림 4-11의 오른쪽 편에 나타난 것과 같다. 즉 적절한 손절매는 해당 종목의 변동성을 기초로 설정해야 한다. 만약 해당 종목의 일일 변동 폭이 평균 5달러라면 손절매 가격 폭은 그보다 넓은 범위로 설정해야 한다. 그렇지 않으면 주가의 변동성에 휩쓸려 잦은 손실을 볼 가능성이 높아진다.

일부 이익
실현하기

────────── 나는 시장에 진입한 초기에 상대적으로 작은 이익이 발생했을 때 포지션의 절반가량은 바로 이익을 실현하는 것을 선호한다. 대개 나의 첫 번째 목표 이익은 초기에 설정한 손절매와 같은 폭만큼인데, 첫 번째 이익 실현 후에는 나머지 포지션에 대한 손절매를 매수했던 가격으로 변경한다.

예를 들어 주당 5달러를 초기 손절매 폭으로 잡았다고 가정해보자. 주당 이익이 5달러가 되는 순간 나는 애초에 매수했던 수량 중 절반을 청산하고(1차 이익 실현), 나머지 절반에 대해서는 손절매 가격을 최초에 매수했던 가격으로 올려 나머지 수량에 대해서도 최소한 본전은 확보하는 것이다.

이런 식으로 손절매 가격을 변경했을 때 남은 절반의 수량에 대해 가정할 수 있는 최악의 상황은, 포지션을 다음 날까지 가져갔을 때 생기는 갭다운으로 인한 예기치 않은 큰 손실을 제외하면, 매수했던 가격에 그대로 빠져나오는 경우다.

만약 1차 이익 실현 이후에도 추세가 더 오랫동안 지속된다면, 그때부터는 내 돈이 아닌, 시장이 벌어준 돈으로 매매하게 되는 것이다. 바로 이런 방법이 내가 단기 매매 전략으로도 가끔씩 홈런을 날리는 이유가 된다.

그림 4-12는 주가가 최초 진입 시점에서 초기 손절매 폭인 (a)만큼을 더한 (b)의 가격까지 올랐을 때 일부 포지션에 대해 이익 실현을 하

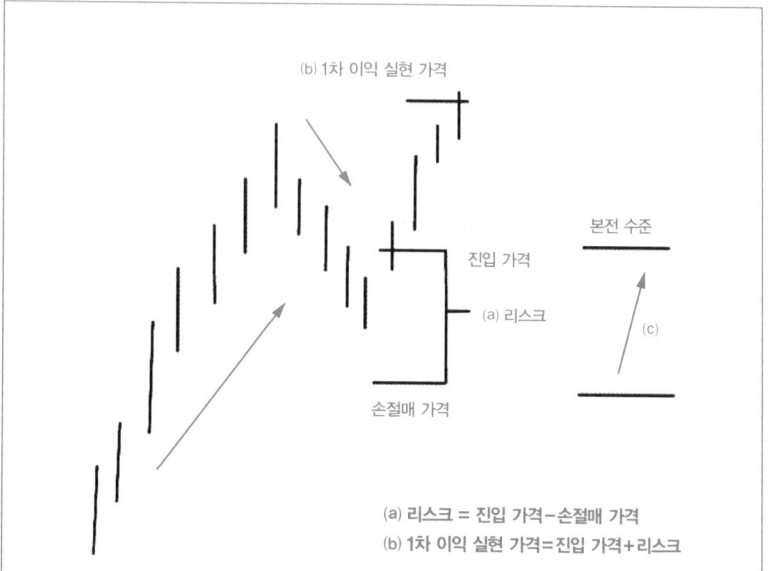

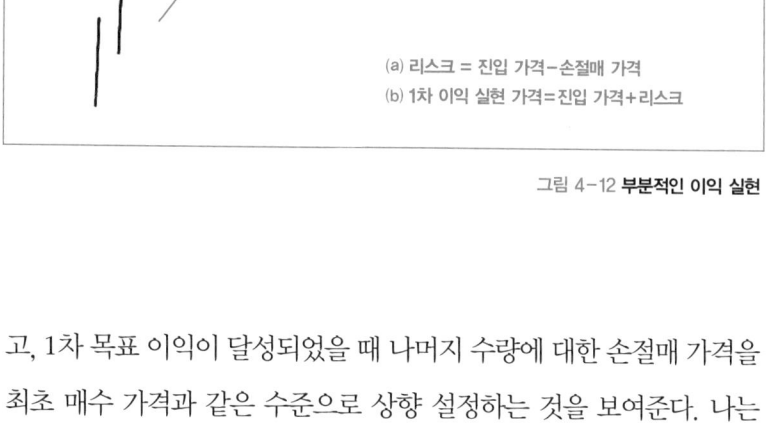

그림 4-12 **부분적인 이익 실현**

고, 1차 목표 이익이 달성되었을 때 나머지 수량에 대한 손절매 가격을 최초 매수 가격과 같은 수준으로 상향 설정하는 것을 보여준다. 나는 부분적인 이익 실현을 위해 이 같은 방법을 주로 사용하고 있다. 실제로 여러분이 이 방법을 사용할 때는, 주가가 최초의 목표 이익 수준까지 상승하기 전이라도 손절매 가격을 점차 높이는 방법을 사용할 수 있다.(그림 4−1 참고)

추적 손절매

주가가 원하는 방향으로 움직일 때 추적 손절매Trailing Stop를 사용하여 손실 제한을 위한 손절매 가격을 주가 상승에 따라 함께 높여감으로써, 주가가 반대 방향으로 돌아서더라도 큰 손실이 발생하는 것을 막을 수 있다. 여기서 '큰' 손실은 임의적인 표현이기 때문에 해당 종목의 변동성에 크게 좌우되는 값이다. 처음에 설정한 손실 제한을 위한 손절매와 마찬가지로 주가가 올라갈 때 손절매 가격을 상향 조절하는 속도를 주가의 상승 속도에 비해 천천히 올라가게 하면 큰 추세를 놓칠 확률을 줄일 수 있다.

하지만 좋은 것이 있으면 나쁜 것도 같이 있는 법! 추적 손절매의 속도를 주가 상승 속도보다 느리게 하면 반대급부로서 시장이 반대로 돌아섰을 때 좀 더 큰 손실을 보는 단점이 있다.

따라서 추적 손절매를 사용할 때는 이런 점들을 염두에 두어야 한다. 나는 주가가 내가 원하는 방향으로 움직임에 따라 손절매 가격의 상승 속도를 늦춘다. 예를 들어 초기 설정한 손절매 폭이 주당 5달러라고 해보자. 주당 7달러 내지 8달러의 평가이익이 발생하면 나는 손절매 폭을 고점 대비 6달러로 늘려 잡는다. 이후에도 주가가 상승한다면 그에 따라 고점 대비 손절매 폭도 점점 늘어나는 것이다. 이런 방법을 사용하면 일정한 폭의 손절매를 사용하는 것에 비해 장기 추세에 참여할 가능성이 점점 더 높아진다. 장기간의 추세에 참여하기 위해 손절매 속도를 늦추는 방법을 사용하는 예는 그림 4 – 13에 나타난 것과 같다.

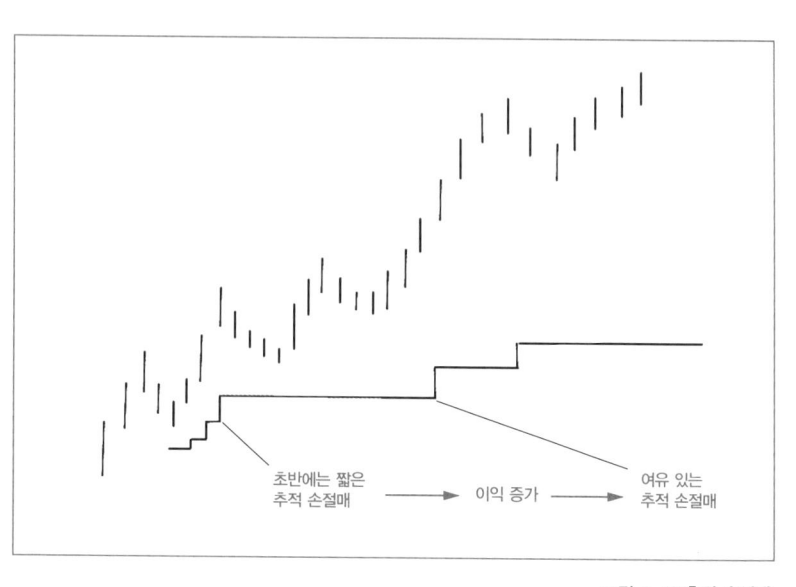

초반에는 짧은 추적 손절매 → 이익 증가 → 여유 있는 추적 손절매

그림 4-13 추적 손절매

■ 요약

되돌림을 이용한 성공적인 매매는 강한 추세를 형성하던 종목이 최근에 조정을 겪는 것을 판별해내는 데서 출발한다. 그런 패턴들을 찾았다면 추세가 재개되는 신호를 포착해 시장에 진입하면 된다. 되돌림을 이용하는 방법을 사용하면 매매에서 손실을 볼 확률을 줄일 수 있다. 진입 신호가 발생하여 포지션을 취하고 나면, 예측이 틀려 주가가 반대로 흐를 경우에 대비해 반드시 손실 제한을 위한 손절매를 설정해야 한다. 만약 주가가 원하는 방향으로 움직인다면 목표 이익 수준을 정하여 일정 부분 이익 실현을 하고 나머지 수량에 대해서는 추적 손절매를 사용한다. 이것이 바로 단기 매매를 관리하는 정석이며, 장기적으로도 승리하는 비결이 된다.

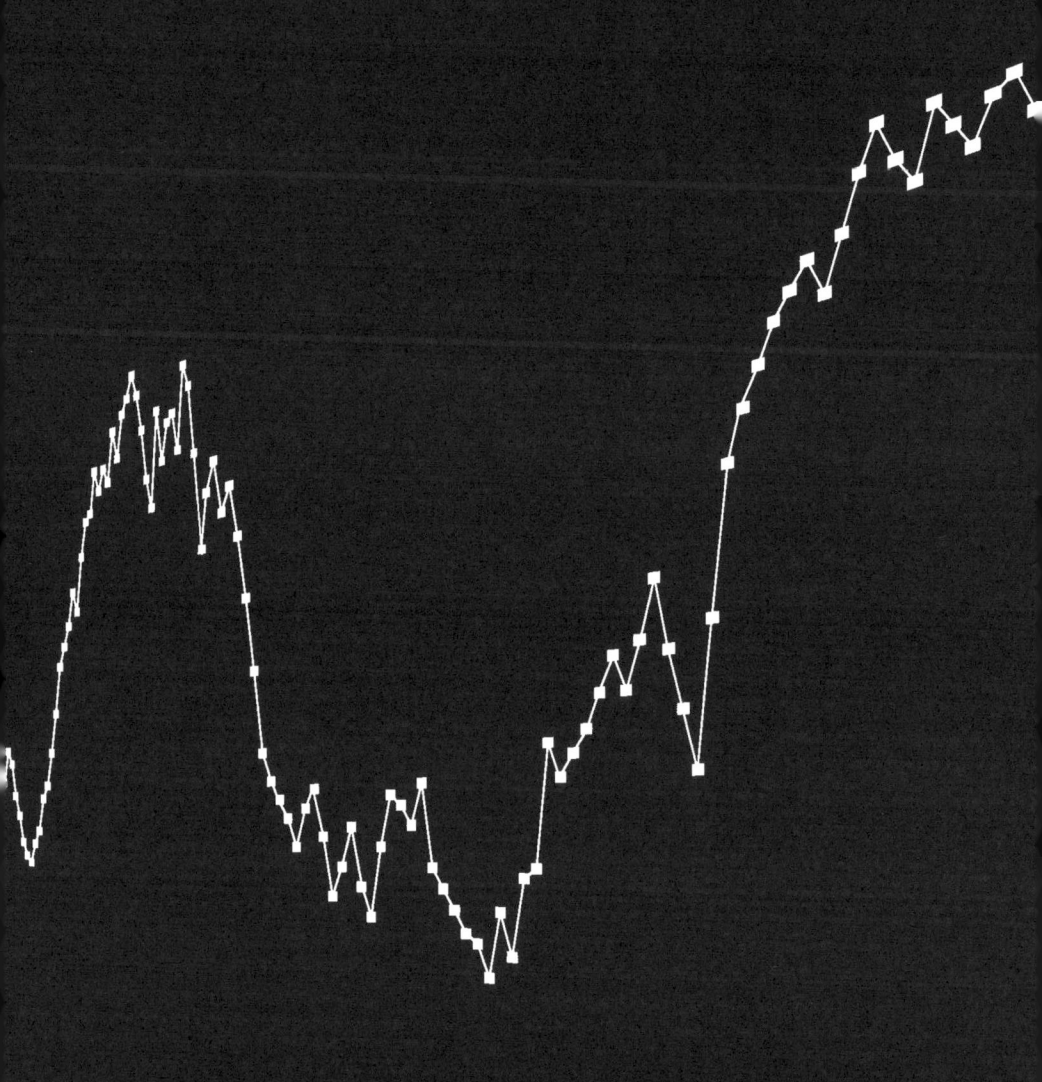

제5장

이익과 손실
관리하기

매매에서 돈을 벌기 위해서는 먼저 돈을 잃지 말아야 한다. 많은 사람들이 큰돈을 벌 가능성을 좇아 주식 매매를 배우고 싶어 한다. 하지만 돈을 벌지 못했을 때 무엇을 해야 하는지에 대해서는 아무도 이야기하고 싶어 하지 않는다.

나의 이전 책들에서 나는 자금 관리를 가장 앞에 두고 강조했었다. 그 책들은 약간의 매매 지식을 가진 사람들을 대상으로 쓴 것들이었다. 그 책을 읽는 사람들은 실제로 매매를 꾸준히 해왔다는 가정하에, 주식을 오랫동안 해왔던 사람들은 패턴에 빠져 있다는 것을 알았기 때문에, 나는 그들이 곧바로 매매 신호를 다루는 장을 찾아 읽을 것으로 생각했다. 하지만 자금 관리를 맨 앞에 놓음으로써 독자들이 이 부분을 더 많이 읽기를 바라는 마음이었다.

나는 여러분이 돈을 버는 것보다 지키는 것이 중요하다는 사실을 알기도 전에, 어떻게 하면 쉽게 돈을 벌 수 있는지를 알고 싶어 할 것이라 생각했기 때문에, 이쯤에서 그 주제를 좀 더 깊이 있게 다루어야겠다고 결심했다. 따라서 이번 장이 이 책의 가장 중요한 부분이라고 장담할 수 있다. 자금 관리 계획이 없다면, 이 책은 그저 그런 책이 될 것이다. 매매와 관련한 어떤 책이든 이 주제를 다루지 않는다면, 그런 책을 읽는 것은 시간 낭비일 뿐이다.

손실 관리하기:
매매는 왜 불공정한가

매매를 처음 하는 사람들은 10%의 손실을 보았을 때 그 손실을 만회하려면 다시 10%의 이익을 내야 한다고 생각한다. 불행하게도 그것은 정답이 아니다. 10%의 손실을 만회하기 위해서는 줄어든 나머지 자산으로 최소한 11.11% 이상의 이익을 거둬야 본전이 된다. 설상가상으로 손실 폭이 더 커진다면, 이를 회복하기 위해 필요한 수익률은 기하급수적으로 늘어난다. 2008년에 뮤추얼펀드에 투자하여 평균 50%의 손실을 경험한 투자자들은 이 같은 고통스러운 현실을 실감했을 것이다. 그들이 본전을 회복하기 위해서는 절반가량 남은 자산에서 100%의 수익이 발생해야 했다. 손실을 만회하는 데 필요한 수익률은 그림 5 – 1에 정리되어 있다.

손실률	손실 회복에 필요한 수익률
10%	11.11%
20%	25.00%
30%	42.85%
40%	66.66%
50%	100.00%
60%	150.00%
70%	233.00%
80%	400.00%
90%	900.00%
100%	파산

그림 5-1 **손실 회복에 필요한 수익률**

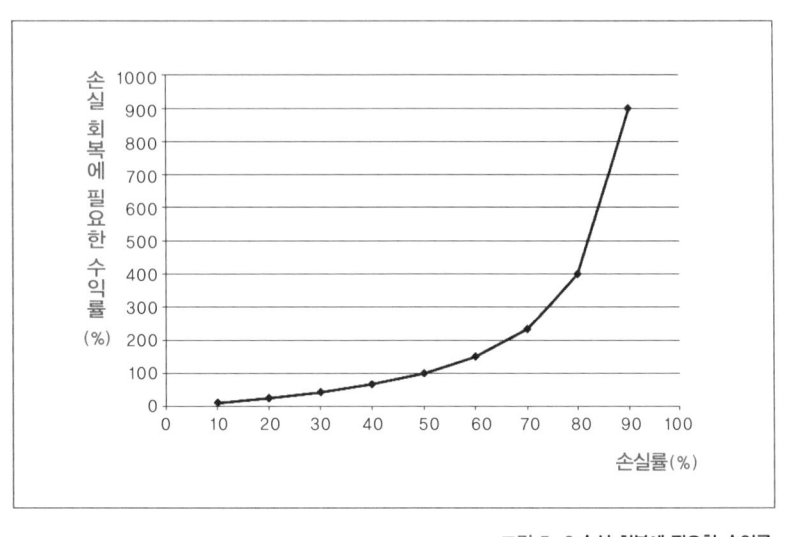

그림 5-2 **손실 회복에 필요한 수익률**

　그림 5-1을 보면 손실률이 커질수록 그 손실을 만회하기 위해 필요한 수익률이 훨씬 빠른 속도로 커진다는 것을 알 수 있다.

　손실 회복에 필요한 수익률의 기하급수적인 특성은 그림 5-2에 나타난 것과 같다. 이 그림을 보면 손실률이 커질수록 손실 회복에 필요한 수익률이 기하급수적으로 늘어나고 있음을 알 수 있다. 이러한 '손익의 비대칭성'이 바로 자금 관리가 중요한 이유가 된다.

　매매를 하면서 발생하는 손실의 총량을 '누적 손실'이라고 한다. 누적 손실은 투자 자산 대비 몇 퍼센트의 손실인지로 표현할 수 있다. 만약 모든 매매에서 수익을 낸다면 누적 손실을 경험할 일은 없을 것이다.

　누적 손실을 계산할 때는 그동안 얼마를 벌었는지의 전체적인 매매 성과는 고려하지 않고, 오로지 그러한 매매 성과를 얻으면서 발생하는 금전적 손실들만을 고려한다. 누적 손실은 손실 거래가 발생하는 것과 함께 계산되고 계좌 자산이 신고점을 경신할 때까지 항상 남아 있는 값이다.

여러분이 주어진 시점에서 아무리 엄청난 수익률을 내고 있을지라도—100%, 200%, 300% 혹은 1000%일지라도—100%의 누적 손실이 발생하면 모든 것을 날리게 된다. 누적 손실이 발생한 상태에서 원상태를 회복하기란 매우 어려운 일인데, 바로 그런 점이 자금 관리가 중요한 이유이며 매매가 불공정한 이유가 된다.

1~2% 원칙

————————— 여러분이 설정한 손절매 가격을 기준으로 한 번의 매매에서 1% 이상, 최대한 잡아도 한 번의 매매에서 2% 이상의 리스크에 노출되어서는 안 된다. 말하자면 계좌 자산이 10만 달러라고 했을 때, 한 번의 매매에서 여러분이 감당해야 할 리스크, 즉 손절매했을 경우의 손실 금액이 1000달러에서 많아봐야 2000달러를 넘어선 안 된다는 것이다. "손절매했을 경우의 손실 금액"이라는 표현에 주의를 기울여야 한다. 주식을 1000달러어치나 2000달러어치만큼만 매수하라는 것이 아니다. 여러분이 주식을 매수하고 나서 주가가 오르면, 일부 이익 실현을 할 수 있는 가격이 되기를 기다리면서 계속 보유할 것이고, 손절매 가격을 점점 올릴 것이다. 만약 주가가 올라가지 않고 내

려서 손절매 가격을 건드린다면, 물어볼 필요도 없이 바로 청산이다. 바로 그렇게 손절매 가격이 되어 손절매를 실행했을 때 예상되는 손실 금액이 1000달러 혹은 2000달러를 넘으면 안 된다는 말이므로, 총 매수 금액은 최소한 1000달러나 2000달러보다는 많을 것이고 손절매 가격 폭에 따라 달라질 것이다.

1% 원칙을 염두에 두고, 앞에서 공부했던 주가의 움직임이나 종목에 따른 변동성의 차이를 고려해보자. 여러분은 지금 매수하려는 종목이 주당 5달러 하락했을 때 손절매가 필요하다고 결정했다. 이 종목을 100주 매수한다고 했을 때 부담해야 할 리스크는 현재 주가가 얼마가 됐든 항상 500달러(주당 5달러×100주)다. 따라서 여러분이 계좌 자산 10만 달러의 1%를 손실 한도로 책정했을 경우, 매수할 수 있는 주식은 총 200주가 된다. 산수만 할 줄 알면 된다. 손실 한도=10만$×1%=1000$. 1000$/5$=200주. 다시 한 번 말하지만, 이것이 1000달러어치의 주식을 사라는 의미는 아니다. 주식을 다음 날까지 보유했을 때 발생하는 예상치 못한 갭다운은 고려하지 않더라도, 손절매했을 경우에 예상되는 손실 금액이 전체 계좌 자산의 1%, 즉 1000달러를 넘지 말아야 한다는 의미인 것이다.

"주식을 다음 날까지 보유했을 때 발생하는 갭다운"이라는 말에 주목하기 바란다. 여러분이 1%의 리스크를 감수하기로 결정했더라도 손실이 반드시 그 범위 안에서 한정되는 것은 아니다.

밤사이 새로운 사건이 일어나 전일 종가에 비해 크게 떨어진 가격, 즉 미리 정한 손절매 가격보다 낮은 가격으로 당일 매매가 시작될 수도 있다. 즉 당장은 아니더라도 조만간 여러분이 의도한 리스크 이상

의 손실이 발생할 수도 있는 것이다. 때문에 이것이 포지션 사이즈를
적절한 수준에서 유지해야 하는 중요한 이유가 될 수 있다.

손실 제한을 위한
손절매의 중요성

내가 이 책에서 계속 주장한 것처럼, 모든 매매는 아무리 열심히 고민하여 매매를 수행하더라도 항상 손실을 볼 가능성을 갖고 있다. 그러므로 모든 매매에서 적절한 손절매를 설정하는 것이 매우 중요하다. 손절매는 매매에 있어서의 과학이자 예술이다. 짧은 손절매를 설정하면 큰 손실을 막는 역할을 하지만, 일반적으로 주가의 변동성에 쉽게 걸려들어 더 자주 손실을 보게 만든다. 그리고 아이러니하게 짧은 손절매로 리스크를 관리하고 있다고 생각하는 투자자들이 사실은 스스로 더 큰 손실을 만들어내고 있다. 그에 반해 여유 있는 손절매를 사용하면 시장에 더 오랫동안 머물면서 추세가 재개될 때 그것을 포착할 수 있다. 하지만 반대로 추세가 재개되지 않을 경우에는, 투자자가 더 적은 포지션으로 충분히 대비하지 않는 한 손실이 더 커지는 단점을 갖고 있다.

이제부터 적절한 손절매 폭을 설정하는 것의 미덕에 대해 논의해 보자.

너무 짧은
손절매

──────────   모든 것이 이상적인 경우라면 짧은 손절매
는 그림 5-3에 나타난 것과 같이 되돌림을 형성하는 마지막 바의 저
가 바로 아래 가격이 될 것이다. 불행히도 시장이 우리가 원하는 대로
움직이는 경우는 아주 드물다. 주가는 추세를 형성하면서 움직이는
것이 사실이지만, 그러한 추세를 형성하기 전에는 항상 위아래로 출
렁거린다. 따라서 짧은 손절매를 사용하면 이런 일반적인 주가의 변
동성에 걸려들 위험이 증가한다. 그렇게 되면 닭 쫓던 개 지붕 쳐다보
듯이 자신의 계좌에는 아무런 포지션도 없이 상승하는 주가를 멍하니
쳐다볼 수도 있다. 이런 상황은 그림 5-3의 오른쪽에 묘사되어 있다.

너무 느슨한
손절매

──────────   여유 있는 손절매를 사용하면 시장에 오랫동
안 머물면서 재개되는 추세를 포착할 가능성이 커진다. 하지만 추세가
재개되지 않을 경우에는 감당해야 할 손실이 너무 커지는 단점이 있
다. 확실히 추세가 재개되지 않는다는 것이 확인되었을 때, 여러분은
여유 있는 손절매 가격에 이르기 전에 먼저 빠져나왔어야 한다는 생각
을 하게 될 것이다. 이러한 상황은 그림 5-4에 나타난 것과 같다.

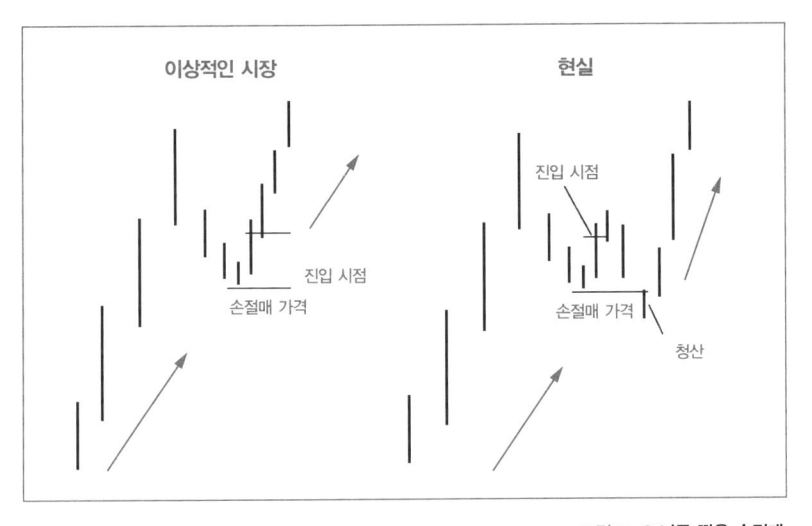

그림 5-3 **너무 짧은 손절매**

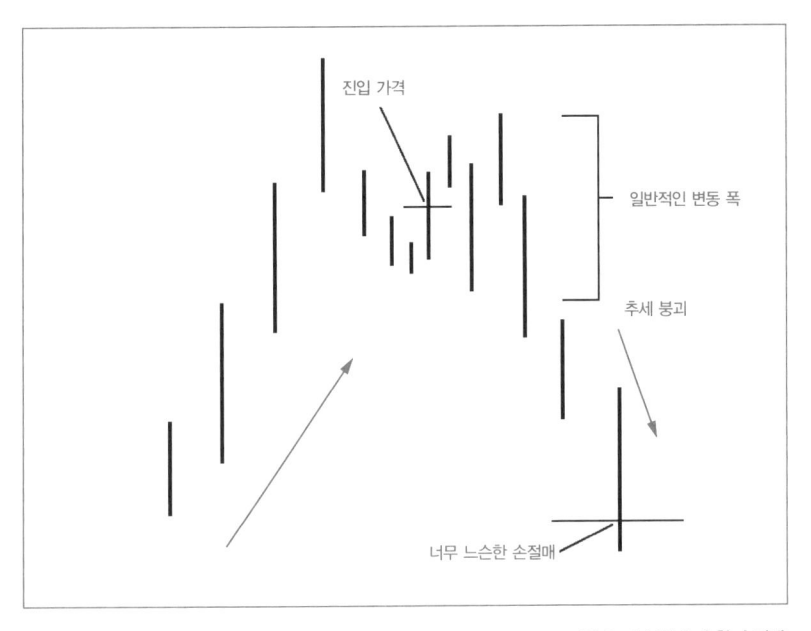

그림 5-4 **너무 느슨한 손절매**

적절한
손절매

———————————— 이상적인 손절매 폭은 주가의 일반적인 변동
성에 휩쓸리지 않을 정도로 충분히 크면서, 추세가 반대로 돌아섰다는
것이 확인되는 순간까지도 포지션을 유지하고 있지는 않을 정도의 '적
당한' 크기여야 한다.(그림 5-5)

그렇다면 여러분은 주가의 일반적인 변동성을 어떻게 정의하는지
궁금할 것이다. 하지만 어느 누구도 추세가 재개되기 전에 주가가 어
느 정도나 출렁거릴지 알 수 없다. 심지어는 추세가 재개될지 아닐지
도 장담할 수 없다. 일반적인 변동성이라는 말은 어느 정도 임의적인
표현이라고 할 수 있다. 모든 조건이 과거와 동일하다는 전제하에서는
ATR Average True Range **지표**(주가의 평균 변동 폭을 측정하는 지표-옮긴이)
나 역사적 변동성과 같은 통계적인 측정 방법들을 이용하면 해당 종목
이 과거에 어느 정도의 변동성을 갖고 있었으며 앞으로 어느 정도의
변동성을 기대할 수 있는지 짐작할 수 있다.

하지만 여기에도 "모든 조건이 과거와 동일하다"는 핵심적인 전제
조건이 선행된다. 시장에서 모든 조건이 과거와 동일한 경우는 거의
없다. 즉 통계적인 측정법을 사용하더라도 손실 제한을 위한 적절한
손절매 가격에서 벗어날 가능성이 항상 존재하는 것이다. 설상가상으
로 시장은 우리가 예상할 수 있는 통계적인 움직임을 기반으로 매매가
이루어지는 곳이 아니다. 만약 그렇다면 통계학자들이 주식시장에서
최후의 승자가 되었을 것이다.

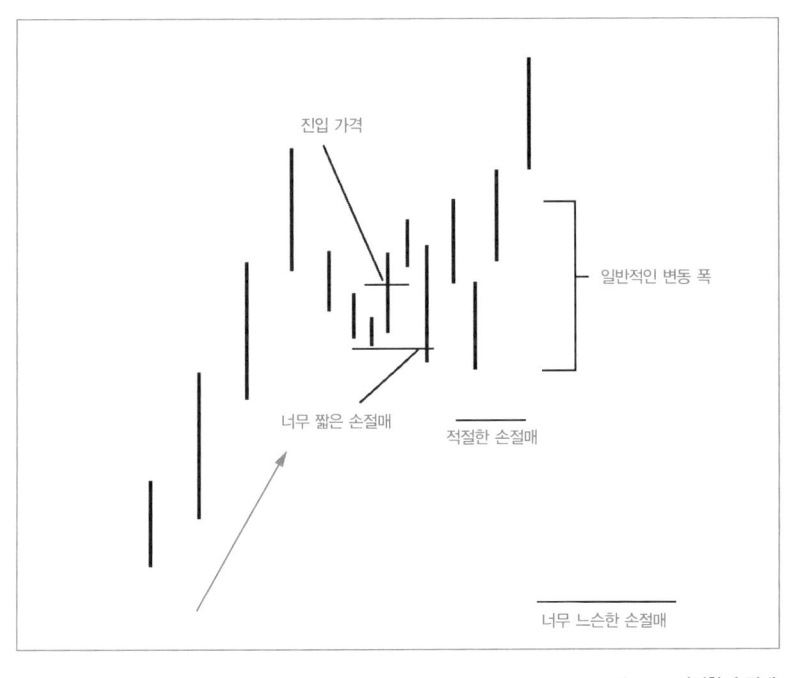

그림 5-5 **적절한 손절매**

그렇다면 도대체 어쩌라는 말인가? 다행스러운 점은, 그렇게 복잡할 필요가 없다는 사실이다. 손절매 폭을 결정할 때는 상식이 최선의 협력자가 될 것이다.

단순히 차트를 살펴보고 일봉 기준으로 최근의 주가가 어느 정도 범위에서 움직이는지를 판단하면 된다. 만약 해당 종목의 주가가 하루에 5~10달러의 범위에서 움직이는 것이 눈에 보인다면, 손절매 폭으로 1~2달러를 설정하는 바보는 없을 것이다. 그런 식으로 손절매를 설정하면 십중팔구 주가의 변동성에 휩쓸려 너무 잦은 손절매를 하게 되기 때문이다.

　이미 매매하고 있는 투자자라면, 평상시에 자신의 매매 결과를 검토하는 것도 적절한 손절매를 설정하는 훌륭한 지표가 될 수 있다. 만약 여러분이 항상 주가의 큰 추세가 시작되기 직전에 손절매를 하고 있다면, 그것은 여러분이 평상시에 설정한 손절매 폭이 너무 짧다는 방증일 것이다.

　내가 알고 있는 대부분의 투자자들이 이런 부류에 속한다. 그들에게 해줄 수 있는 가장 적절한 조언은 손절매 폭을 조금만 더 여유 있게 설정하라는 것이다.

　지금까지는 짧은 손절매를 권하는 것이 시장의 일반적인 풍토였기 때문에 지금 내가 하는 말이 많은 사람들의 직관에 반할 수도 있다. 눈을 크게 뜨고 시장을 바라본 다음 자신이 투자하는 종목이 어느 정도 범위에서 움직이는지 살펴야 한다. 그런 다음 주가의 일반적인 변동 폭보다 약간 큰 폭의 손절매를 설정하라.

　시장의 변동성이 심해져서 꽤 여유 있는 손절매 폭을 필요로 하는 상황이라면, 더 적은 수량을 베팅함으로써 손실을 제한할 필요가 있다는 점을 명심하기 바란다. 수량을 줄임으로써 전체 투자 자산 대비 손실의 비율을 최소한으로 일정하게 유지할 수 있다. 다시 한 번 말하지만, 손절매를 해야 하는 상황이 되었을 때 부담하는 리스크가 총 투자 자산의 1~2%를 초과해서는 안 된다.

때로는 최선의 공격이
최선의 방어다

주가의 일반적인 변동 폭 이상으로 손절매를 설정했는데도 여전히 반복적으로 손절매하는 상황이 계속된다면, 문제는 손절매 폭에 있는 것이 아니다. 여러분의 '종목 선정'에 문제가 있을 수 있다. 자신이 최선의 매매 신호를 사용하고 있는지 확인하라. 업종 지수와 시장의 움직임이 개별 종목에 대한 여러분의 선택을 뒷받침하고 있는지 확인하라. 더 좋은 종목이 있는지 판단하기 위해 같은 업종 내에 있는 다른 종목들의 움직임을 확인하라. 이전에 수익을 본 매매들을 검토해보라. 여러분의 종목 선정 기법이 향상될수록 손절매로 매매를 끝낼 가능성은 줄어든다. 방어를 잘하는 것도 중요하지만, 이런 식으로 최선의 공격을 하면 좋지 않은 매매를 처음부터 시작하지 않을 수도 있다.

이익 관리하기:
추적 손절매를 이용해 시장이 벌어준 돈으로 매매하기

이제부터 논의할 것은 아주 재미있는 부분이다. 실제로 주가가 추세를 재개하면, 우리는 이익을 관리하는 단계에 접어든다. 손실 제한을 위한 손절매 가격을 주가의 상승에 따라 함께 올려 잡고, 적절한 가격에서 부분적인 이익 실현을 하고 나면, 우리는

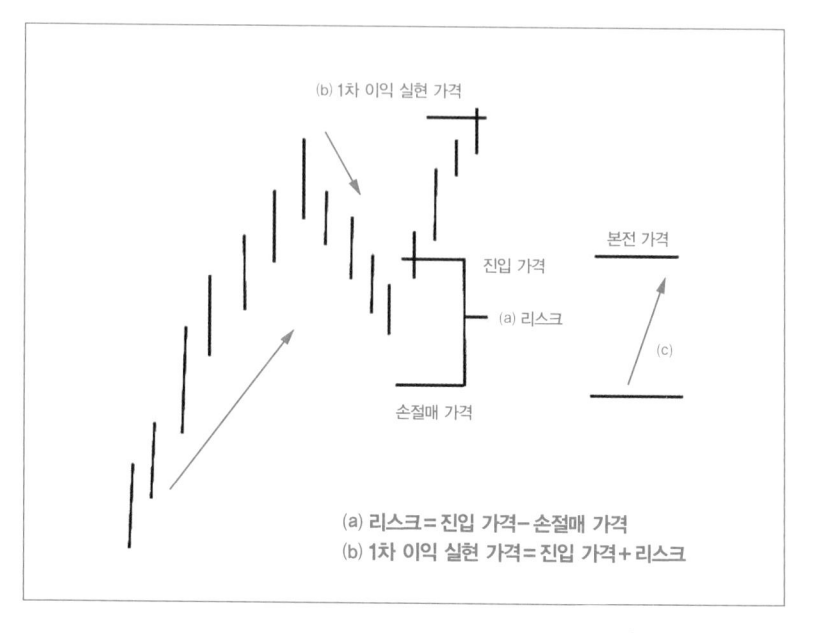

(b) 1차 이익 실현 가격

본전 가격

진입 가격

(a) 리스크

(c)

손절매 가격

(a) 리스크 = 진입 가격 − 손절매 가격
(b) 1차 이익 실현 가격 = 진입 가격 + 리스크

그림 5-6 1차 이익 실현

이제부터 시장이 벌어준 돈으로 포지션을 유지하며 장기적인 수익을 노릴 수 있게 된다.

이런 일이 어떻게 가능한지 알아보자.

주가가 원하는 방향으로 움직임에 따라 우리는 손절매 가격을 올려 잡는다(매도 포지션의 경우에는 반대로 손절매 가격을 내려 잡는다). 우리는 당연히 1차 이익 실현을 할 정도로 오랫동안 포지션을 유지하기를 원한다. 또 주가가 원하는 방향으로 움직이는 한, 포지션을 계속 유지하기를 원할 것이다. 그렇다면 얼마나 오랫동안 포지션을 유지해야 할까? 주가가 원하는 방향으로 움직인다면 1년이든 10년이든 기간은 문제가 되지 않는다.

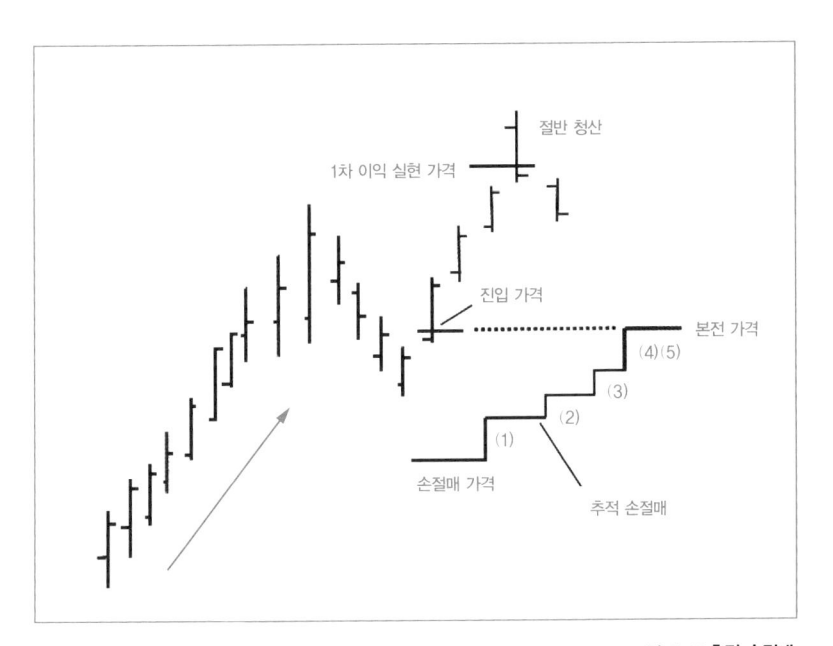

그림 5-7 추적 손절매

그림 5-6에 나와 있는 부분적인 이익 실현의 예를 다시 살펴보자. 여러분이 처음에 감당해야 할 리스크는 그림에서 (a)로 표시된 것처럼 진입 가격과 손실 제한을 위한 손절매 가격의 차이만큼이다. 그만큼의 가격을 진입 가격에 더하면 1차 이익 실현 목표 가격인 (b)의 가격이 된다. 주가가 1차 이익 실현 가격을 찍었을 때 우리는 전체 수량의 절반을 청산하면서, 나머지 수량에 대한 손절매 가격을 본전 가격인 (c)의 가격으로 상향 조절한다.

그림 5-6은 리스크와 1차 이익 실현을 쉽게 알아볼 수 있도록 그려졌다. 실제로 매매를 하는 경우 여러분은 주가가 1차 이익 실현 목표 가격에 이르기 전이라도, 주가가 원하는 방향으로 움직일 경우에는 손절

매 가격을 주가의 상승에 따라 점차 올려가기를 원할 것이다.

주가의 상승에 따라 손절매 가격을 올리는 예는 그림 5 - 7과 같다.

매매 신호가 발생해서 시장에 진입했는데 당일 종가가 원하는 방향으로 움직인 채 끝났다고 가정해보자. 그러면 여러분은 손실 제한을 위한 손절매 가격을 (1)로 표시된 폭만큼 높여 잡는다. 최초의 손실 제한을 위한 손절매가 이제는 추적 손절매로 바뀌는 것이다. 주가가 오르면 손절매 가격도 따라서 함께 오르게 된다.

다음 날도 주가는 되돌림 움직임을 벗어나 상승 흐름을 계속한다. 우리는 추적 손절매 가격을 전날보다 (2)의 폭만큼 높여 잡는다.

3일째 되는 날도 주가는 다시 한 번 상승해서 끝난다. 그러면 우리는 추적 손절매 가격을 (3)의 폭만큼 더 높여 잡는다.

4일째 되는 날, 1차 이익 실현 목표 가격에 도달한다. 실제로는 목표 가격보다 더 높은 가격으로 당일 매매가 시작되었기 때문에, 처음 우리가 원했던 것보다 좀 더 큰 이익을 보게 된다. 우리는 이제 보유한 수량의 절반을 청산하여 이익을 실현하고, 나머지 수량에 대한 손절매 가격은 본전 가격인 (4)의 수준으로 변경한다.

이제부터 다음 날까지 주식을 보유했을 때 예상치 못한 갭다운이 발생하는 상황을 제외하면, 나머지 수량에 대해 생각할 수 있는 최악의 상황은 본전에서 정리하는 것이다. 이런 상황은 심리적으로나 금전적으로나 최적의 조건을 만들어준다. 우리는 이제부터 '시장이 벌어다 준 돈'으로 매매를 할 수 있게 되는 것이다.

추적 손절매 가격은 주가가 원하는 방향으로 더 움직였을 때만 상향 조정할 수 있다. 주가가 매수 진입한 이후에 신고가를 경신하지 못하

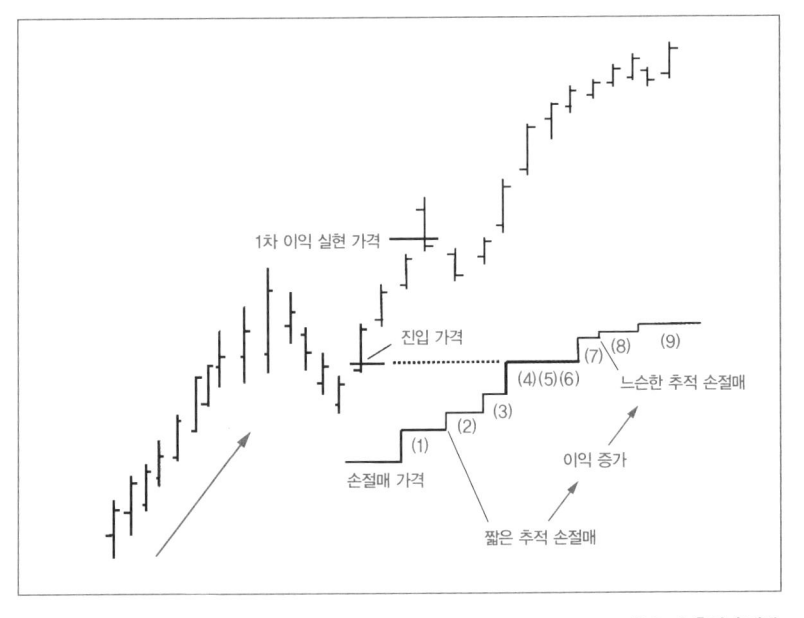

1차 이익 실현 가격

진입 가격

손절매 가격

(1)(2)(3)(4)(5)(6)(7)(8)(9)

이익 증가

느슨한 추적 손절매

짧은 추적 손절매

그림 5-8 **추적 손절매**

고 끝나는 날은 손절매 가격을 변경할 필요가 없다.

5일째 되는 날, 주가가 꽤 가파르게 하락한다. 이것은 우리가 원하는 방향이 아니므로 추적 손절매 가격에는 아무런 변화가 없다. 그저 (5)의 가격에서 손절매 가격을 유지하기만 한다.

추적 손절매 가격을 추가로 상승시키려면 주가가 일일 종가 기준으로 신고점을 경신해야 한다. 우리가 1차 이익 실현을 한 날의 종가가 이익실현 목표 가격보다 낮게 끝났기 때문에, 추적 손절매 가격을 상향 조정하기 위해서는 1차 이익 실현 목표 가격보다 높은 일일 종가가 필요하다. 지금 말하고 있는 부분이 약간 복잡하게 들릴 수도 있다.

정확히 말하면, 만약 우리가 설정한 최초의 손절매 및 목표 이익 수준이 주당 5달러였다면, 추적 손절매 가격이 일일 종가 기준 고점에 비해 주당 5달러 미만의 폭으로 설정되어선 안 된다. 주가가 일일 종가 기준으로 손절매 가격보다 주당 5달러 이상 높은 가격으로 끝났을 때라야, 그 종가에서 5달러를 뺀 가격을 새로운 추적 손절매 가격으로 상향 조정할 수 있는 것이다.

6일째 되는 날(그림 5-8), 주가는 다시 상승 흐름을 시작한다. 그러나 당일 종가가 1차 이익 실현 목표 가격보다 낮은 가격이고 일일 종가 기준으로 신고가가 아니기 때문에, 우리는 여전히 추적 손절매 가격을 전날과 같은 (6)의 수준으로 유지한다.

7일째 되는 날, 다행히도 주가의 상승 흐름이 계속된다. 이날의 종가는 1차 이익 실현 목표 가격보다 높은 가격이면서 일일 종가 기준으로 신고가를 경신했다. 따라서 우리는 추적 손절매 가격을 (7)의 수준으로 높일 수 있다.

이제 우리는 그야말로 환상적인 상황을 맞이한 것이다. 추적 손절매 가격이 최초 진입 가격보다 높아졌기 때문에 아무리 최악의 상황이 된다 해도 나머지 수량에서 이익을 거둘 수 있게 되었다(다음 날 가능한 갭다운을 고려하지 않는다면 그렇다는 것이다).

이제부터는 나머지 절반 수량도 이익을 볼 것이므로, 추적 손절매 가격을 좀 더 여유 있게 설정하는 호사를 누릴 수 있다. 그 결과, 우리는 더 오랫동안 상승 추세에 참여할 수 있게 된다. 8일째 되는 날도 주가는 상당한 폭으로 상승했지만, 손절매 가격은 상대적으로 조금만 올려 잡은 것을 주의해서 보기 바란다.

주가가 추가적인 상승 흐름을 지속하더라도 우리는 손절매 가격을

(9)로 표시된 것처럼 더욱 천천히 상승시킨다. 바로 이것이 엄격한 리스크 관리를 하는 단기 매매 전략을 이용하면서도 장기 투자의 승리자가 될 수 있는 비결이다.

■ 요약

주식 매매는 공정하지 못한 게임이다. 손실을 본 이후 그것을 회복하여 본전을 찾으려면 줄어든 계좌 자산을 이용해 손실률보다 더 큰 수익률을 거둬야 한다. 설상가상으로 손실률이 커질수록 이를 만회하기 위해 필요한 수익률은 기하급수적으로 증가한다. 모든 매매에는 손실을 볼 가능성이 항상 존재하기 때문에, 반드시 손실 제한을 위한 손절매를 사용해야 한다.

매매에서의 손절매는 과학적이면서 예술적인 것이다. 여유 있는 손절매를 사용하는 것은 장기적인 추세를 놓치지 않게 도와주는 반면, 주가가 거꾸로 갈 때는 손실이 커지는 단점도 갖고 있다. 짧은 손절매를 사용하는 것은 손실의 크기를 줄이지만, 더 자주 손실을 보게 되는 단점이 있다. 이상적인 손절매 폭은 주가의 일반 변동 폭보다 약간 큰 값이다. 일반 변동 폭이라는 단어는 상당히 임의적인 말이지만, 단순히 차트를 살펴보는 것만으로도 그것이 의미하는 바를 짐작할 수 있을 것이다. 주가가 여러분이 원하는 방향으로 움직인다면, 손절매 가격을 점차 높여가면서 목표 가격이 되었을 때 일부 이익 실현을 할 수도 있다. 또 주가가 원하는 방향으로 크게 움직였을 때는 손절매 가격을 좀 더 여유 있게 설정할 수도 있다. 이런 방법을 사용하면 두 마리 토끼를 한번에 잡는 것이 된다. 즉 단기 매매와 장기 매매 모두에서 승리자가 되는 것이다.

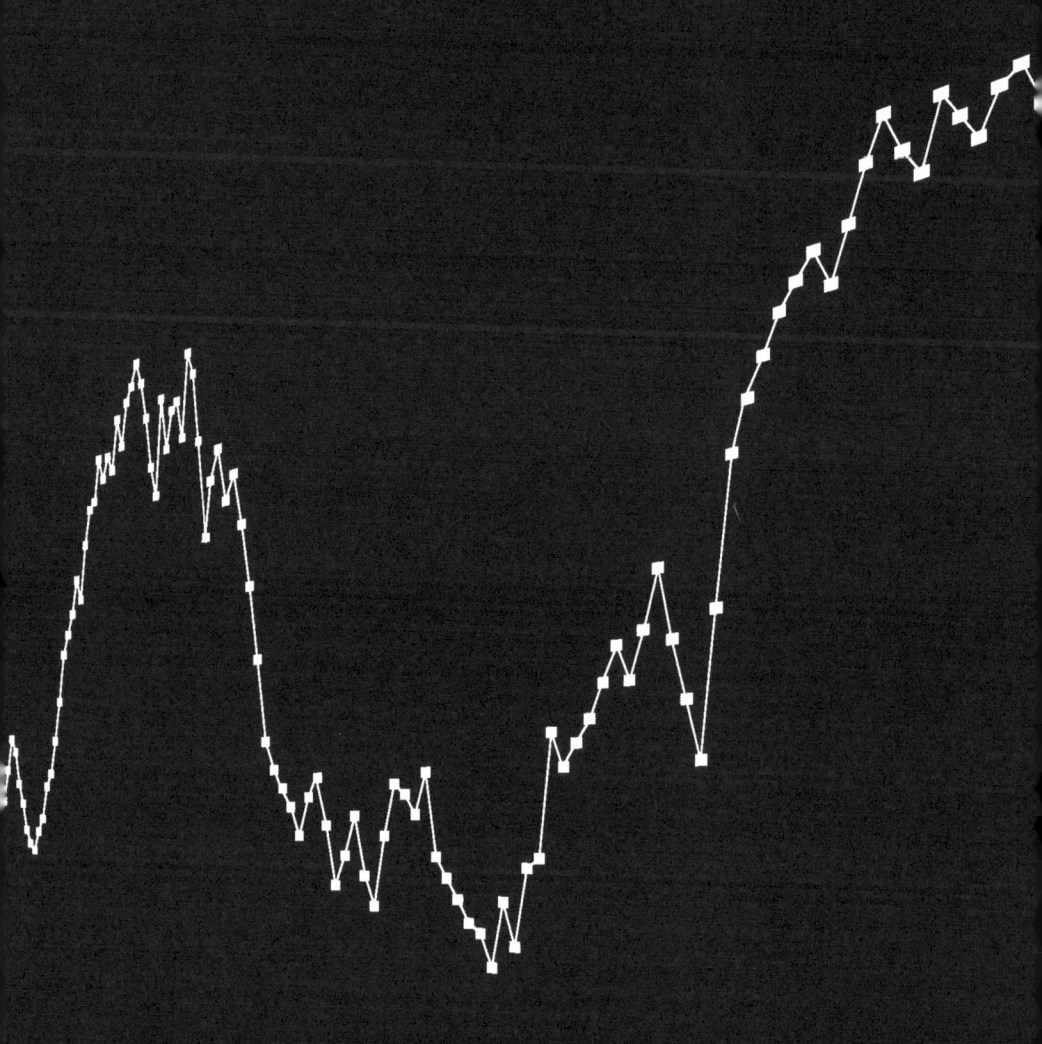

제6장

심리적인 문제

야구는 90%가 정신적인 것이고 나머지가 신체적인 것이다.

— 요기 베라 Yogi Berra

나는 줄리 맨츠 Julie Manz 라는 심리학자를 알게 되는 행운을 누렸는데, 그는 실제로 매매를 직업으로 삼으면서 이 책을 집필하고 구성하는 데 도움을 주었다. 우리는 감정의 변화가 돈을 벌거나 잃는 것과 관계있다는 것을 알았기 때문에, 투자자의 심리적인 문제를 이 책의 어디쯤에서 다뤄야 좋을지 확신할 수가 없었다. 그야말로 닭이 먼저냐 달걀이 먼저냐 하는 문제였다. 매매를 하기 위해서는 매매와 관련된 심리적인 문제를 이해해야 하지만, 마찬가지로 매매의 심리적인 문제는 실제로 매매를 해봐야만 이해할 수 있다. 우리는 심리적인 문제들 중 일부는 첫 단계에서 그렇게 중요하지 않다는 데 동의했다. 그리고 초보자들이 그것을 아는 것이 매우 중요한 문제라는 데에도 역시 동의했다. 따라서 이 책을 읽는 여러분이 처음으로 주식매매를 하려는 투자자라면 앞으로 설명하려는 몇 가지가 잘 이해되지 않을 수도 있을 것이다. 하지만 확신하건대 매매를 조금씩 해보면서 경험이 쌓이다 보면 내가 말하려 하는 것들을 이해하게 될 것이다.

매매의
심리적인 문제

———————— 우리는 지금 매매에서 가장 어려운 부분에
도달해 있다. 이것은 여러분이 성공적인 투자자가 되는 것을 방해하는
가장 큰 장애물이다. 왜 그럴까? 매매는 여러분이 한 번도 상상하지 못
했던 것을 요구하기 때문이다. 시장은 여러분을 좌절시키고, 큰 추세
를 만들기 전에 항상 여러분을 떨궈내려고 노력하기 때문이다. 또 시
장은 종종 투자자에게 완전히 협조적인 것처럼 보임으로써 여러분 스
스로 안전하다고 잘못 믿게끔 안심시키기도 한다. 게다가 시장은 종종
나쁜 습관에 대해서도 보상을 해주는 가장 최악의 선생님이다.

가끔씩 여러분이 어떤 일을 만들려고 억지로 시도할수록 시장은 점
점 더 비협조적으로 행동한다. 반대로 여러분이 아무것도 하지 않으려
할 때 시장이 보상을 해주는 경우도 있다. 시장은 그야말로 역설로 가
득한 세상이다.

다행스러운 것은 여러분이 스스로의 감정들을 조절할 수 있다면 차
트들을 이용해 심리적인 문제들을 이해할 수 있다는 사실이다. 이를
통해 여러분은 시장을 있는 그대로 이해하게 될 것이다. 매매의 심리
적인 문제를 이해하면 어떤 개인적 편견도 없이 자신의 매매 계획을
수행하는 규율을 갖게 된다. 여러분은 자신이 틀릴 수도 있다는 사실
을 인정하겠지만, 장기적으로 보면 결국 자신이 옳다는 것을 알게 될
것이다. 매매의 심리적인 문제를 이해하고 있는 여러분은 자신이 국지
적인 '전투'에서는 패할 수도 있겠지만, '전쟁'에선 패하지 않을 것이

란 사실을 알게 될 것이다.

나의 매매 전략은 매우 간단하지만, 나는 한 번도 매매가 쉬웠다고 말해본 적이 없다. 하지만 여러분에게 차트를 이해하기 위해 열심히 노력할 의지가 있다면, 그리고 더 중요한 것은 자기 자신을 이해하기 위해 노력할 마음의 준비가 되어 있다면, 여러분은 반드시 매매에서 성공할 것이다.

가상 매매에서
돈을 벌지 못하는 매매 전략은 없다

───────── 나는 매매를 배우려는 사람들에게 자신의 매매 전략에 대한 감이 생길 때까지 종이 위에 매매 주문을 쓰는 가상 매매를 해보도록 권한다. 여기서 한 가지 경고를 하면, 나는 가상 매매에서 성공하지 못한 사람을 지금까지 한 번도 본 적이 없다. 가상 매매를 할 때는 올바른 것만 보게 된다. 가상 매매를 할 때는 누구든 명확하게 매매 기회를 판별해내고, 자신의 계획을 충실히 따르기 때문에 가상 계좌의 잔고는 나날이 늘어만 간다.

하지만 실제로 현금이 투입되면 모든 것이 변한다. 손실이 대출이자처럼 불어난다. 그리고 대출이자처럼 늘어나는 손실들을 겪다 보면, 또 다른 손실을 볼 가능성이 있다는 것을 잘 알기에 스스로 세운 계획을 수행하기가 점점 힘들어진다.

어떻게 하면 가상 계좌에서의 성공적인 매매를 현실 세계에서의 성공적인 매매로 전환시킬 수 있을까? 답은 간단하다. 아주 적은 금액으로 매매를 시작하고, 매매 전략에 대한 확신을 얻었을 때, 더 중요한 것은 자기 자신의 규율에 대한 확신을 얻게 되었을 때 서서히 규모를 늘려가는 것이다.

매매의 심리적인 문제에 존재하는 3M

매매의 심리적인 문제에는 세 가지 측면이 있다. 자금 관리Money Management, 매매 전략Methodology 그리고 감정Mind이 바로 그것이다. 적절한 자금 관리는 손실을 관리해주고, 더 중요하게는 손실과 관련한 감정을 관리해준다. 또한 여러분이 이 게임에 더 오랫동안 머물 수 있도록 도와준다. 자신의 매매 전략을 이해하는 것은 시장 상황이 유리하게 돌아가는 것처럼 보일 때 너무 들뜨지 않도록 도와주고, 시장 상황이 안 좋게 흘러가는 것처럼 보일 때도 크게 실망하지 않도록 도와줄 것이다. 때로는 아무것도 안 하는 것이 가장 좋은 방법이라는 것을 알기 때문에 지루한 시장에서도 편안함을 느낄 수 있다. 자신의 감정을 통제하는 것은 자신의 의지를 시장에 강요하려고 시도하지 않도록 도와줄 것이다.

자금 관리

자금 관리는 여러 가지를 치유하는 능력을 갖고 있다　　　만약 여러분이 리스크를 존중하고 적은 금액으로 매매를 한다면, 어떤 매매의 손실이 나거나 믿을 수 없을 정도로 연속적인 손실이 발생한다 해도 여러분의 전체 계좌 혹은 심리 상태에 심각한 충격을 주지 않을 것이다. 부동산에 투자하는 사람들에게는 부동산이 어디에 있고, 또 어떤 물건인지가 중요한 것처럼, 주식을 매매하는 사람들에게 중요한 것은 '자금 관리'다.

오랫동안 살아남는 것이 관건이다　　　대세 상승장에서는 대부분의 종목들이 상승한다. 대세 하락장에서는 대부분의 종목들이 하락한다. 그리고 들쑥날쑥한 시장에서는 대부분의 종목들이 추세 없이 횡보한다.

내가 하는 말을 글자 그대로 받아들일 의지가 여러분에게 있다면, 여러분은 이제 엄청난 일을 하게 될 것이다. 추세를 판단하기 위해 그저 제3장에서 배운 화살표를 차트 위에 그려 넣기만 하면 된다. 개인적인 편견들과 시장에 떠도는 쓸데없는 정보들은 철저히 무시하게 될 것이다. 이런 것들을 할 수 있다면 성공으로 가는 데 필요한 시간을 엄청 줄일 수 있다. 그렇게 하지 못하는 나머지 99%의 사람들은 자신의 실수를 통해 배우는 것이 유일한 방법이다.

그런 사람들은 추세와 맞서 싸워야 할 것이고, 오랫동안 횡보하는 지루한 시장에서 무언가 만들어내려고 시도할 것이며, 머지않아 큰돈을 벌어줄 포지션을 조급하게 정리해 얻은 보잘것없는 이익에 희희낙락하다가, 다음번의 커다란 추세가 오기 바로 직전에 포기하게 될 것이다. 그들은 전문가나 '내부 거래자'의 정보에 따라 매매를 하다가 된통 혼쭐이 난다. 또 손실을 만회한답시며 수시로 물타기를 하여 평균 단가를 낮추려 할 것이다. 그런 사람들이 저지르는 잘못은 수없이 많다. 나는 이 책 앞부분에서 그러한 위험들에 대해 경고했다. 하지만 내가 지금 이 순간 여러분에게 그런 것들을 하지 말라고 아무리 간곡히 말한다고 해서 여러분이 그런 행동을 전혀 안 하지는 않을 것이다. 한 가지 안심되는 점이 있다면, 여러분이 완전히 고집불통만 아니라면 그런 것들을 서서히 고쳐나갈 수 있다는 사실이다. 자, 그렇다면 그런 나쁜 습관들을 고칠 때까지 어떻게 살아남을 것인가? 답은 아주 간단하다. 자금 관리! 자금 관리! 자금 관리가 답이다.

손절매를 믿어라　　　자신의 손절매를 믿는 것이 왜 그리 어려울까? 왜냐하면 지금까지 우리가 인생에서 무언가 멈춘다는 것은 별로 좋지 않은 것이라고 배워왔기 때문이다. 매매를 할 때 중간에 멈추는 것은 종종 해야 하는 일이다. 만약 여러분이 처음으로 주식 매매를 하려는 투자자이거나 스스로에 대한 규율이 부족한 사람이라면, 손절매를 철저히 지키고 수행하는 법을 반드시 배워야 한다. 주가가 어느 정도 반대 방향으로 가면 모두 청산하고 정리할 거라고 말로만 열심히 떠들다가, 정작 시장이 정해놓은 손절매 시점을 지나 멀리 달아나버리면 고속도로 한가운데의 겁먹은 사슴처럼 꼼짝없이 앉아만 있어선 안 된다.

실제로 손절매 주문을 미리 걸어놓으면, 그 순간부터 여러분의 판단은 능동적인 것이 아니라 수동적인 것으로 바뀐다. 여러분이 틀렸을 경우에는 여러분이 아니라 시장이 알아서 능동적으로 결정을 내려주는 것이다.

경험이 쌓이고 확신과 규율을 얻고 나면, 어떤 특별한 환경에서 정신을 놓지 않도록 도와주는 수동적인 손절매(시장이 알아서 손절매를 하지 않고 투자자가 적절히 조절하는 손절매)를 사용할 수도 있게 될 것이다.(제11장 발전된 매매 및 자금 관리 참고) 하지만 자신의 매매 계획을 따르는 것이 어렵다는 사실을 깨닫거나 느끼게 된다면, 실제로는 손절매 주문을 미리 자동으로 걸어두는 것이 더 좋은 방법이다.

잠재적인 손실을 당연한 비용으로 생각하라　　어떤 분야든 사업을 해나가려면 비용이 발생한다. 사무실 비품, 컴퓨터, 프린터, 복사기 등을 구입해야 하고, 물건을 판매하는 경우라면 재고도 발생한다. 사무실 비품이 부족해지면, 여러분은 그것들을 좀 더 구입하는 것이 당연하다고 여길 것이다. 주식 매매를 할 때 발생할 수 있는 손실도 그와 똑같은 시각으로 바라보아야 한다. 매매 손실은 그저 매매라는 사업을 해나갈 때 필연적으로 발생하는 비용에 불과한 것이다.

변동성이 있는 곳에 기회가 있다　　너무 지나친 경우만 아니라면 변동성이 큰 종목일수록 더 좋은 매매 기회를 제공하는 경향이 있다. 그런 종목들은 과거에 주가의 큰 움직임을 만들어왔고, 미래에도 큰 움직임을 보여줄 가능성을 갖고 있다. 하지만 그런 종목들은 주가의 움직임이 큰 만큼 좀 더 여유 있는 손절매를 사용할 필요가 있다. 또 리스크를 일정하게 유지하기 위해서는 변동성이 작은 종목들에 비해 적은 수량으로 매매해야 한다.

상당히 큰 폭의 손절매를 사용해야 한다는 이유로 특정 종목의 매매를 꺼리는 사람들을 보면 나는 이해되지 않는다. 그들은 나에게 말한다. "오, 손절매 폭이 너무 커요. 나는 그렇게까지 큰 폭의 리스크를 감당하고 싶지는 않아요." 이렇게 말하는 사람들은 정말 중요한 사실을 이해하지 못하고 있는 것이다. 주식을 다음 날까지 보유했을 때 발생할 수 있는 예상치 못한 갭다운을 제외하고, 변동성이 큰 만큼 적은 수량으로 매매한다면 변동성이 큰 종목에서 발생하는 리스크의 크기가 변동성이 아주 작은 종목에서 더 많은 수량으로 매매했을 때 발생하는 리스크의 크기와 별 차이가 없다는 사실을 말이다.

물론 변동성이 큰 종목일수록 좋지 않은 일이 벌어질 가능성이 통계적으로 큰 것은 사실이다. 그리고 언제가 되었든 변동성이 큰 종목에 크게 한 번 당하는 일이 벌어질 수도 있다. 하지만 장기적으로 보면 대개는 그런 종목들에서 추세가 가는 방향으로 진행되는 놀라운 움직임을 보여준다. 따라서 어쩌다 발생하는 부정적인 움직임의 가능성을 핑계로 주가가 원하는 방향으로 크게 움직이는 경우가 더 많다는 사실을 간과하고 변동성이 큰 종목들을 외면해서는 안 된다. 어떤 일을 하든 무언가 최악의 상황이 올 가능성은 언제나 있는 것처럼, 변동성이 큰 종목도 마찬가지로 생각할 수 있을 것이다. 그런 위험성이 있다고 해서 매매 기회 자체를 무시해서는 안 된다.

이런 생각을 하는 투자자들은 리스크를 아주 나쁜 것으로 보기 때문에, 그런 것을 피하려는 생각만으로 좋은 매매 기회를 스스로 놓치게 된다. 그들은 주가가 원하지 않는 방향으로 움직일 때, 주가가 움직이는 가격 폭이 전부 자신들의 손실이 되는 것을 용납하지 못한다. 그런 일이 생기면 그들은 스스로를 실패자로 여긴다. 해당 종목의 변동성으로 보면 일반적인 움직임이었을 뿐인데도 말이다. 그들은 리스크를 비난하지만, 만약 그들이 자금 관리 전략에 익숙했다면, 비록 변동성이 큰 종목이라도 리스크에 노출되는 금액의 총량이 다른 어떤 종목의 것과도 별다르지 않다는 사실을 잘 알았을 것이다(물론 주식을 다음 날까지 보유했을 때 발생할 수 있는 갭다운은 논외로 친다). 주당 얼마의 손실 혹은 개별 매매에서 해당 종목에 대한 투입 금액 대비 몇 퍼센트의 손실 따위는 중요한 것이 아니다. 단지 각각의 매매에서 전체 투자 자산 중 아주 작은 금액의 고정된 리스크만 발생하도록 매매 수량을 조절하면 되는 것이다.

손실에서 배워라

어떤 문제가 생겼을 때, 나는 스스로를 실패자로 여기지 않는다. 나는 그저 내가 지금 이기는 방법을 배우는 중이라고 생각한다.

—테드 터너(Ted Turner)

성공이란 자신의 열정을 잃지 않고 실패를 거듭할 수 있는 능력이다.

—에이브러햄 링컨(Abraham Lincoln)

아내는 나를 '취미 생활 마니아'라고 부른다. 컴퓨터 앞에 앉아 일하고 있을 때를 제외하면 나는 항상 무엇인가 평범하거나 일상적이지 않은 일을 찾아서 한다. 나는 한시라도 가만히 앉아 있지를 못하는 사람이다. 일주일에 60~70시간을 컴퓨터 앞에 앉아 있기 때문에 평상시 내가 가장 싫어하는 일은 '가만히 앉아 있는 것'이다. 내 취미 중 하나는 고성능 로켓을 날리는 것이다. 그런데 내가 참여하고 있는 로켓 동호회에 수없이 많은 로켓을 추락시킨 회원이 한 명 있다. 내 친구가 이런 말까지 할 정도였다. "앤드루처럼 많은 로켓을 추락시킨 사람은 아마 없을 거야." 중요한 사실은 그가 많은 실패를 한 만큼 발사에 성공한 로켓도 꽤 많다는 점이다. 그는 로켓 발사를 위해 전국 곳곳을 여행한다. 그가 성취하는 것들은 평범한 스포츠에서는 거의 불가능한 것들이다. 로켓 동호회 사람들이 포레스트 검프(톰 행크스가 주연을 맡은 영화 속 인물로, 지능이 낮다—옮긴이)의 억양을 흉내 내며 자주 하는 말이 있다. "음…… 로켓을…… 추락시켜보지 않은 사람은 발사에서…… 성공할 수 없을 것이다." 혹은 이런 말도 한다. "성공적인…… 비행에서는…… 아무것도 배울 것이 없다."

주식 매매는 분명히 로켓을 발사하는 일과 다르지만, 주식을 매매할 때도 손실을 당해보지 않은 사람은 매매에서 성공하는 방법도 알 수 없을 것이다. 더 많은 매매를 할수록 손실을 보는 매매 횟수도 함께 늘어난다. 매매를 잘하는 사람은 많은 돈을 벌기도 하지만 많은 돈을 잃기도 한다. 하지만 그들은 손실이 게임의 일부라는 사실을 잘 알고 있다.

여러분도 자신의 손실에서 배울 수 있어야 한다. 모든 과정을 올바르게 수행했는데도 여전히 매매에서 손실을 보았다면, 모든 과정을 올바르게 수행한 자신을 자랑스럽게 생각해야 한다. 모든 과정을 올바르게 수행하다 보면 장기적으로는 보상받을 것이란 사실을 우리 모두가 알기 때문이다.

만약 여러분이 해서는 안 될 행동을 한 결과로 큰 손실을 보게 되더라도, 그런 매매에서조차 배울 것이 있다! 내가 무언가를 엉망진창으로 하고 있으면 아내는 나에게 이렇게 말한다. "다음번에는 한번에 잘할 수 있을 거야." 다음번에도 똑같은 실수를 반복하면 아내의 잔소리가 나를 용서하지 않는다.

시장은 항상 열린다. 그렇지 않은가?　　　나에게는 한 번 한 얘기를 자꾸 반복하는 나쁜 버릇이 있다. 아내와 딸아이들은 그런 나를 별로 좋아하지 않는다. 그들이 "아빠, 이제 그만요, 제발…… 귀에 못이 박이겠어요"라고 말하면 나는 항상 이렇게 대답한다. "그렇다고 해서 없던 일이 되는 건 아니지!" 이쯤이면 아마 여러분도 내가 '귀에 못이 박이도록' 얘기하려는 것이 '자금 관리'라는 사실을 눈치챘을 것이다.

다시 한 번 말하지만, 항상 리스크를 관리해야 한다. 앞에서도 언급했듯이 매매라는 것은 아주 오랫동안 해야 하는 사업이다. 손실을 작게 유지하다 보면 그것들로부터 성공에 이르는 가르침을 얻을 수 있다.

높은 것은 높은 것이고 낮은 것은 낮은 것이다　　　중요한 것은 균형이다. 자신의 감정을 조절하는 법을 배워야 한다. 주변 상황이 아무리 유리하게 돌아가는 것처럼 보여도 절대 흥분해서는 안 되고, 그렇지 않을 때에도 실망해서는 안 된다.

다시 한 번 반복하면, 모든 문제는 자금 관리로 귀결된다. 포지션 사이즈를 작게 유지함으로써, 믿을 수 없을 정도의 연속적인 손실이 발생하더라도 그것이 너무 큰 타격이 되지 않도록 조절해야 한다. 여러분은 아무런 편견 없이 자신의 분석을 계속할 수 있어야 하고, 그런 다음 성공은 장기적인 관점에서 바라보아야 하는 것이란 사실을 인식하고, 하루하루 자신의 매매 계획을 수행할 수 있어야 한다.

　반면에 매매에서 돈을 벌었다고 너무 우쭐해서는 안 된다. 매매를 하기 전에 필요한 과제를 마쳤고, 적절한 자금 관리를 적용했으며, 시장에 자신의 의지를 강요하는 것이 아니라 그저 매매 계획을 잘 수행했다면, 그런 다음에야 비로소 성공적인 매매에 대해 자축할 수 있을 것이다. 하지만 연속적인 몇 번의 수익이 발생했다고 기분이 우쭐해져서 무모한 행동을 해서는 안 된다. 그러면 또다시 자금 관리의 중요성이 수면 위로 떠오른다. 포지션 사이즈를 적절히 유지한다면 감정의 기복을 잘 조절할 수 있을 것이다.

매매 전략

자신의 매매 전략을 이해하라　　자신의 매매 전략을 이해하면 매매와 관련된 심리적인 문제들과의 싸움에서 자신에게 유리한 방향으로 이끄는 데 큰 도움이 된다. 자신의 매매 전략이 갖고 있는 미묘한 문제점들을 이해하는 투자자라면 주변 상황이 뜻대로 돌아가지 않더라도 크게 실망하지 않고, 반대로 주변 상황이 아무리 좋아 보여도 쉽게 들뜨지 않게 된다. 내가 다른 사람의 매매 전략에 대해 알려줄 순 없겠지만, 내 매매 전략이 가진 미묘한 문제점들은 여러분에게 말해줄 수 있다.

나처럼 단기나 장기가 아닌 중기 시간대의 타임 프레임에서 스윙 매매를 하는 것은 매매 결과의 통계가 왜곡되거나, 불안정한 매매 결과가 나올 수도 있고, 전체적인 매매 결과가 시장이 추세를 만드는지 여부에 따라 크게 달라질 수도 있다. 각각의 문제점을 자세히 살펴보자.

• 통계의 왜곡　　　　　대부분의 수익은 몇몇 극소수의 매매를 통해 나온다. 이와 같은 매매에서는 가끔씩 발생하는 큰 수익이 핵심이다. 이렇게 가끔씩 발생하는 큰 수익이 없다면 전체 매매 결과는 아무리 잘해야 본전 정도일 것이다. 많은 사람들에게 이런 식의 매매는 쉬운 일이 아니다. 아홉 번의 연속적인 손실을 본 다음이라도 그것을 잊고 열번째의 매매를 했을 때, 그것이 지난 손실들을 모두 만회해줄 수도 있고 아니면 더 큰 좌절감을 안겨줄 수도 있기 때문이다.

• 불안정한 결과　　　　　대부분의 수익은 아주 짧은 기간에 만들어진다. 시장은 종종 순식간에 커다란 수익을 낼 기회를 준 다음 오랫동안 횡보하는 경향이 있다. 따라서 정말 좋은 기회가 왔을 때 거기에 참여하지 못한다면, 여러분의 매매 성과는 평균 이하가 될 것이다.

시장은 반드시 추세를 만들고 그 추세를 지속시킨다　　　　　추세 추종 매매 전략을 사용하려면 시장이 반드시 추세를 형성해야만 한다. 그렇다. 추세는 여러분의 친구지만, 추세가 끝나기 전까지만이다. 확실하게 보이던 추세가 갑자기 반대 방향으로 돌아설 수도 있고, 실제로 그런 일이 자주 발생한다. 그런 일이 발생할 때 여러분은 누적 손실을 겪게 되는 것이다.

그래도 다행스러운 것은 여러분이 이제부터 적당한 손실을 보고 손절매를 할 수 있다는 점이고, 반대 방향으로 새로운 추세가 나타나더라도 그 방향으로 새로운 매매 기회를 제공한다는 점이다. 들쑥날쑥하거나 오랫동안 횡보하는 시장은 매매 전략에 치명적인 장애 요인이 된다. 그런 시장에도 좋은 점이 있다면 시장이 뒤죽박죽으로 움직일수록 추세 추종 투자자가 사용할 만한 매매 신호가 더욱더 적게 발생한다는 사실이다. 추세 추종 매매 전략에는 자기 제어 기능이 있기 때문이다.

시장이 아주 오랫동안 추세 없이 움직인다면, 여러분은 아무 할 일도 없이 지루하게 다음번 매매 기회를 기다리고 있는 자신을 발견하게 될 것이다. 물론 이런 상황은 시장에서 매매 기회가 발견되지 않을 때, 무리하게 불필요한 매매를 시도하지 않을 정도로 여러분 스스로에게 충분한 규율이 있다는 것을 전제로 했을 때 가정할 수 있는 것들이다.

끊임없이 수익을 내면서도 손실은 보지 않는 완벽한 매매 전략은 세상에 존재하지 않는다. 그런 매매 전략이 가능하다면 누군가 그것을 발견하게 될 것이고, 그 이후로 시장은 더 이상 존재하지 않을 것이다. 그것을 발견한 사람이 시장의 모든 돈을 쓸어갈 것이기 때문이다. 비록 나의 매매 전략이 완벽하지는 않지만, 이것은 내가 20여 년을 바쳐 연구하고 얻어낸 최선의 전략이다. 시장에는 항상 추세가 있다. 1600년대에는 네덜란드의 튤립이 그랬고, 일본의 쌀이 그랬다. 그리고 현대에 와서 커다란 흥망성쇠를 보여준 것들을 몇 가지 예로 들면 인터넷, 에너지 그리고 부동산 등이 있다. 앞으로도 시장은 추세를 만들어낼 것이다. 가격은 오르기도 하고 내리기도 할 것이다. 바로 이것이 시장에 대해 내가 확신할 수 있는 유일한 것이다.

아무것도 장담할 수 없다　　　아무리 심사숙고해서 매매하더라도 모든 매매에는 손실을 볼 가능성이 항상 내포되어 있다. 내가 앞서 제1장에서 논의했듯이, 전지전능한 신이 아닌 이상, 여러분이 시장에 진입한 이후 시장에 영향을 미칠 새로운 변수들을 모두 아는 것은 절대 불가능하다. 이런 사실을 잘 안다면 손실을 다루는 일도 좀 더 편안해질 것이다.

항상 추세에 참여하라　　　추세 추종 매매를 하더라도 시장의 특성상 과연 언제 큰 추세가 나타날지는 전혀 알 수가 없다. 그런 큰 추세를 만나기 전의 매매 성과는 아주 보잘것없는 결과일 가능성이 크다. 여름휴가 기간에는 큰 추세가 생기기 어렵다는 이유로 6월부터 8월까지 매매를 중단하는 사람들을 보면 나는 이해되질 않는다. 그들의 말이 맞을 수도 있다. 그 기간이 되었을 때 실제로 거래량도 적고 시장이 대체적으로 들쑥날쑥 횡보하는 경향을 보여줄 수도 있다. 하지만 큰 추세는 1년 열두 달 언제라도 나타날 수 있고, 그것이 여름휴가 기간이라고 해서 예외가 될 수는 없다.

　여기서 항상 추세에 참여하라는 말이 주가의 움직임을 하나하나 관찰하면서 모니터 앞을 절대 떠나지 말라는 의미는 아니다. 그것은 시장 환경이 별로 안 좋은 상황이라도 시장을 검토하기 위해 매일 저녁 자신이 해야 할 과제를 잊어선 안 된다는 의미다.

순간적인 성공이 실패보다 위험할 수 있다　　　이 말은 흔히 들을 수 있는 시장의 역설 중 하나다. 조 코로나Joe Corona라는 친구는 성인이 된 이후 항상 주식 매매를 해왔다. 그는 매매 기회를 찾기 위해 전 세계를 여행한다. 몇 년 전에는 인도에서 투자 회사를 차리기로 결정했다. 그는 겸손한 성향의 사람들을 트레이더로 고용했다. 그가 고용한 사람들은 진정으로 그 직업을 원하는 이들이었다.

조가 나에게 말했다. "데이브, 나는 신입 직원들이 자신의 실수를 바로 수정하는 것을 볼 때 마음에 든다네. 반드시 그런 식으로 해야 그들이 리스크를 존중하는 법을 배우게 되는 거지." 그 회사의 트레이더들은 직장을 잃을지도 모른다는 두려움 때문에 올바른 매매 방법을 빨리 습득하게 되었다. 반면에 순간적인 성공을 경험한 다른 사람들은, 처음으로 믿을 수 없는 누적 손실이 닥쳤을 때 자신에게 어떤 일이 벌어지고 있는지조차 알 수 없게 된다.

사상 최악의 스승　　　시장은 종종 나쁜 행동에 대해서도 상을 준다. 한 투자자가 있다. 그는 자신이 정해놓은 손절매 가격에 도달했기 때문에 주식을 청산한다. 그러면 자신의 계획대로 행동했기 때문에 아무런 문제가 없는 것이다. 한데 시장이 즉시 반대 방향으로 돌아선다. 투자자는 이렇게 생각하기 시작한다. '에이, 청산하지 말고 그냥 들고 있었어야 하는 건데…….' 다음번 매매에서도 주가가 원하는 방향과 반대로 흐르지만, 그는 이번에야말로 시장의 속임수에 넘어가지 않겠다는 굳은 결심을 한다. 하지만 안타깝게도 시장은 방향을 바꾸지 않아, 처음에 관리 가능한 수준이던 손실이 이제는 눈덩이처럼 불어나게 되는 것이다.

시장은 여러분의 매매 전략이 성공을 거두기 전까지 여러분 스스로 매매를 포기하도록 만들기 위해 손실을 안기고 또 손실을 안긴다. 그런가 하면 여러분이 잘못된 확신을 갖도록 살살 달래기도 한다. 그러면 점점 더 투자 규모를 늘림으로써 감당할 수 없는 리스크에 노출되는 것이다. 결국 한두 번의 잘못된 매매로 모든 것을 날린 정도로 과도한 리스크에 노출된다.

시장으로부터 배우되, 어떤 때는 시장이 아주 형편없는 스승이라는 사실을 잊지 말아야 한다.

기다리는 것이 가장 어렵다　　　톰 페티Tom Petty라는 가수가 제대로 노래를 했다. 그의 노랫말처럼 기다리는 것이 가장 어려운 부분이다. 주식 매매는 아주 활동적인 작업이다. 하지만 아이러니하게도 주식을 하다 보면 아무것도 하지 말아야 할 때가 자주 있다. 대부분의 사람들에게 아무것도 하지 않는 것은 비록 불가능하지는 않더라도 매우 어려운 일이다. 하지만 시장 상황이 안 좋을 때 여러분이 반드시 해야 할 유일한 일은 아무것도 하지 않는 것이다.

나는 지루하고 들쑥날쑥한 시장에서는 '매매하는 사람'이 아닌 '기다리는 사람'이 되고자 노력한다. 이것은 성공적인 매매를 하는 데 있어 또 다른 장애물이다. 일반적으로 인생의 성공은 행동으로부터 나온다. 하지만 매매에서는 확실한 매매 기회가 포착되기 전까지 아무 행동도 하지 않는 것이 최선인 경우가 많다.

미국의 투자 금융인으로, 역사상 가장 위대한 트레이더 중 하나인 제시 리버모어_{Jesse Livermore}는 이 명제를 가장 명쾌하게 설명했다. "이걸 기억하기 바랍니다. 여러분이 아무것도 하지 않을 때, 날마다 하루 종일 매매해야 한다고 생각하는 투기 거래자들은 여러분의 다음 사업을 위한 자금을 시장에 깔아놓고 있습니다. 여러분은 조만간 그들의 실수로부터 이익을 거두게 될 것입니다." 앞으로 시장이 들쑥날쑥한 움직임을 보일 때는 이 명언을 포스트잇에 적어서 여러분의 모니터 앞에 붙여놓기 바란다.

최선을 다해서 매매하고 결과를 기다려라　　　　　앞에서도 언급했듯이, 이 책을 읽고 있는 여러분은 이미 남들보다 앞서나갈 좋은 기회를 잡은 것이다. 이 책을 읽는 여러분은 어느 정도 동기 부여가 되어 있을 것이고 성공을 갈망하고 있을 것이다. 때문에 여러분이 인생에서 최선을 다하기를 원하는 사람일 거라고 말해도 무리는 없으리라 생각한다.

인생에서 최선을 다하길 원하는 바로 그 사람이 정작 주식시장에서 반드시 해야 할 일들을 대충대충 한다는 사실은 정말 놀라운 일이다. 시장이 아주 좋을 때에도 최악의 종목에 대해 내 의견을 구하는 사람들이 종종 있다. 시장 전체가 확실한 추세를 보여주고, 업종 지수도 확실한 추세를 보여주고 있으며, 해당 업종을 구성하는 종목들도 확실한 추세를 보여주고 있는데 말이다. 그런 상황에서도 엉뚱하게 횡보하는 종목에 대한 의견을 구하는 것이다. 여기 내가 가장 좋아하는 예가 하나 있다.

2002년 6월, S&P지수는 확실한 하락 추세를 보여주고 있었다. 정확히 말하면, 하락 추세 중 잠깐 반등하면서 되돌림에 의한 매도 진입 신호를 만들고 있었다. 바이오테크놀러지 업종 지수 역시 강한 하락 추세를 보여주며 저점에서 되돌림 움직임을 보이고 있었다. 시장 전체와 업종 지수가 모두 확실한 하락 추세를 보이면서 되돌림에 의한 진입 신호(매도)를 만들고 있었던 것이다. 이때 스스로를 추세 추종 투자자라고 주장하는 사람이 질리드 사이언시스Gilead Sciences라는 제약 회사에 대한 의견을 구해왔다. 이 회사의 주가 차트는 그야말로 갈팡질팡하는 모습을 보여주고 있었다. 이 회사에 대해 내가 해줄 수 있는 말은 몇 달 동안 횡보하고 있었다는 점이었다.(그림 6-1)

자신을 추세 추종 투자자라고 생각한다는 사람이 다른 종목들은 대부분 강한(하락) 추세를 보이고 있는 상황에서 왜 이렇게 갈팡질팡 움직이는 종목을 택했는지 알 수가 없었다. 사실 업종 지수 자체가 강한(매도) 신호를 내고 있었기 때문에, 그 사람은 차라리 상장지수펀드ETF에 투자하는 편이 더 좋았을 것이다.

너무 세세한 것까지 관리하려는 심리　　　장이 시작되기 전에 여러분이 해야 할 과제를 모두 수행했고 매수할 적당한 종목을 하나 찾았다고 가정해보자. 이 종목은 강한 추세를 보이고 있고 꽤 괜찮은 진입 신호가 보인다. 전체 시장, 업종 지수 그리고 해당 업종을 구성하는 대부분의 종목들이 같은 추세를 보여주고 있다. 모든 종목의 주가가 같은 패턴으로 움직이고 있는 것이다. 여러분은 어느 시점에서 시장에 진입해야 하는지, 손실 제한을 위한 손절매는 어느 정도가 적당한지, 1차 이익 실현 가격은 얼마가 적당한지, 그리고 진입 이후 주가가 원하는 방향으로 움직일 때 추적 손절매 가격을 어떻게 움직일지도 잘 알고 있

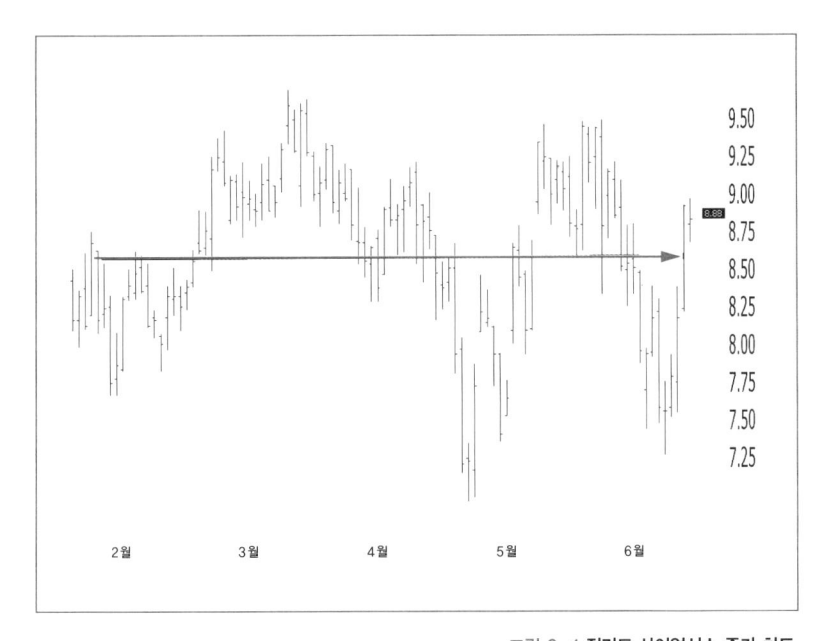

그림 6-1 **질리드 사이언시스 주가 차트**

다. 여러분은 임의의 요소를 남겨놓지 않았다. 계획을 세우고 매매를 하는 것이다.

시장이 열리고 진입 신호가 발생하여 포지션을 취한다. 여기까지는 일사천리로 진행된다. 여러분은 스스로의 계획에 충실하고 있다. 하지만 몇 분 지나자 주가가 미끄러지기 시작한다. 그러면 여러분은 스트레스를 받기 시작하고 손실이 더 커지기 전에 서둘러 잘라내야 되는 건 아닌지 전전긍긍하게 된다. 견디다 못해 결국 포지션을 청산한다. 그리고 나선 다음 며칠 혹은 다음 몇 주 동안, 여러분을 떨궈내고 날아오르는 그 종목의 주가를 괴로움 속에 바라보는 것이다.

인정하건대, 나의 매매 전략은 '재료를 집어넣고 기다리기'만 하면 되는 만능 요리 기구가 절대 아니다. 시장에 진입한 이후에도 반드시 해야 할 일들이 남아 있다(예를 들면 매수 이후 주가가 오를 때 그에 따라 손절매 가격을 올려야 한다). 그중 여러분이 해야 할 가장 중요한 일을 꼽으라면 주가가 움직이도록 기다리는 것이라고 말할 수 있다. 여러분이 나의 과제를 잘 수행했다면, 좋을 때나, 나쁠 때나, 그저 그럴 때나 자신의 포지션에 집중해야 한다. 시장에 진입하기 전에는 신경을 곤두세워야 하겠지만, 일단 진입한 이후에는 느긋해져야 한다.

립밴윙클 테스트   현재의 시장 상황이 여러분의 매매 전략과 잘 맞지 않는가? 추세 추종 투자자에게 이 말은 시장이 횡보하고 있다는 의미일 것이다. 차트에 화살표를 그리는 것 말고, 시장이 횡보하고 있는지 혹은 추세를 형성하고 있는지 여부를 판단하는 간단한 방법이 하나 있는데, 오늘의 종가가 일주일 전의 종가, 한 달 전의 종가 혹은 몇 달 전의 종가와 비교했을 때 어느 위치에 있는지 살펴보는 것이다. 나는 이 방법을 립밴윙클(Rip Van Wincle, 산에 사냥을 갔다가 20년 동안 잠들어 있던 소설 속 인물, 세상의 변화에 뒤늦게 놀라는 사람 – 옮긴이)의 '수면 테스트'라고 부른다. 여러분이 신문 경제면에 나온 주가를 확인한 후 몇 주 혹은 몇 달 동안 잠들어 있었다고 상상해보라. 이제 여러분은 잠에서 깨어나 오늘의 신문 경제면을 펼쳐본다. 잠들어 있는 동안 주가가 많이 움직이지 않았다면 그동안은 추세가 없었던 것이다. 무슨 뜻인지 알겠는가? 해가 비추지 않는 동안에는 일광욕을 할 수 없듯이 추세가 없을 때는 추세 추종 매매 전략이 작동하지 않는다.

현재에 충실하라　　　사람들은 종종 내게 6개월 후나 1년 후에는 시장이 어디쯤 가 있을 것으로 생각하는지 묻곤 한다. 그때의 내 대답은 늘 똑같다. "빌어먹을, 나도 잘 모르오." 그리고 이것은 여러분도 마찬가지일 것이고, 다른 누구라도 마찬가지다. 하지만 이 말이 앞으로 한 달 후나 1년 후의 시장이 어디로 향할지 아무도 모르기 때문에, 여러분이 매매를 통해 돈을 벌 수 없다는 걸 의미하는 것은 아니다.

앞에서도 언급했듯이, 시장은 다음과 같은 세 가지 행동을 할 수 있다. 오르거나, 내리거나, 횡보하는 것이다. 몇 달 동안 시장이 이 세 가지 중 한 가지 움직임을 계속했다면 단기적으로는 그 움직임을 계속할 가능성이 있다고 볼 수 있다. 우리가 할 일은 그 단기적인 움직임을 예측하는 것이다. 다행히 잘 맞힌다면 원하는 추세가 계속되는 한 시장에 '장기적으로' 머물 수 있을 것이다. 여러분은 차트 왼쪽에 있는 과거의 가격으로 매매를 할 수 없고, 먼 미래에 어떤 일이 일어날지도 알지 못한다. 여러분이 할 수 있는 일은 오로지 현재에 충실하는 것이다.

실망하지 않도록 노력하라　　　때때로 여러분이 시장에 진입했는데, 진입하자마자 주가가 원하는 방향으로 움직이기 시작해 계속 그 방향으로 움직이는 경우도 있다. 덕분에 1차 이익 실현 목표 가격에 힘들이지 않고 도달할 수도 있다. 주가는 여러분이 원하는 방향으로 추세를 지속하고, 여러분은 편안한 마음으로 큰 추세에 올라타기 위해 손절매 가격을 점점 높이면서 수익을 즐길 수도 있다. 하지만 그렇지 않은 나머지 99%의 시간 동안 시장은 여러분이 원하는 방향과 반대로 움직일 것이다. 적어도 여러분이 시장에 진입한 초반에는 더욱더 그럴 것이다. 따라서 여러분은 쉽게 실망감을 느끼지 않아야 한다. 손실 제한을 위한 손절매는 주가의 평균적인 일일 변동 폭보다 큰 폭으로 설정해야 한다. 여러분은 주가가 최소한 평균적인 일일 변동 폭만큼은 원하는 방향과 반대로 움직일 수 있다는 사실에 대비하고 있어야 한다. 주가가 하루에 대략 5달러 정도의 폭으로 움직이는 종목이라면, 그 종목의 주가가 여러분이 원치 않는 방향으로 2~3달러 움직였다고 해서 스트레스를 받아서는 안 된다.

시장을 너무 가까이하지 마라　　　그동안 나의 매매에서 큰 이익을 본 것들 가운데 어떤 것들은 시장에서 멀리 떨어져 있던 기간에 발생했다. 특히 매매를 시작했던 초창기에 그런 일이 많았는데, 당시 나는 컴퓨터 앞에 죽치고 앉아 있곤 했었다. 가장 기억에 남는 사건은 서인도 제도에서 보트 여행을 하고 있던 기간에 일어났다. 처음에 나는 편안히 휴가를 보낼 수 있도록 여행을 떠나기 전에 모든 포지션을 정리하려고 생각했지만, 괜찮은 종목 몇 개는 남겨두기로 마음을 고쳐먹었다. 여행을 마치고 돌아오는 비행기 안에서 그 종목들의 주가를 확인하기 위해 신문을 펼쳐보았다. 빙고! 나는 곧바로 승무원을 불러 방금 내가 이번 여행 경비를 다 충당하고도 남을 만큼 많은 돈을 벌었다고 말해주었다. 사무실로 돌아왔을 때, 나는 즉시 모든 포지션을 정리하고 만족감에 빠져들었다. 하지만 이후 몇 주 동안 내가 갖고 있던 종목들의 주가가 계속 상승하고 있는 것을 몹시 괴로운 마음으로 바라만 볼 수밖에 없었다. 휴가만 좀 더 오랫동안 즐겼어도 내가 번 돈의 몇 배를 벌 수 있었던 것이다.

따로 직업이 있는 사람들이 겨우겨우 시간을 쪼개 한두 번의 매매에서 성공을 맛보았을 때, 그들은 곧 자신들이 전업 투자자가 되어 매매에만 전념할 수 있다면 더 큰 성공을 거둘 것이라고 생각한다. 하지만 불행하게도 그들의 예상은 늘 빗나간다. 장기적인 매매 전략을 사용하면서 하루 종일 모니터를 바라보고 있는 것은 재정적으로나 육체적으로나 여러분의 건강에 해로운 일이다. 주가의 작은 움직임 하나하나가 인생 자체보다 크게 느껴지는 것이다. 새로운 추세가 곧 나타날 것처럼 보이거나 지금의 추세가 끝날 것같이 보인다. 결국 과도한 매매로 자기 자신을 불사르고 있는 것을 느끼게 될 것이며, 머지않아 큰 이익을 볼 것 같은 착각에 빠져 별로 좋아 보이지도 않는 진입 신호를 덜컥 잡아버린다. 하루 종일 모니터를 바라보고 있는 것은 하루 종일 슬롯머신 앞에 앉아 있는 것과 다르지 않다.

바쁘게 일하는 투자자는 좋은 투자자가 될 수 있다. 그들은 좋은 매매 기회가 나타날 때만 매매를 하고, 그렇지 않은 시간에는 인생을 가치 있게 만드는 다른 일에 매진한다. 만일 여러분이 하루 종일 시장을 바라보고 있어도 될 만큼 여유 있는 사람이라면, 스스로를 바빠지게 할 만한 다른 일도 있다는 것을 기억하기 바란다. 시장에서 오락거리를 기대하지는 않았으면 좋겠다. 시장이 지루한 상황이라면, 다른 연구를 하거나 혹은 과거의 주가를 연구할 수도 있을 것이다. 아니면 취미 생활을 즐기거나, 새로운 사업을 구상할 수도 있고, 혹은 여러분의 친구들이나 사랑하는 사람들에게 좀 더 관심을 기울일 수도 있을 것이다.

시장은 여러분이 좋아하는 것에 관심이 없다　　　대부분의 초보 투자자들은 시장의 변동성이 증가할 때 매매를 중단한다. 하지만 여러분이 단기 혹은 중기 투자자라면 변동성이야말로 여러분의 친구다. 여러분의 최고의 매매는 종종 미친 듯이 움직이는 시장에서 이뤄지는 매매가 될 것이기 때문이다.

인생의 계획은 있어도 매매의 계획은 없다　　　여러분이 곧 휴가를 떠날 것이라고 생각해보자. 정처 없이 무전여행을 떠나거나 방랑자가 될 게 아니라면, 여러분은 반드시 사전에 여행 계획을 세울 것이다. 최소한 어디로 여행할지는 정해야 한다. 자동차에 기름을 가득 채우거나 비행기 표를 예약해야 한다. 아마도 호텔을 예약하거나 최소한 여행 목적지에 숙박 시설이 충분한지 정도는 검토할 것이다. 물론 여러분이 좀 더 자유로운 기질을 가진 사람이라면 그때그때 상황에 따라 대처할 수도 있겠지만, 일반적으로 아무런 계획 없이 무작정 여행을 떠나지는 않는다. 여러분은 출발하기 전에 이미 목적지에 도착해서 무엇을 할 것인지 알고 있으며, 언제 여행을 마치고 돌아올지도 알고 있을 것이다.

　대부분의 사람들이 자신의 인생에 계획이 있다고 말해도 무리는 없을 것이다. 하지만 주식 매매에 있어서는 얘기가 달라진다. 그들은 어느 시점에서 시장에 진입하는지에 관한 일관된 규칙도 없고, 어디쯤에서 빠져나오는지도 알 수 없으며, 어느 정도의 리스크를 감수할 것인지에 관한 계획도 없다. 여행보다 돈이 훨씬 많이 드는 일인데도, 틀림없이 앞에서 말한 여행보다 훨씬 재미없는 일인데도 사람들이 아무 계획 없이 매매한다는 것은 정말 놀라운 일이다.

　매매 계획을 세우고 계획한 대로 매매하기 바란다. 자신이 어느 정도의 리스크를 감수할 것인지 알고 있어야 한다. 어느 가격에서 1차 이익 실현을 할 것인지 반드시 알고 있어야 한다. 예측이 잘못되었을 경우에는 얼마에 손절매를 할 것인지도 알아야 한다. 계획을 갖고 있으면 주변 상황이 좋게 돌아갈 때 자신이 어떤 일을 하고 있는지 잘 알 수 있다. 그리고 더 중요한 것은 상황이 좋지 않을 경우인데, 계획을 갖고 있는 사람은 자신이 하고 있는 일이 어떻게 잘못되고 있는지 쉽게 알아볼 수 있다.

고난 뒤에 숨어 있는 행복: 아프리카의 여왕 신드롬　　　　내가 어렸을 때, 우리 가족은 일요일이 되면 할머니 댁을 방문하곤 했다. 우리는 무쇠 프라이팬에 구운 스테이크로 점심을 먹고 후식으로 아이스크림과 샌드위치를 먹었다. 누구도 예외는 있을 수 없었다. 텔레비전에서는 항상 오래된 영화가 나왔다. 그때 본 영화들 중에 「아프리카의 여왕African Queen」이라는 작품이 있다.

　적들의 포위에서 빠져나가기 위한 주인공 찰리와 로즈의 노력에 나는 마음을 빼앗겼다. 그들이 간신히 총알을 피하거나, 재빨리 도망칠 때는 환호성을 질렀던 기억이 난다. 그들이 강 하류 쪽의 호수까지만 간다면, 무사히 집으로 돌아갈 수 있었다. 하지만 온갖 고생을 하여 탈진하고 기가 꺾인 그들은 결국 포기하고 만다. 이때 카메라는 이 영화에서 가장 강렬한 신을 보여주기 위해 장면을 바꾼다.

　그들은 호수에서 겨우 몇 미터 떨어진 곳에서 멈추었던 것이다.

　이제 여러분은 도대체 「아프리카의 여왕」이란 영화가 매매와 무슨 상관이 있느냐고 궁금해할 것이다. 아주 간단하다. 재삼재사 강조하는 바이지만, 나는 사람들이 다음 추세가 나오기 바로 직전에 이상적인 상황 바로 앞에서 포기하는 것을 자주 본다. 그들에게 조금만 더 참을성이 있었다면 얼마나 좋았을까. 한 고객이 내게 이런 말을 했다. "매매를 하다 보면 방금 헤어진 애인이 복권에 당첨된 것과 같은 기분을 느낀다"고 말이다.

행복 뒤에 숨어 있는 고난: 시장의 영원한 광고 문구를 조심하라   복권에 당첨된 사람들은 왜 대부분 끝이 좋지 않거나 심지어 5년 안에 파산하는 것일까? 그들이 소위 말하는 '벼락부자'가 되었기 때문일 것이다. 쉽게 번 돈은 쉽게 없어진다. 그들은 그 많은 돈이 절대 줄어들지 않을 거라고 믿는다. 경제학자들은 이것을 '항상소득 가설'이라고 부르는데, 개인의 복권 당첨은 항상소득에 영향을 미치지 못하지만 복권 당첨자들은 항상 그런 소득이 있을 것이라는 착각에 빠져 소비하게 되는 것이다.

주식시장도 이와 다르지 않다. 시장이 좋을 때 사람들은 자신들의 매매 전략이 항상 잘 작동할 것으로 생각한다. 그들은 확신을 갖고 점점 더 많은 금액을 리스크에 노출시킨다. 나는 대세 상승장에서 풋옵션을 매도(주가가 상승할 때는 제한적인 이익을 얻고 하락할 때는 손실이 무한대인 옵션 전략 – 옮긴이)해서 많은 이익을 얻었다가 하락장이 시작되자마자 한 방에 모든 걸 날린 사람도 보았다. 나는 과매도 상태의 시장에서 기가 막히게 매수를 하고 과매수 상태의 시장에서 기가 막히게 매도를 하지만, 가끔씩 생각했던 것처럼 추세가 바뀌지 않아 큰 손실을 입는 사람도 많이 보았다. 처음에는 똑똑한 것처럼 보이지만 머지않아 시장에서 퇴출되는 사람이 셀 수 없을 정도로 많다.

모든 매매 전략에는 특히 잘 들어맞는 시장이 있다. 그런 전략들은 한동안 잘 들어맞는 것처럼 보이다가 한번에 힘을 잃기도 한다. 따뜻한 남쪽 지방에 사는 사람들이 하는 말 중에 "태양은 날마다 다른 곳을 비춘다"는 말이 있다. 환상적인 시장이 언제까지나 지속될 것이라고 믿어서는 안 된다. 여러분은 반드시 예기치 못한 상황에 직면하게 될 것이다. 대세 상승장에서만 주식을 매수해본 사람들은 하락장이 왔을 때 자신에게 무슨 일이 일어날지 알지 못한다. 만약 여러분이 지금까지 강한 추세가 있는 시장에서만 매매를 해왔다면, 들쑥날쑥 움직이는 시장이나 하락장을 만났을 때는 틀림없이 당황할 것이다.

시장 환경이 좋을 때는 당연히 그것을 즐겨야 하겠지만, 그런 상황이 영원히 계속되지는 않을 거란 사실을 알아야 한다. 하지만 시장 환경이 나빠졌다고 해서 매매 전략을 수정하지는 마라. 그런 식으로 대응하다 보면 자신의 페이스를 잃고 원래의 전략이 힘을 내기 전에 시장에서 퇴출당할 수도 있다. 내 곁에 잠시 머물렀던 고객들 중에는 환상을 좇아 떠났다가 5년이나 10년이 지나 되돌아온 사람들도 많다. 그들은 내가 가장 좋아하는 사람들 중의 일부인데, 그들이야말로 세상에 완벽한 방법은 없다는 사실과 단순한 추세 추종 접근법이 통한다는 사실을 증명해주기 때문이다.

시장은 여러분을 알지도 못하고 관심도 없다　　사람들이 변동성이 심한 종목을 매수하고는 정작 그 종목의 변동성이 계속되는 데에서 스트레스를 받는 것을 보면 놀라지 않을 수 없다. 그들은 50달러짜리 주식의 주가가 하루에 50센트만 오르거나 내려도 전전긍긍해하고 심지어는 10센트만 떨어져도 불안해한다. 어떤 이유에서인지 그들은 자신이 그 종목을 보유하고 있다는 이유만으로 주가가 항상 자신이 원하는 방향으로만 움직여야 한다고 생각하는 것이다.

"하지만 데이브, 추세는 당신의 친구라고 하지 않았던가? 그리고 당신의 매매 전략을 따라 하면 돈을 벌 수 있다면서?" 그렇다. 장기적으로 보면 내 말이 맞다고 생각한다. 하지만 단기적으로 보면, 나는 주가가 위아래로 출렁일 것이란 사실을 알고 있다. 또한 나도 가끔씩은, 아니 자주 틀릴 수도 있다는 사실을 잘 안다. 내가 제안하는 접근법이 완벽한 방법은 아니다. 그리고 그런 방법은 어디에도 없다는 사실을 기억하기 바란다. 모든 개별 매매에서는 항상 돈을 잃을 가능성이 있다. 어떤 매매 전략을 사용하든 이 사실에는 변함이 없다. 누구도 시장이 어디로 향할지 정확히 알 수 없기 때문이다. 시장 역시 당신이 거기에 참여하고 있는지 알지도 못하고 관심도 없다.

심사숙고하여 결정하고 그것을 충실히 따르라　　　인생과 마찬가지로 매매는 결국 무언가를 결정하는 것이다. 결정하는 것은 쉬운 일이지만, 그 결정을 따르는 것은 어려운 일이다. 지금까지 내가 만난 사람 중에 가장 아름다운 여인과 결혼하기로 결정하는 것은 쉬운 일이었다. 하지만 그렇다고 해서 그녀와의 결혼 생활이 늘 평탄했던 것은 아니다(그냥 농담이다! 나는 아내를 사랑한다). 자신의 매매에 대한 계획을 세우고 그 계획에 따라 매매한다면, 자신의 결정을 잘 수행하는 삶이 될 것이다.

이론적으로는 이론과 현실이 같지만
꼭 그렇지 않은 것이 현실이다

─────────　　시장에 대한 경험과 함께 일종의 심리적인 경험을 쌓을 필요가 있다. 여러분은 다양한 상황에서의 경험을 쌓을 필요가 있다. 대세 상승장에서는 어떤 일이 일어나는지, 대세 하락장에서는 어떤 일이 일어나는지, 그리고 방향 없이 들쑥날쑥한 시장에서는 어떤 일이 일어나는지 모두 알아야 한다. 이렇듯 시장에 대한 경험을 쌓을 필요가 있는 것은 틀림없는 사실이다. 여기에다 약간의 심리적인 경험을 쌓아야 한다. 내가 만약 조만간 시장의 추세 전환이 있을 거라면서 여러분이 보유한 종목들 중 상당수가 피해를 볼 것이라고 말한다면, 여러분은 내 말이 사실인지 알아보기 위해 과거 차트들을 열어놓고 살펴볼 것이다. 하지만 그런 일이 실제로 발생할 가능성이 있다는 것을 안다고 해서 보유하고 있는 모든 포지션을 정리하지는 않을 것이다. 여러분은 다음번의 큰 추세가 실제로 만들어질 때까지 6개월에서 8개월에 걸쳐(더 오래 걸릴 수도 있다) 조금씩 자주 손실을 볼 수도 있다. 그러면 여러분은 내가 한 말이 맞는지 알아보기 위해 또다시 차트들을 살펴볼 것이다. 하지만 몇 달 동안 갖은 고생을 다하고 다음 추세가 나타나기 직전에 좌절감으로 포기하기 전까지는, 위아래로 엄청나게 출렁거리는 시장을 경험한다는 것이 진짜로 어떤 것인지 절대 알 수 없을 것이다. 또한 여러분은 걷잡을 수 없이 빠른 모멘텀으로 움직이는 시장도 경험해보아야 한다. 밤사이에 얼마나 많은 돈을 벌었을지 예상하며 잠자리에서 일어날 때만큼 흥분되는 순간은 아마 없을 것이

다. 하지만 내가 이런 것들을 머릿속에 집어넣으라고 말한다 해서 꼭 그런 일이 생길 것이라고 장담할 수 있는 것은 아니다.

만약, 정말로 만약, 여러분이 이 책에 소개된 접근법들을 따라 할 수 있다면, 여러분도 언젠가는 성공적인 투자자가 될 것이라고 확신한다. 여러분이 매매에서 성공하기 위해 꼭 필요한 것은 이론을 실제에 적용하는 능력과 함께 여러분의 감정적인 측면을 다스리는 것이다. 나는 이제 여러분이 좋은 일과 나쁜 일이 모두 일어날 수 있다는 사실을 알았으리라 믿는다. 실제로 그런 일이 생겼을 때 여러분이 현실을 정확히 인식할 수 있기를 바란다. 여러분은 스스로가 어떤 반응을 보이는지 알기 위해 그런 것들을 실제로 경험해야 한다. 다시 말하지만, 자금 관리는 여러 가지를 치유하는 능력을 갖고 있다. 여러분이 스스로의 감정을 다스리는 법을 배울 때까지 자금 관리가 여러분을 지켜줄 것이다.

감정

손실에 대처하는 법   과학자들은 우리가 머릿속으로 무언가를 생각만 해도, 우리의 몸은 실제로 그 일이 일어나고 있는 것처럼 반응한다는 사실을 증명해왔다. 우리도 한번 시도해보자. 두 눈을 감고 머릿속으로 행복한 순간을 떠올려보라. 그리고 여러분의 몸이 어떤 반응을 보이는지 주목해보자. 편안한 느낌이 들지 않는가? 이번에는 반대로 해보자. 눈을 감고 불편한 상황을 떠올려보라. 정말로 불편한 느낌이 들지 않는가?

심리적인 연습은 손실을 보는 매매에 대처하는 훌륭한 도구가 될 수 있다. 매매 계획을 세우고 손실이 얼마가 되면 손절매를 할 것인지 정확히 파악하라. 그리고 시장에 진입하기 전에 그 손실을 심리적으로 받아들여라. 물론 말처럼 쉬운 일은 아닐 것이다. 이런 연습을 하는 것이 불안감을 유발한다면 여러분은 너무 큰 금액으로 매매하고 있는 것이다. 만약 그와 같은 금액을 주택 대출이나 신용 대출처럼 다른 곳에서 대출을 받았을 때, 여러분이 감당할 수 없을 정도의 규모라면 매매 금액을 줄여야 한다.

오직 두 개의 변수가 있다　　주식을 매매할 때는 오직 두 개의 변수가 있는데, 바로 여러분과 시장이다. 여러분이 시장을 조절할 수는 없다. 나를 믿어라. 지금까지 정부 기관을 포함한 많은 기관들이 엄청난 자금을 투입해서 시장을 조절하려고 시도해왔다. 실제로 2008년에는 미국 정부가 8000억 달러의 긴급 구제 자금을 투입한다는 발표를 하자마자 시장이 급락했다. 이것은 역사상 최대 규모의 증시 안정 자금이었는데, 물경 1조 달러의 비용을 수반하는 조치였다. 따라서 '그 누구라 해도' 시장을 조절할 수 없다고 말하는 데 무리가 없을 것이다. 여러분이 조절할 수 있는 것은 여러분 자신뿐이다.

시장을 지배하려 하지 마라　　매매는 똑똑한 사람들이 하는 일이다. 따라서 지금 매매를 고려하고 있는 여러분은 현재 혹은 과거의 경력이 성공적이었던 사람일 것이다. 여러분의 성공은 상황을 조절하는 능력에서 나왔을 가능성이 높다. 사실 운이 좋아 성공한 경우도 있겠지만,

대부분의 경우 상황을 조절하는 능력이 여러분의 성공에 크게 기여했을 것이다. 하지만 우리가 지금까지 살펴본 바와 같이 시장보다 큰 사람은 아무도 없다. 그 누구도 시장을 조절할 수 없으며, 잠깐은 가능할지 몰라도 오랫동안 시장을 조절하는 것은 불가능하다. 스스로 조절할 수 없는 환경에서 무언가를 한다는 것은 매우 어려운 일이다. 여러분이 조절할 수 있는 것은 여러분 자신뿐이라는 사실을 다시 한 번 명심하기 바란다.

내가 문제인가?   전업 투자자가 되려고 낮에 하던 일을 그만두고 얼마 지나지 않아, 나는 시장에 대한 고민에 휩싸이게 되었다. 나는 의기소침해졌고 내가 무엇을 잘못했는지 도무지 알 수가 없었다. 어쨌든 나는 다른 직업이 있는 동안에는 상당히 잘해왔고, 초반에는 프로 투자자로서 약간의 성공을 거두기도 했다. 나는 몸이 아프면 의사를 찾듯 투자 강연회를 쫓아다니면서 무언가 해결책을 찾으려고 했다. 거기서 전문가들로부터 약간의 힌트와 기법을 배우기는 했지만, 정작 내가 찾고 있던 답은 발견하지 못했다.

나는 절망적인 심정으로 쉬는 시간에 강연회의 다른 참석자에게 하소연을 했다. 그에게 매매와 관련하여 최근에 큰 고민에 빠졌다고 털어놓았다. 그러면서 내 인생의 구원자인 추세를 포착할 수 없다는 설명을 덧붙였다. 그 신사는 즉시 다음과 같이 물었다. "S&P500지수의 차트를 그려보셨나요?" 나는 즉시 대답했다. "매일 그리고 있죠!" 그가 나를 이상하다는 눈빛으로 찬찬히 쳐다보면서 말했다. "그렇다면 지난 3개월 동안 시장이 횡보하고 있었다는 사실을 모르나요?"

그것은 강한 충격이었다. 여러분이 누적 손실로 고생하고 있을 때, 온갖 실수를 반복하고 있을 때, 그리고 무언가 할 만한 것이 보이지 않을 때는 매매를 중단하라. 그런 다음 스스로에게 물어보라. 내가 잘못된 것인가? 아니면 시장이 잘못된 것인가? 연전연패하는 게임을 중단했을 때 여러분의 마음이 얼마나 평온해지는지 알면 아마 놀랄 것이다.

바로 내 잘못이다　　　매매에서 손실을 본다면 그것은 여러분의 잘못이지 시장의 잘못이 아니다. 보이지 않는 손이 여러분을 매매로 이끄는 것이 아니다. 여러분 앞에 나타나 거부할 수 없는 명령을 내리는 존재는 없다. 여러분은 자신의 행동에 스스로 책임을 져야 한다. 언제 매매를 하는지 혹은 언제 매매를 중단하는지 결정하는 것은 여러분 자신이다. 다시 말하지만, 시장이 이상적인 조건이 아닐 때는 매매하지 않는 것이 시장에서 자신을 조절하는 방법이다.

항상 맞을 수는 없다─매매에서 완벽주의자는 필요 없다　　　만약 여러분이 완벽주의자라면 문제가 그리 간단치 않을 것이다. 매매에서 항상 정확히 맞을 수는 없다. 매수한 종목을 정확히 고점에서 정리하는 것은 불가능하다. 매도한 종목을 저점에서 정확히 환매하는 것 역시 불가능하다. 따라서 매매의 불완전한 특성을 다루는 법을 익혀야 한다. 여러분은 자신이 틀릴 것으로 예상해야 한다. 불확실한 환경에서 무언가를 하는 것은 쉬운 일이 아니다. 높은 수준의 정확성을 요구하는 전문직 출신이라면 특히 더 어려운 일이다. 자기 환자 중 절반의 생명을 구하지 못하는 의사라면 오랫동안 그 직업을 유지하기가 어려울 것이다. 그러나 매매에 있어서는 절반 이상 틀리는 경우가 대부분이지만, 성공할 가능성도 여전히 존재한다.

자유는 공짜가 아니다　　　매매를 할 때는 여러분이, 오직 여러분만이 지휘자가 된다. 여러분은 언제 매매를 할지 언제 휴식을 취할지 스스로 결정한다. 어느 정도의 리스크를 부담할지, 어떤 종목에 언제 투자할지 결정하는 것도 여러분이다. 여러분 스스로 모든 책임을 지는 것이다. 그야말로 완벽한 자유를 누린다. 하지만 자유에는 대가가 따른다. 함께 비난받을 동료가 없다는 것은 스트레스를 받는 일이다. 여러분은 자신의 왕국을 다스리는 고독한 왕이다. 책임을 지는 자리에 있는 이들은 더 많은 걱정거리와 스트레스를 스스로 감당해야 한다.

믿고 싶은 것이 아니라 보이는 것을 믿어라　　　성공한 사람들은 매사에 긍정적인 측면을 본다. 그들은 모든 일들의 좋은 측면만 본다. 하지만 그런 특성은 매매를 직업으로 삼으려는 사람에게는 해로운 것이다. 그런 성격을 가진 사람들은 시장의 상황이 좋지 않아도 자신이 주식을 보유하는 적절한 이유를 찾으려 한다. 여러분이 어떤 종목을 매수했는데 5일 연속 하락한 경우를 생각해보자. 그러다가 하루 상승을 한다. 그러면 여러분은 안도의 한숨을 쉬며 이제 최악의 상황은 피했다고 스스로를 확신시키려 할 것이다. 인생의 다른 분야에선 선택받은 성격이 겠지만, 그런 성격이 여러분의 매매를 망칠 수 있다. 사실을 있는 그대로 받아들여야 한다. 시장에 대한 자신의 개인적인 믿음을 배제한 채 매매 계획을 수행하는 것이 쉬운 일은 아니다. 하지만 여러분은 스스로 믿고 싶은 것이 아니라, 보이는 것을 있는 그대로 믿는 방법을 배워야만 매매에서 성공할 수 있다.

> 우리가 해야 할 일은 단지 지나간 차트를 살펴본 다음 저항선을 찾아내고 저항이 약해졌다고 판단하자마자 그 가격대에서 매매를 시작할 준비를 하는 것뿐이라는 말은 듣기에 따라 아주 쉬운 것처럼 들린다. 하지만 실제로 그런 상황이 되었을 때 우리는 여러 가지 난관들을 극복해야 하는데, 가장 큰 난관은 자기 자신이다. 그것은 인간의 본성을 거스르는 일이기 때문이다. ─어느 주식투자자의 회상

> 우리는 강한 적과 대적하게 되었고, 그 적은 바로 우리 자신이었다. ─포고(Pogo)

> 난 별로 놀라지 않아, 난 바로 나의 최악의 적이야.
> 난 젠장 내 생활을 망쳐버리거든.
> ─리트(Lit)의 노래 「내 최악의 적(My own worst enemy)」 중에서

지옥은 스스로 만드는 것이다　　　　매매를 할 때 최악의 적은 바로 여러분 자신이다. 여러분이 해야 할 일은 대중의 심리를 이해하기 위해 차트를 읽는 것이지만, 그와 마찬가지로 중요한 것은 자기 자신의 개인적인 두려움과 탐욕에 저항하는 것이다. 결코 쉬운 과제가 아니다.

만약 연속적인 손실의 덫에 빠진다면, 여러분은 다음번 매매에서 초

반에 이익이 나자마자 이 매매가 또다시 손실로 돌아서는 것을 두려워한 나머지 조급하게 이익 실현을 하고 있는 자신을 발견하게 될 것이다. 그런 다음에는 자신을 떨궈내고 저 멀리 비상하는 주가를 괴로움속에 지켜보는 것이다. 그때는 이런 생각이 들 것이다. 포지션을 정리하지 않고 그대로 들고 있었더라면, 이전의 손실을 전부 만회하고도남았을 텐데 하고 말이다. 다음번 매매가 시작되자 여러분은 이번에야말로 절대 기차를 놓치지 않으리라 다짐한다. 하지만 불행하게도 이번에 잡은 종목은 정확히 꼭지에서 매수한 것으로 판명 나고 만다. 이렇게 스스로의 감정에 휩쓸려 있는 이상, 한번 잘못된 결정은 또 다른 잘못된 결정을 불러온다.

다시 한 번 말하지만, 매매는 작은 규모로 시작해서 점차 늘려가야한다. 만약 여러분이 아주 작은 금액으로 매매를 한다면, 스스로의 개인적인 두려움과 탐욕을 다스리면서 자신의 매매 계획을 수행하는 것이 매우 쉽게 느껴질 것이다. 나를 믿어라. 그러면 스스로 만드는 지옥의 고통이 훨씬 줄어들 것이다.

자신이 어떤 잘못을 하고 있는지 안다

주식 투기 거래자는 때때로 실수를 저지르면서 자신이 실수하고 있다는 사실을 잘 안다.　　　　　　　　　　　　　　　—어느 주식투자자의 회상

나는 누군가에게 맨투맨으로 도움을 줄 때마다, 내가 과연 그 사람이저지르고 있는 잘못이 무엇인지 판단할 수 있을까 궁금했다. 그래서그들에게 자신이 무엇을 잘못하고 있는지 아느냐고 물으면, 놀랍게도

대부분의 사람들이 자신의 잘못을 털어놓았다. 그리고 그들이 대답해주지 않을 때는, 내가 무언가를 발견하지 않을까 싶어 그 사람들의 매매 검토해보았다. 그러자 분명하게 알아볼 수 있는 잘못들이 튀어나왔다. 그들이 추세를 거슬러 매매하고 있으며, 해당하는 업종 지수를 확인하지 않고 매매하거나 아니면 추세 없이 지루한 시장에서 매매하고 있었다. 자산에 비해 과도한 매매를 하거나 단타 매매를 하는 사람들도 있었다. 이익이 났을 때 느긋하게 기다리는 것이 아니라 조급하게 작은 이익을 취하고 있었다. 그들은 자신들의 손절매를 믿지 못했다. 그들이 저지르는 실수는 이렇게 모두 '뻔한' 것들이었다.

내가 위에 열거한 몇 가지 잘못을 지적하면 그들은 곧바로 반응한다. "알아요, 나도 안다니까요." 그렇다면 해결책은 아주 간단해진다. 시장에 맞서 싸우기를 멈추고, 이익이 나면 느긋하게 기다리며, 자신이 정해놓은 손절매를 존중하면 되는 것이다. 내가 이런 것들을 여러분에게 말해줄 필요는 없다. 여러분도 다 알고 있을 테니까!

인생의 큰 사건이 있을 때는 매매를 조심해야 한다　　　『데이브 랜드리의 스윙 매매』에서 이미 언급했듯이, 인생의 큰 사건이 있을 때에는 조심스럽게 매매해야 한다. 사랑하는 사람의 죽음 같은 충격적인 사건만을 말하는 것이 아니다. 다른 긍정적인 사건들, 이를테면 대학을 졸업한다든지 아이가 태어나는 일 등이 예가 될 수 있다. 내 경우엔 첫딸이 태어난 날이 될 수 있겠는데, 아이러니하게도 딸아이는 나스닥지수가 사상 처음으로 5000포인트 이상에서 장을 마감하고 몇 분 지나지 않아 태어났다(나스닥지수가 5000포인트를 넘은 것은 그다음 날이 마지막이었다). 나는 마치 타이태닉호의 뱃머리에 사랑하는 사람과 함께 서 있는 잭 도슨(레오나르도 디카프리오)이 된 듯 천하무적의 기분을 느꼈다. 그와 함께 나의 매매는 신중하지 못하게 변해갔다.

여기서 잠깐, 여러분이 이런 말을 할 것 같다. "당신은 반드시 추세에 참여해야 한다고 하지 않았나요?" 맞는 말이다. 항상 추세에 참여해야 한다. 하지만 여러분이 인생의 큰 사건으로 인해 스트레스를 받고 있는 상황이라면, 여러분의 감정이 그런 추세가 나타나는 기회들을 제대로 포착할 만큼 정상적인 상태가 아닐 것이다. 따라서 인생의 큰 사건이 있을 때는 매매를 조심해야 한다. 특히 그것이 아주 나쁜 일일 때는 더욱 그렇다.

당시 나는 순식간에 많은 돈을 잃고 있었다. 20세기 후반의 엄청난 대세 상승장이 빠르게 종말을 고하고 있음을 보여주는 초기의 신호들을 놓치고 말았던 것이다. 당시에 나는 새로운 프로젝트를 시작하는 팀의 일원으로서, 그리고 투자자들을 위한 웹사이트를 관리하느라 바쁜 시간을 보내고 있었고, 첫 번째 책을 집필하고 헤지펀드의 고문으로 일하느라 정신이 없었다.

첫아이는 잔병치레가 많았기 때문에 나는 한밤중이 되어서야 정신을 차릴 수가 있었다. 따라서 나는 매일같이 수면 부족에 시달려야 했다. 하지만 그런 모든 어려움에도 굴하지 않고 나는 활발하게 매매를 계속해나갔다. 그러다가 때로는 아무것도 하지 않는 것이 최선이라고 강의를 하고 다니던 나 자신이, 정작 그런 사람들과 똑같은 행동을 하고 있다는 사실을 발견하고는 매매 규모를 축소하기 시작했다. 그리고 얼마 지나지 않아 나는 모든 매매를 중단했다. 더 이상의 '출혈'은 막아야만 했던 것이다.

내가 시장을 가장 제대로 관찰할 수 있었던 것은 바로 그 무렵이었다. 그때는 시장 참여자가 아니었기 때문에 시장을 매우 객관적으로 관찰할 수 있었다. 나는 개별 종목의 주가, 업종 지수, 시장 전체의 지수가 만들어내는 신호들을 정확히 보았다. 그리고 이전에는 전혀 생각하지 못했던 것을 보는 경지에까지 이르렀다. 이제 행동으로 옮겨야 할 때가 되었다. 나는 조금씩 매매를 시작했고 곧바로 다시 수익을 거두었다. 나는 포지션들을 관리하느라 매우 바쁘게 움직여야 했기 때문에 추적 손절매 가격을 자주 옮기지는 못했다.

그러자 놀랍게도 평상시보다 더 오랫동안 포지션을 유지하게 되었다. 이전보다 더 큰 추세를 탈 수 있게 된 것이다. 나는 그저 너무 바빠서 시장을 바로 따라잡거나 이익을 보는 포지션들을 세세히 관리하기 힘들었을 뿐이었다. 나는 매매와 관련해서 내가 준비해야 하는 것들을 수행하려고 온 신경을 집중했지만 모든 것을 혼자 다할 수는 없었다. 모든 가격들—업종 지수, 종합지수 그리고 개별 종목의 주가들—이 한꺼번에 같은 방향으로 움직였다.

나는 매매를 계속했고, 다시 한 번 즉각적인 보상이 뒤따랐다. 나는 그동안 내가 한 작업들을 끊임없이 반복하기 시작했다. 나는 "돈이 코너에 몰릴 때까지 기다린 다음 걸어가서 그것을 낚아채면 된다"라고 말하는, 『시장의 마법사들Market Wizards』에 나오는 트레이더가 된 기분이었다.

심리적인 문제에 대한
체크리스트

_____ 우리는 모두 감정적인 실수를 저지르기 쉽다. 매매를 시작하기 전에 다음에 열거하는 리스트들을 체크해보기 바란다. 이것들이 제2의 천성처럼 될 때까지 계속해야 한다. 매매를 하다 슬럼프에 빠질 때가 오면 이 리스트들을 다시 읽어보고 기본으로 돌아가기 바란다.

❶ 지금 이 순간, 시장의 모든 조건들이 여러분의 매매 전략에 우호적인가? 추세 추종 투자자라면 시장이 계속 추세를 이어왔고 방향 없이 횡보하지 않는다는 것을 의미한다. 추세 화살표를 그려보고 립밴윙클의 '수면 테스트'를 적용해보라.

❷ 올바른 자금 관리 전략을 사용하고 있는가? 자금 관리는 여러 가지 문제를 해결하는 도구라는 사실을 잊지 마라. 자금 관리는 태양이 여러분과 여러분의 매매 전략에 햇빛을 비출 때까지 게임에서 살아남도록 도와줄 것이다.

❸ 다양한 시장의 조건들을 직접 경험해보았는가? 여러분이 경험한 것이 대세 상승장뿐이라면, 여러분은 하락장이 어떤 것인지 절대 알지 못할 것이다. 우리는 모두 인간이기 때문에, 천성적으로 주변 여건이 좋은 쪽으로 돌아가면 흥분하게 되고 그렇지 않을 경우에는 실망감을 느끼게 된다. 시장의 조건들은 언제든 변할 수 있다는 사실을 알면 이런 감정들을 누그러뜨릴 수 있을 것이다.

❹ 자신의 매매 전략을 잘 이해하고 있는가? 여러분의 매매 전략이 큰 수익을 안겨주는 추세를 포착하기 전까지는 수많은 손실을 가져다줄 가능성이 있다는 사실을 이해하면, 실제로 손실이 발생했을 때 그것들을 좀 더 편하게 받아들일 것이다.

❺ 자신의 매매 전략을 잘 따르고 있는가? 여러분이 나의 단기에서 중기에 걸친 매매 전략에 따라 매매하고 있다면, 하루에 여러 번의 매매는 안 될 것이다. 시장이 과매도 상태라는 이유만으로 매수하거나, 혹은 시장이 과매수 상태라는 이유만으로 매도해서는 안 된다.

❻ 시장에 너무 빨리 진입하거나 한 번의 작은 손실에서 너무 빨리 청산하는 식으로 시장을 앞지르려 하지는 않았는가? 다른 말로 하면, 자신의 매매 계획을 지키지 못하는 것은 아닌가?

❼ 도대체 매매 계획이라는 것을 갖고 있기는 한가?

❽ 최선을 다해서 매매하고 결과를 기다리고 있는가?

❾ 인생의 큰 사건이 있을 때도 매매를 하고 있지는 않은가?

❿ 여러분은 자신이 어떤 잘못을 하고 있는지 잘 알 것이다. 그것이 무엇인가?

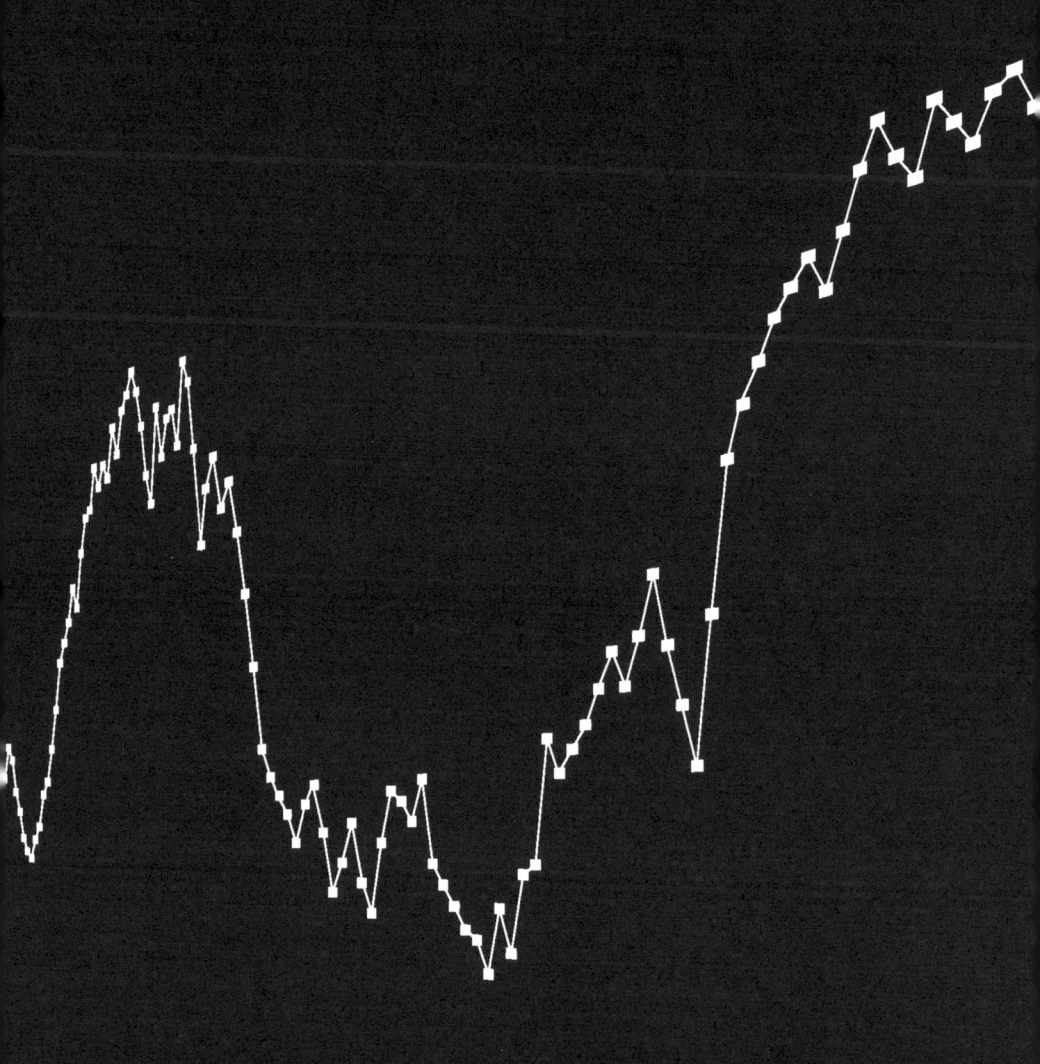

제7장

주문하기

증권사 선택

———————————— 우리는 모든 매매에서 단타 매매를 하려는 것이 아니라 장기적인 수익을 노리고 있기 때문에, 주문을 쉽게 넣을 수 있고 수수료만 적당하다면 어떤 증권사를 선택하든 상관없다. 개인적으로는 대형 증권사를 추천하고 싶다. 그런 회사들은 수수료가 조금 비쌀 수 있겠지만, 일반적으로 안정적인 주문 체결과 서비스를 기대할 수 있기 때문이다. 수수료가 좀 비싸도 안정적인 것이 더 낫다.

나는 대부분의 주문을 시장가 주문이나 가격역지정 주문(주식이나 선물의 가격이 지정한 가격보다 높아지면 매수하거나, 지정한 가격보다 낮아지면 매도하도록 하는 주문, 'STOP 주문'이라고도 함—옮긴이)으로 넣기 때문에 주문 체결이 빠르거나 느린 것에는 별로 신경쓰지 않는다. 나의 매매 전략에서는 지정가 주문이 오히려 안 좋은 결과를 내기도 한다. 나는 그동안 여러 투자자들과 함께 일했는데, 시장에 진입할 때 단 몇 틱을 아끼려다 큰 추세를 놓치는 경우를 자주 보았다. 이런 경우를 설명하는 시장의 오래된 격언이 있다. "지폐를 가지러 가면서 동전에 걸려 넘어지지 마라." 다른 많은 투자자들처럼 나 역시 매우 좋지 않은 가격으로 체결된 매매에서 오히려 가장 좋은 결과를 얻었던 경험이 많았다. 반대의 경우였다면 "원하는 것을 얻으면 좋지 않은 결과가 발생"하는 상황이 되었을 것이다. 여러분이 좋은 가격에 체결했다는 것을 뒤집어 생각해보면, 반대편의 누군가는 어떤 이유에서든 빨리 그 종목을 청산하고 싶어 했다는 것을 의미한다. 마찬가지로 여러분이 현재가보다 더 높은 가격을 지불하고 주문을 체결시켰다는 것은, 상대방이 그 종목을 마지못해 팔았다는 것을 의미하는 것일 수 있다. 일반적으로 주가가 움직일 때는 여러분이 원하는 가격에 체결될 만큼 기다려주지 않는 것이 보통이다. 체결가 몇 푼에 옥신각신하지 마라.

주문 넣기

———————————— 다음의 세 가지 방식으로 주문을 넣을 수 있다. 시장가 주문, 가격역지정 주문 그리고 지정가 주문이 그것이다.

시장가 주문　시장이 운영되는 시간에 시장가 주문을 넣으면 대부분 즉시 체결된다. 매수 주문의 경우에는 현재의 매도호가에 체결되고, 매도 주문의 경우에는 현재의 매수호가에 체결된다. 시장가 주문을 넣으면 시장에 진입하고 싶을 때 언제든 진입할 수 있다. 청산을 하고 싶을 때도 언제든 가능하다(한국 시장의 경우에는 일일 상한가 혹은 하한가가 있기 때문에 상한가나 하한가에서는 체결이 제한적일 수도 있다 – 옮긴이).

가격역지정 주문　일단 시장에 진입한 후라면 반드시 손실 제한을 위한 손절매를 설정해야 한다. 이때 가격역지정 주문으로 손절매 주문을 걸어두면 시장에 안 좋은 일이 벌어졌을 때 정해진 가격에서 즉시 포지션을 청산할 수 있다. 가격역지정 주문은 주가가 지정된 가격에 도달하자마자 시장가 주문으로 전환된다. 가격역지정 주문을 처음 사용해본 초보 투자자는 이 주문이 시장이 갑자기 불리하게 움직일 때

고속도로 한가운데에서 겁먹은 사슴처럼 멍하니 있지 않도록 도와준다는 사실을 발견할 것이다. 시장이 여러분 대신 결정을 내려주기 때문이다. 시장이 여러분을 배제한 채 행동을 취한다는 점이 약간 껄끄러울지는 몰라도, 최소한 손실이 눈덩이처럼 불어나는 것은 보지 않게 될 것이다.

약간의 자유재량을 발휘하길 원하는 좀 더 경험 많은 투자자라면 직접 손절매 주문을 넣을 수도 있다. 손절매 가격에 가격역지정 주문을 걸어두는 것이 아니라, 주가가 손절매를 해야 하는 가격 언저리에 도달했을 때 투자자가 직접 시장가로 청산 주문을 넣는 것이다. 이런 방법을 사용하려면 손절매가 필요한 가격에 주가가 도달했을 때 알려줄 수 있도록 미리 설정해놓는 것이 좋다. 이렇게 직접 손절매 주문을 넣는 것은 손절매 폭에 투자자 자신이 약간의 재량권을 행사하고자 할

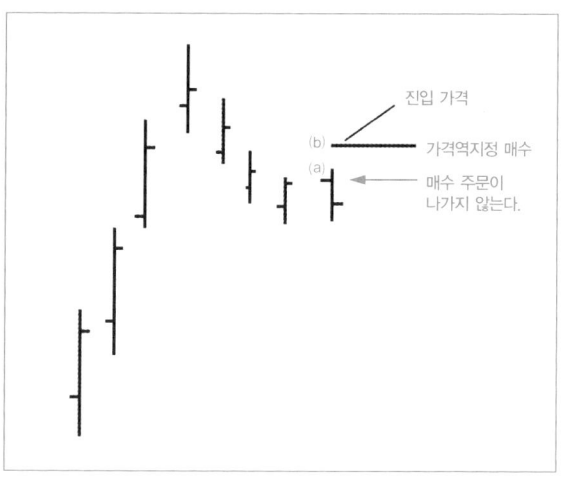

그림 7-1 **가격역지정 주문을 이용한 매수 진입**

때 사용할 수 있다. 이러한 자유재량에 의한 기법은 나중에 좀 더 살펴 보자.

가격역지정 주문은 일반적으로 보유한 포지션을 청산할 목적으로 사용되지만, 시장에 진입할 때도 유용하게 사용된다. 그림 7-1에 나타난 바와 같이, 당일 주가가 (a)의 가격으로 시작되었지만 아직 매수 진입 가격인 (b)에는 미치지 못한 경우를 가정해보자. 이런 경우라면 진입 가격인 (b)에 매수로 가격역지정 주문을 걸어둘 수 있을 것이다. 지정된 가격이 되면 이 주문은 즉시 시장가 매수 주문으로 전환된다. 가격역지정 주문을 걸어두면 여러분이 다른 일을 하더라도 주가가 지정된 가격에 도달하는 순간 자동적으로 시장가 주문이 나가서 지정된 가격이나 약간 높은 가격으로 체결된다. 그러면 여러분은 원하는 매매를 놓치지 않을 것이고, 하루 종일 모니터를 쳐다볼 필요도 없어진다. 다시 말하자면, 시장이 여러분을 대신해서 결정을 내려주는 것이다.

지정가 주문　　　지정가 주문을 넣으면 여러분이 원하는 가격 혹은 그보다 유리한 가격에 주식을 매수하거나 청산할 수 있다. 얼핏 생각하면 굉장히 좋은 것처럼 보이겠지만, 이 주문을 너무 자주 사용해서는 안 된다. 사실 내 생각에 여러분이 지정가 주문을 사용할 수 있는 유일한 순간은 주가가 1차 이익 실현 목표 가격 언저리에 도달했을 때뿐이다. 주가가 그 수준에 도달하면 1차 이익 실현 목표 가격에 지정가 주문으로 청산 주문(매도 주문)을 넣을 수 있다. 이런 상황은 그림 7-2에 나타난 것과 같다. 가끔씩 주가가 이 가격을 살짝 찍고 내려가더라도 여러분은 목표를 달성하는 행운을 잡을 수 있는 것이 이 방법이다.

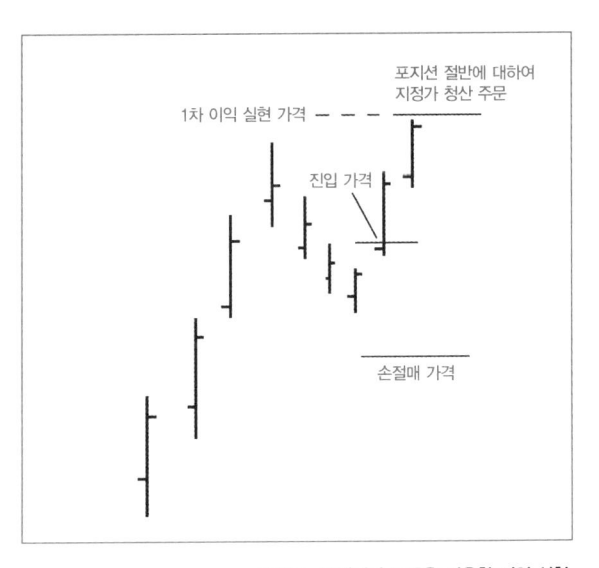

그림 7-2 **지정가 주문을 이용한 이익 실현**

특히 들쑥날쑥한 시장에서 불규칙적인 주가의 움직임이 여러분의 1차 이익 실현 목표 가격을 건드렸을 때는 틀림이 없다

하지만 시장에 진입하려 할 때 지정가 주문을 사용하는 것은 재앙으로 가는 지름길이 될 수 있다. 주가가 빠르게 움직이는 환경에서는 여러분이 정해놓은 진입 가격에 주가가 그리 오래 머무르지 않기 때문이다. 여러분이 엄청나게 빨리 주문을 넣지 못하는 경우, 혹은 주가가 여러분이 지정한 가격으로 내려오기도 전에 누군가 다른 사람이 남아 있는 매도 잔량을 모두 휩쓸어갈 경우에는, 여러분의 손에 한 주의 주식도 없는 상태에서 주가가 멀리 달아날 수도 있다. 주가가 힘 있게 움직이고 있는 시장이라면 지정가 주문을 잘못 넣었다가 최고의 수익을 가

져다줄 뻔했던 매매가 최악의 기억으로 바뀔 수도 있는 것이다. 여러분이 지정한 진입 가격을 건드리지 않고 주가가 달아나는 것은 그나마운 좋은 경우이고, 운이 나쁜 경우라면 진입 신호가 나오는 가격을 찍고 내려와 여러분의 매수 주문을 체결시킨 다음 1차 이익 실현 가격이 아닌 손절매 가격까지 그대로 미끄러져 내릴 것이다.

나는 손실 제한을 위한 손절매에도 역시 지정가 주문을 사용하지 않는다. 주가가 손절매 가격을 건드렸을 때 지정가 주문을 넣어 체결시킬 수도 있겠지만, 주가가 그대로 미끄러져 내리면 낭패를 볼 수 있다. 손실 제한을 위한 손절매는 시장이 갑자기 거꾸로 갈 때 여러분의 계좌를 보호할 수 있어야 한다. 주가가 손절매 가격을 쳤을 때 그 가격에 매수 잔량이 남아 있지 않다면 지정가 주문은 체결되지 못한다. 그러면 여러분은 이미 청산되었어야 할 주식을 그대로 보유한 채 큰 손실을 볼 수도 있다. 시장에 진입할 때 지정가 주문을 사용하는 것 역시 좋은 생각이 아니다.

내가 지금까지 가장 큰 이익을 얻었던 매매 중 어떤 것들은 진입할 때의 체결가가 가장 안 좋았던 매매였다. 매수 세력이 워낙 강해 진입 신호를 만들어내고 그대로 상승한 것이다. 지정가 주문 가격을 아주 넉넉하게 정하지 않는 한(즉 매수의 경우에 신호가 나는 가격보다 훨씬 위의 가격으로 주문을 내지 않는 한) 강한 상승 흐름에서는 주가가 눈 깜빡할 사이에 달아나버린다.

시가에 주문 내기   나는 개인적으로 장이 시작하기 전 동시호가에 주문을 내지 않기를 권한다. 시가에는 기존의 추세와 반대 방향의 갭이 발생할 가능성이 높고 불필요하게 나쁜 신호를 발생시킬 수 있기 때문이다. 만약 여러분이 장 시작 전에 청산을 위한 손절매를 걸어둔다면 아주 나쁜 가격(누군가의 실수나 작전 세력에 의해 만들어진)에 체결되고, 여러분의 포지션만 모두 정리되고 주가가 갭을 메우는 움직임을 보일 수도 있다. 장이 개시되기를 기다린 다음 손실 제한을 위한 가격역지정 주문, 시장 진입을 위한 가격역지정 주문, 그리고 필요한 경우에는 이익 실현을 위한 지정가 주문 등을 넣기를 권한다.

주문을 넣기 전에 먼저 확인하라　　　매수를 위한 가격역지정 주문은 주가가 지정한 가격까지 올라갔을 때 즉시 시장가 매수 주문으로 전환된다. 따라서 매수(혹은 환매)를 위한 가격역지정 주문은 현재가보다 높은 가격에 설정해야 한다. 가격역지정 매수 주문을 현재가보다 낮은 가격에 낸다면, 현재가가 가격역지정 주문에서 지정한 가격보다 높기 때문에 이 주문은 시장가로 매수 주문을 넣는 것과 같은 결과를 초래한다. 반대로 매도(혹은 청산)를 위한 가격역지정 주문은 현재가보다 낮은 가격에 설정해야 한다. 만약 가격역지정 매도 주문을 현재가보다 높은 가격에 낸다면, 현재가가 가격역지정 주문에서 지정한 가격보다 낮기 때문에 이 주문은 시장가로 매도 주문을 넣는 것과 같은 결과를 초래한다.

　지정가 주문은 오히려 더 위험할 수 있다. 주식을 매도하기 위한 지정가 주문은 현재가보다 높은 가격에 내야 한다. 반대로 매수를 위한 지정가 주문은 현재가보다 낮은 가격에 내야 한다. 그러지 않으면 여러분의 주문은 상대방에게 좋은 먹잇감이 되는 주문 실수가 되는 것이다. 예를 들어 어떤 종목의 현재가가 50달러인데 55달러에 지정가로 매수 주문을 넣었다고 가정해보자. 이 주문의 의미는 여러분이 이 주식을 55달러 혹은 그보다 낮은 가격이라면 어떤 가격에서든 사고 싶다는 것이다. 즉 여러분은 현재가보다 주당 최대한 5달러씩 더 지불할 용의가 있음을 의미한다. 그러면 여러분이 주문을 낸 수량에 따라 55달러까지 점점 더 높은 가격으로 체결될 수도 있다. 최악의 경우 현재가보다 5달러나 높은 가격에 주식을 매수하게 되는 것이다.

대부분의 증권사에서 제공하는 홈트레이딩시스템HTS에는 이런 실수를 방지하는 장치가 마련되어 있지 않다. 그들을 탓할 일이 아니다. 주문 확인 버튼을 누르기 전에 반드시 확인하라.

■ 요약

시장에 효율적으로 진입하거나 청산을 하기 위해 가격역지정 주문과 시장가 주문을 사용할 수 있다. 되도록 지정가 주문을 넣지 않는 것이 좋고, 단지 1차 이익 실현에서만 사용하기 바란다. 주문 실수로 원치 않는 가격에 체결되거나, 최악의 경우 황당하게 높은 가격에 매수 주문을 넣거나 말도 안 되는 낮은 가격에 매도 주문을 넣어서 어렵게 번 돈들을 한번에 날리고 싶지 않다면, 주문 확인 버튼을 누르기 전에 꼭 확인하는 것이 좋다.

매매 계획을 수립하라　　　　매매 계획을 세우고 그 계획에 따라 매매를 수행하는 것은 매우 중요한 문제다. 절대로 이 과정을 건너뛰어서는 안 된다. 어떤 가격으로 시장에 진입할 것인지, 어떤 가격에서 1차 이익 실현을 할 것인지, 그리고 자유재량에 의한 매매를 하더라도 어떤 조건이 되었을 때 매매할 것인지 스스로 확실히 알고 있어야 한다. 매매에 대한 계획이 확고하고 구체적일수록 실수를 하거나 너무 세세하게 관리하여 큰 성공을 날려버릴 가능성이 줄어든다.

　매매 계획을 수립하는 것은 다음번 매매를 위한 훌륭한 참고 자료를 제공한다. 여러분이 이런 과정들을 열심히 수행한다면, 시간이 흐를수록 더 좋은 투자자가 될 것임을 약속할 수 있다. 여러분도 나처럼 지나간 매매를 되돌아보면서 이렇게 생각하는 것이다. '젠장, 내가 무슨 생각으로 그런 매매를 한 거야?' 매매 계획을 세심하게 수립하면 지나간 매매를 더 쉽게 복기할 수 있다. 자신의 매매에 대한 계획을 잘 세우는 투자자는 몇 년 전의 매매도 쉽게 되돌아볼 수 있고, 시장이나 매매 전략이 빗나가기 시작할 때 자신의 계획을 쉽게 수정할 수도 있다.

　시장에 진입하기 전에 해당 종목과 그 종목이 속한 업종 지수와 관련하여 여러분이 반드시 고려해야 하는 사항들을 정리해보았다. 모든 매매를 시작하기 전에 다음 사항들을 항상 체크하고 빈칸을 채워보기 바란다.

매매 계획

종목: —————— 패턴: ————————— 진입 가격: —————

손절매 가격: —————— 1차 이익 실현 목표 가격: —————— 추적 손절매(방법): ———

전체 시장의 추세(혹은 추세 전환) 확인: ———————— 업종 지수: —————

업종 지수를 구성하는 종목들의 추세: ——————————————————

나의 상태는? 최근에 인생의 큰 사건(아주 큰 것이 아니라도!)이 일어났는가?

확인:

'애매한 부분'

자유재량의 의한 기법(예를 들어 선행 진입, 갭 채움 진입 등. 이에 대해서는 제11장에서 설명할 것이다)을 사용한다면 그에 대한 설명을 추가한다. 매매 계획에 '애매한 부분'이 많을수록 한창 전투가 벌어질 때 여러분이 결정해야 할 것들이 많아진다는 사실을 명심하라. 여러분이 자주 사용하는 항목이 있다면 여기에 추가해도 된다.

계획에 따라 매매하기

실제 진입 가격: ———————— 초기 손절매 가격: ————————————

1차 이익 실현 가격(실제로 실현되었을 경우): ——————————————————

내가 정한 손절매 가격을 잘 지켰는가? ——————————————————

언제 어떤 식의 추적 손절매를 사용했는가? ——————————————————

확인:

사후 분석

매매 계획을 벗어나지는 않았는가? ——————————————————

매매 계획을 벗어난 것이 더 이익이었는가? ——————————————————

건전한 매매를 수행했다고 보는가? ——————————————————

나의 상태는? ——————————————————————————

확인:

제1부를 마치며

———————— 이 책의 원래 목적은 초보 투자자가 시장의 일반적인 통념에 도사리고 있는 함정을 피할 수 있게 도와주고, 인간의 본성 자체가 만들어내는 충동으로부터 보호하는 것이었다. 나는 이제 여러분이 그런 것들에 필요한 도구들을 얻었을 것이라고 확신한다. 설령 여러분에게 투자자가 되려는 의도가 없다 해도, 투자자라면 어떤 생각을 해야 하는지는 알았을 것이다. 여러분은 이제 애널리스트나 전문가들의 말에 휘둘리지 않을 것이다. 여러분은 이제 장기적으로 보았을 때 시장이 항상 상승하는 것은 아니라는 사실을 알게 되었다. 여러분은 시장에 추세가 있는지 확인하기 위해 차트를 보는 방법을 안다. 여러분은 시장이 여러분과 같이 감정에 좌우되는 참여자들에 의해 만들어진다는 사실을 안다. 여러분은 시장이 종종 논리로 설명되지 않는 곳이라는 사실을 잘 안다. 여러분은 시장이 앞으로 어디로 움직일지 정확히 아는 사람은 아무도 없다는 사실을 안다. 여러분은 시장에 자신의 의지를 강요해선 안 된다는 사실을 잘 안다. 여러분은 반드시 매매 계획이 있어야 한다는 사실을 알고 있으며, 더 중요한 것은 이를 지키는 것이라는 사실을 잘 알고 있다.

초보 투자자 되돌아보기

―――――――――――― 자, 우리의 초보 투자자는 왜 애플 주식을 샀는가? 그는 애플의 아이폰을 샀고 그 제품을 너무 사랑한다. 그가 아는 사람들은 모두 아이폰을 좋아한다. 그가 가는 곳마다 아이폰을 손에 든 사람들이 있다. 그는 애플이 몇천만 대의 아이폰을 팔았을 거라고 생각했다. 그의 생각은 옳았다. 실제로 애플은 수천만 대의 아이폰을 팔았다. 초보 투자자가 애플 주식을 사고 얼마 지나지 않아, 애플은 자신들이 사상 최대의 매출과 당기순이익을 올렸다는 사실을 발표했다. 불행하게도 그 뉴스가 나오자마자 주가는 곤두박질쳤고 하락 추세가 계속되었다. 만약 여러분도 이 초보 투자자처럼 아이폰을 좋아하고 애플은 꼭 매수해야 할 좋은 회사라고 생각한다면, 우선 차트를 열어보고 시장도 여러분의 생각에 동의하는지 살펴보아야 한다. 매수하는 것이 우선이 아니고 주가가 추세를 보여준 다음 적당한 매수 신호를 만들어내는 것을 확인하는 일이 먼저다. 그 매매가 합리적인 결정이 되려면 전체 시장과 해당 업종 지수 역시 상승 추세를 보여주고 있어야 한다. 여러분은 이 종목의 주가가 추세를 재개하여 매수 신호를 발생시킴으로써 스스로를 증명할 수 있을 때까지 기다려야만 한다. 만약 여러분의 진입 시점에 대한 판단이 잘못되었다면, 손실 제한을 위한 손절매가 여러분을 보호할 것이다. 그리고 여러분의 판단이 틀리지 않아서 주가가 계속 올라 1차 이익 실현을 하는 기쁨을 얻을 수 있다면, 이후에는 추적 손절매를 사용하면서 큰 추세를 즐기는 데 아무런 문제가 없을 것이다.

더 좋은 접근법　　　여러분이 주식의 큰 추세를 잡고 싶어 하는 사람이라면, 사소한 이슈들에 현혹되지 말고 정말로 추세가 나타날 때까지 기다릴 줄 알아야 한다. 어쩌면 영원히 기다려야 할지도 모른다. 성공적인 투자자는 시장에 있는 수백 개의 종목들을 모두 이용하고, 올바른 신호가 나올 때 미리 수립된 계획에 따른 매매 결정을 내린다.

　기회가 스스로 여러분에게 다가와야 한다. 차트는 거짓말을 하지 않는다. 새로운 유행과 함께 유망한 종목이 나타나면 이 종목에는 점점 더 많은 사람들이 뛰어들어 가파른 상승 흐름을 만들어낸다. 매매 기회는 아이폰처럼 확실히 눈에 띄는 곳에 있는 것이 아니다. 난데없이 요가용 운동복을 만드는 회사에서 기회가 올 수도 있다. 시장은 논리로 설명될 수 있는 곳이 아니다. 전 세계적으로 에너지가 부족해지고 국제 유가가 머지않아 배럴당 200달러까지 올라갈 것으로 예상될 때, 에너지 관련 종목들이 일제히 하락할 수도 있는 것이 시장이다.

다음 단계로 진행하기　　　여러분이 투자자가 될 생각이 없다 하더라도 앞으로 나올 좀 더 고급스러운 개념들을 공부해보길 권하고 싶다. 그것들을 알고 나면 여러분이 더 나은 결정을 내리는 데 도움이 될 것이다. 또 다른 애플 주식을 매수하려고 막연히 기다리는 대신, 선택받을 준비가 되어 있는 다른 좋은 종목을 고르기 위해 모든 종목들을 검색할 수도 있다. 이러한 추세들을 좀 더 일찍 발견하기 위해 추세 전환 패턴들을 사용할 수도 있다. 그런 보물들을 발견하고 나면 잘못된 매매를 피하기 위해 자유재량에 의한 기법들을 적용하면서 승자들과 함께할 것이고, 때때로 발생하는 손실을 줄이는 데 도움을 받을 것이다.

제2부

고급 단계로
나아가기

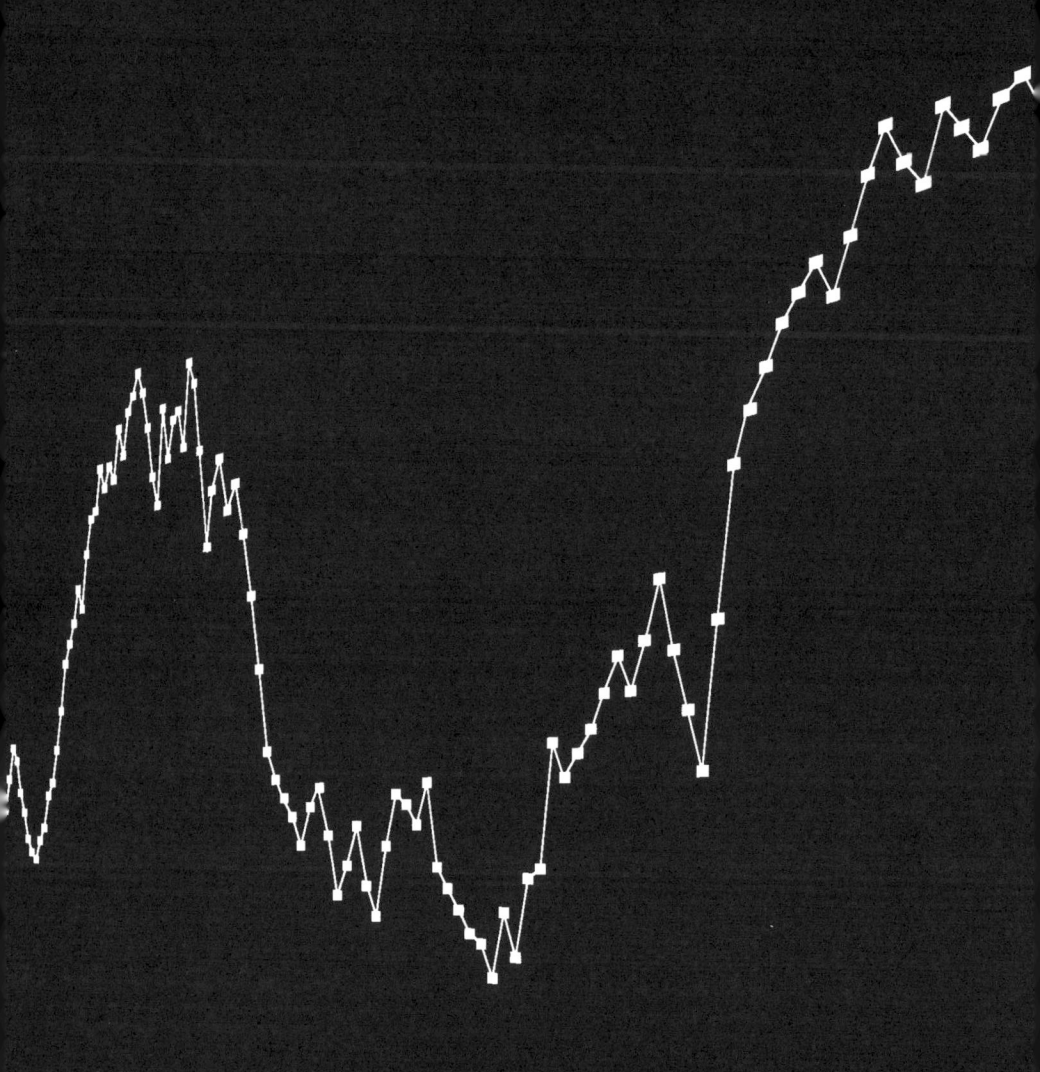

제8장

보물찾기:

큰 추세 발견하기

주식투자에 관한 수백 권의 책들 중에서 좋은 책을 선택하는 것은 어려운 일이다. 다행스러운 점은 그것들 중 단순히 거래량, 주가 그리고 변동성 등을 논하는 80%는 제외하고 선택할 수 있다는 사실이다. 나머지 20%의 책들은 매수 신호의 발생, 강한 추세를 만드는 특성들 그리고 업종 지수의 확인 등에 관한 것들로 분류할 수 있다. 이 같은 엄격한 기준을 적용하면 상당 부분의 책들을 제외시킬 수 있을 것이다. 사실 결코 이상적이 아닌 현실을 감안할 때 선택받을 만한 책들은 극소수에 불과하거나 한 권도 없을 수 있다. 현실을 낱낱이 파헤쳐보자.

거래량

거래량을 예측 도구로 사용하려는 사람들이 많다. 나는 일을 번잡하게 만들고 싶지 않기 때문에, 여기서 왜 그런가에 대한 깊이 있는 논의는 생략하려 한다. 거래량 분석에 관심 있는 사람들에게는, 리처드 암스Richard Arms 처럼 일반적인 시장의 통념과 반대되는 연구를 한 사람들의 책을 공부해보기를 권하고 싶다.

계속 경고해온 것처럼 여러분이 거래량 분석을 통달한다 해도, 동시 상장된 경쟁 거래소, 파생 상품, 프로그램 매매 그리고 소위 다크풀Dark pool이라 불리는 익명의 대량 장외거래 등으로 인해 실제 거래량이 어느 정도인지 정확히 파악하기 힘들어, 실제 매매에서 거래량을 판단 도구로 적용하는 데 어려움이 따른다. 나는 거래량을 단지 해당 종목의 유동성이 내가 매매할 만큼 충분한지를 판단하기 위한 목적으로만 사용한다.

자본 총액이 큰 기업의 주식은 이것을 사고파는 참여자들이 넘쳐나기 때문에 유동성 문제가 발생하지 않는다. 하지만 그런 종목들일수록 기관투자가 간의 상호 거래가 많아지는 경향이 있다. 그런 문제 때문에 대형 종목들은 지속적인 추세를 만들기 어렵고, 모든 매매가 시장에 드러나지 않는다. 다시 말해 참여자가 많은 종목일수록 들쑥날쑥한 주가 움직임을 보일 가능성이 높다.

나는 일반적으로 50일 평균 거래량이 최소한 50만 주 이상인 종목들을 선호한다(저자는 미국 시장의 주식을 매매하므로 50만 주라는 거래량 기준이 한국 시장에서도 동일하게 적용되지는 않을 것이다 – 옮긴이). 이 정도면 내가 매수하거나 매도하기에 충분한 유동성을 제공한다. 나는 때때로 신호가 정말 마음에 들 때, 특히 그것이 매수 신호일 경우에는 훨씬 적은 거래량에서도 매매를 한다.

매매할 때 좋은 것이 있으면 항상 나쁜 것도 있다. 거래량이 적은 종목에서 잘 알려지지 않은 뉴스를 남보다 먼저 발견하면, 그것이 시장에서 퍼져나갈 때 여러분에게 엄청난 기회를 제공할 수 있다. 하지만 거래량이 적은 종목은 거래량이 많은 종목에 비해 그런 뉴스가 시장에 퍼져나가는 게 쉽지 않다.

게다가 거래량이 적은 종목들은 작전 세력이 개입하거나, 보유 물량이 많은 큰손이 빠져나가려 하고 반대쪽에서 그것을 받아줄 만한 세력이 없을 때, 주가가 급격히 하락하는 경향이 있다. 경험이 많고 공격적인 투자자들은 이런 점들을 고려하여 때때로 소형주들에서 나오는 이슈에 주목하기도 한다. 하지만 나는 그런 사람들에게도 최소한 평균 거래량이 10만 주를 넘는 종목에만 투자할 것을 권유한다. 거래량이 그보다 작으면 여러분은 점점 더 많은 유동성 문제에 봉착할 가능성이 높아질 것이다.

나는 또한 거래량이 지나치게 많지 않은, 즉 하루에 200만 주 이하로 거래되는 종목들을 선호한다. 하지만 대형주에서 나온 이슈로 좋은 추세가 나타날 때는 특별히 거래량의 상한을 정하지 않는다. 이것은 예외적인 경우이지만, 거래량이 많으면서 좋은 추세를 만드는 종목에 대해 연구하는 것은 여전히 가치 있는 일이다.

주가

――――――――― 단기 매매를 하는 투자자들은 주가가 움직인 비율보다는 금액 변동의 크기에 주목하는 경향이 있다. 그들은 작은 이익을 빨리 얻을 기회를 찾아 매수했다가 곧바로 매도한다. 또 그들은 주가가 높은 종목들을 선호하는 경향이 있는데, 그런 종목들은 호가 단위가 크고 주가가 움직이는 금액 폭이 커서 주가의 움직임이 좀 더 선명하게 보인다.

내가 처음 쓴 책에서 나는 주가가 "최소한 20달러, 더 좋은 것은 30달러 이상인 종목"으로 매매하는 것을 좋아한다고 언급했었다. 그 이후로 내가 매매하는 타임 프레임이 꾸준히 길어졌다. 최근에 이르러선 상당히 높은 금액의 종목에만 집중하던 경향이 완전히 사라졌다. 2007년부터 2009년까지 오랫동안 계속된 하락장으로 인해 주가가 높은 종목이 얼마 남지 않았고, 2010년이 되어서도 주가가 낮은 종목이 대부분을 차지하고 있기 때문이다.

이제 나는 주가가 최소한 3달러 이상 되는 종목에 집중한다. 이 정도면 갑자기 출현하는 매매 기회를 포착할 정도로 충분히 낮은 가격인 동시에, 소위 저가주들만 찾아다니는 투기 세력을 몰아낼 수 있을 정도로 충분히 높은 가격이다.

변동성

변동성이란 간단히 말해서 정해진 기간 동안 주가가 어느 정도의 폭으로 움직이는지를 나타내는 값이다. 내가 가장 즐겨 사용하는 방법은 역사적 변동성, 즉 통계적 변동성을 측정하는 것이다. 이 방법은 표준화된 측정법을 제공한다. 이 방법을 사용하면 서로 비슷하게 보이는 종목들을 비교할 수 있다. 대부분의 차트 프로그램이나 HTS에서 역사적 변동성을 확인할 수 있다.

우리는 단기 추세와 장기 추세 모두를 포착하려 하므로, 큰 변동성이 읽히는 종목이 더 많은 매매 기회를 제공한다. 그렇다고 해서 그런 종목이 무조건 좋은 것은 아니다. 역사적 변동성이 너무 높은 종목은 매매할 때 위험이 따르기 때문에 피해야 한다. 나는 일반적으로 역사적 변동성이 100을 넘으면 최대한 주의한다. 역사적 변동성은 상대적인 값이란 점을 명심해야 한다. 나는 10년 전에는 개인적으로 50일 역사적 변동성이 최소한 40 이상 되는 종목을 선호했다. 시장 전체의 변동성이 점차 줄면서 나는 역사적 변동성이 20대에서 30대로 읽히는 종목들을 매매하게 되었다. 그러다가 시장의 변동성이 다시 증가했고, 나는 역사적 변동성이 40 이상인 종목에만 집중하게 되었다.

어느 정도의 변동성을 가진 종목들에서 매매 기회를 찾아야 하는지는 전체 시장의 변동성이 좋은 가이드라인이 된다. 여러분이 매매하는 개별 종목의 역사적 변동성은 전체 시장의 변동성보다는 커야 할 것이다. 주식시장에서 흔히 사용하는 용어를 빌리자면, 베타 값이 큰 종목을 매매하라는 말과 같다.

추세의 특성

여러분이 어떤 종목의 매매를 고려하고 있다면 그것이 어떤 종목이든 매매 예비 신호가 발생하는 것과 더불어, 해당 종목의 차트가 강한 추세를 형성하고 있거나, 혹은 최소한 확실한 추세 전환을 만들고 있어야만 한다.

추세가 있음을 보여주는 많은 추세 식별 패턴들이 있어야 하고 반대의 경우를 나타내는 신호는 되도록 적어야 한다. 또한 주가의 움직임이 깨끗해야 한다. 추세를 형성하고 있을 때는 지속성이 있어야 한다. 그리고 방향성이 뚜렷한 주가의 움직임, 되돌림 그리고 추세의 재개가 있어야 한다.

아울러 주가가 넓은 진폭으로 출렁거려서는 안 된다. 차트의 모양이 마치 심전도 파동처럼 보인다면, 이 종목의 주가는 깨끗이 움직인다고 말할 수 없을 것이다.

개별 종목의 특성은 언제든 바뀔 수 있으며 실제로도 그렇지만, 이전의 주가가 깨끗하게 움직이면서 추세를 형성하는 경향이 뚜렷하다는 것을 입증했던 종목에 집중하는 편이 좋다. 똑같이 좋게 보이는 예비 신호를 나타내는 두 종목 중에서 하나의 종목을 선택해야 할 상황이 온다면, 각각의 종목이 과거에 어떤 움직임을 보였는지 검토해보고 주가의 움직임이 좀 더 깨끗했던 종목을 선택하라. 그리고 과거의 움직임을 살펴보아도 두 종목 중에서 한 종목을 결정하기 힘들다면, 역사적 변동성이 더 높은 종목을 선택하는 것이 좋다.

관련 종목 및
해당 업종 지수로 확인하기

개별 종목의 움직임뿐 아니라 그 종목이 속한 업종 지수의 움직임도 확인해야 한다. 업종 지수 역시 추세를 형성하고 있으면서 개별 종목과 똑같은 예비 신호를 만들고 있는 것이 이상적이다.

더 나아가 업종 지수는 종종 업종 전체와 관련된 몇 가지 이슈에 의해 움직이기 때문에, 여러분은 해당 업종 지수를 구성하는 다른 개별 종목들의 주가 역시 같은 추세를 나타내고 있기를 바랄 것이다. 즉 개별 종목뿐만 아니라 해당 업종 지수 및 관련 종목들의 움직임으로 추세를 확인하는 것이 바람직하다.

파도가 밀려오면 항구에 있는 모든 배가 떠오르는 것처럼, 업종 지수를 구성하는 개별 종목들도 비슷한 움직임을 보여야 하는 것이다. 사실 개별 종목보다 업종 지수의 추세를 확인하는 것이 더 중요할 수도 있다. 그런데 여기에는 한 가지 위험이 있다. 업종 구성 종목 중에서 선도 기업이 나타나 업종 지수가 추세를 시작하기 훨씬 전에 혼자서만 추세 전환을 만들어낼 수도 있기 때문이다. 심지어 추세 전환 패턴에서도 선도하는 개별 종목이 발생할 가능성을 완전히 무시할 수는 없지만, 개별 종목의 추세와 함께 업종 지수와 관련 종목의 움직임으로 추세를 확인하는 것은 여전히 유용하다.

날마다
분석하라

———————— 나는 많은 차트들을 살펴보는 것을 좋아한다. 그렇게 하면 개별 종목들, 업종 지수 그리고 전체 시장에서 어떤 일이 벌어지는지에 대한 감을 잡을 수 있다. 수백 종목의 차트를 검토하다 보면 전체 시장이나 업종 지수를 볼 때는 드러나지 않던 사실들이 튀어나오는 경우가 자주 있다. 여러분도 개별 종목들의 차트를 살피다 보면 업종 지수 혹은 전체 시장의 추세에 변화가 시작되기 오래전부터 선택적인 개별 종목들의 차트가 망가지기 시작하는 경우를 종종 발견할 것이다. 예를 들어 2007년 가을, 전체 시장이 여전히 사상 최고점 근처에서 움직이고 있었음에도, 나는 많은 개별 종목들에서 매도 예비 신호를 발견할 수 있었다. 2008년 봄에는 기본 자산을 이루는 상품 가격이 여전히 고공행진을 하고 있는데도 원유 관련 개별 종목들에서 매도 예비 신호가 발생하는 경우가 눈에 띄었다. 2009년 봄에는 시장이 오랫동안 하락 추세를 계속하고 있었는데도 많은 개별 종목들에서 매수 예비 신호를 발견하기 시작했다.

가끔씩 사용하는 이동평균을 제외하고, 나는 어떤 기술적 지표도 사용하지 않는다. 나는 단순한 것을 좋아한다. 따라서 내가 보는 차트에는 주가 차트 이외에 나머지 공간은 텅텅 비어 있는 것이 보통이다 (즉 어떤 지표도 띄워져 있지 않다). 따라서 내가 많은 사람들이 사용하는 특정 차트용 소프트웨어를 사용하고 있기는 하지만, 여러분이 꼭 이것을 따라 할 필요도 없고 어떤 것을 사용하든 아무런 문제가 되지 않는다. 유료로 사용하는 소프트웨어가 있다면 그것을 사용해도 좋고, 증권사나 인터넷을 통해 얻을 수 있는 무료 소프트웨어들을 사용해도 좋다.

하향식 분석을
상향식으로 적용하기

───────────── 하향식 분석이란 먼저 전체 시장에 대한 분석을 시작하고, 그다음에 순서대로 업종 지수와 개별 종목을 분석하는 방법이다. 우선 시장 전체에 추세가 있는지 확인한다. 그다음에는 어떤 업종에 추세가 있는지 업종 지수들을 검토한다. 그리고 마지막으로 선택된 업종 안에서 매매 기회가 있는 개별 종목을 찾아내는 방법이다. 이상적인 경우라면 전체 시장과 업종 지수 그리고 개별 종목이 모두 같은 방향으로 추세를 형성하고 있어야 한다.

내가 사용하는 하향식 분석의 접근법은 약간 변칙적인 방법이다. 정확히 말하면 상향식 분석에 가깝다. 나는 전체적인 것에서 시작하여 세부적인 것으로 내려가는 것이 아니라, 정반대 방향으로 분석한다. 나는 많은 수의 개별 종목을 검토하는 것으로부터 분석을 시작한다. 그런 다음 수십 개의 업종 지수를 분석하고, 마지막으로 전체 시장을 검토한다. 이런 식으로 분석하면 하향식 분석에서 선택된 몇 개의 업종만 확인하는 것에 비해 유리한 점이 있다. 비유적으로 표현하면 엔진 룸의 덮개 안에서 어떤 일이 벌어지고 있는지를 알 수 있게 되는 것이다. 따라서 나는 대부분의 개인 투자자들보다 훨씬 빠르게 이전 추세가 끝나고 새로운 추세가 나타나는 것을 발견할 수 있다. 여러분도 나와 같은 방법을 사용한다면 더 좋은 투자자가 될 것으로 확신한다.

자신만의 매매 가능 종목 리스트 만들기

나는 아주 간단한 종목 검색을 사용한다. 특정 가격(최근에 사용하는 기준 가격은 주당 3달러)을 상회하는 종목 중에서 50일 평균 거래량이 최소 기준(최근의 기준 거래량은 50만 주)을 충족시키는 종목들을 고른다. 이런 식으로 나만의 '매매 가능 종목 리스트'를 만드는 것이다. 매매 가능 종목 리스트는 늘 바뀔 수 있지만 포함되는 개별 종목의 수는 1500~2000개 정도인데, 이는 내가 매매할 수 있는 종목들 중 대략 80%가량을 제거한 것이다. 매매 가능 종목 리스트를 설정하는 작업은 일주일에 딱 한 번씩만 한다.

나는 이 리스트들을 50일 역사적 변동성의 크기 순으로 정렬한다. 그렇게 하면 변동성이 가장 큰 종목이 어떤 것인지 한눈에 알 수 있다. 역사적 변동성이 큰, 가장 선호하는 종목들이 앞으로 오는 것이다. 이 리스트는 하루에 한 번씩 다시 정렬한다. 굉장히 많은 종목들이 있는 것처럼 보이지만 전부 살펴보는 데는 20~30분이면 충분하다. 개별 종목을 하나하나 분석하거나 모든 종목의 차트들을 꼼꼼히 살펴보는 것이 아니기 때문이다. 나는 개별 종목들을 빠르게 넘겨가면서 흥미로운 모양의 차트가 있는지 훑어본다. 물론 정렬된 리스트의 아래쪽에 있는 종목들은 변동성이 작기 때문에 나의 관심을 많이 끌지 못한다. 나는 전체 시장에 비해 변동성이 큰 종목에 집중하기를 원하므로 리스트의 절반을 넘어서기 시작하면 더욱더 대충 살펴보는 경향이 있다. 다시 말하지만 이 단계에서 차트를 세밀하게 분석하지는 않는다. 나는 그저 단순히 추세를 형성하거나 확실한 추세 전환을 할 예비 신호가 나온 종목이나 머지않아 그런 예비 신호가 나올 만한 종목을 검색할 뿐이다.

가능성 있는 종목을 찾으면 그런 종목들을 따로 '관심 종목 100선'이라는 그룹으로 옮겨놓는다. 관심 종목 그룹의 종목이 100개를 넘으면 더 이상 추세를 형성하지 않는 종목들을 따로 추려낸다. 이렇게 하면 내가 늘 세심하게 관리할 수 있는, 상대적으로 적은 수의 리스트가 완성되는 것이다.

되돌림
검색하기

———————— 매일 장이 끝나면 매매 가능 종목 리스트에 선정된 종목들 중에서 간단히 되돌림 종목들을 검색한다. 이 검색을 할 때는 최근(당일을 제외한) 20일 고점이나 20일 저점을 판단 기준으로 사용한다. 이 방법을 사용하면 사실상 내가 사용하는 모든 패턴들을 포착하게 된다. 이 검색으로 500종목 내지 1000종목이 걸러진다.

그런 다음 그것들을 역사적 변동성에 의해 정렬한다. 매매 가능 종목 리스트와 마찬가지로 이 종목들을 빠르게 검토하면서 관심을 끌 만한 종목들에 표시를 해둔다. 나는 최적의 매매 기회가 있는 종목들을 찾고 있는 것이므로 리스트에서 변동성이 전체 시장보다 작은 곳으로 넘어가면 검토하는 속도를 더 빨리해서 넘어간다. 여기서 특별한 패턴을 찾아낸 종목들은 다시 나의 '관심 종목 100선'으로 옮겨놓는다.

신규 상장종목
분석하기

──────────── 우리는 앞에서 신규 상장IPO된 종목들은 투자자들에게 나쁜 선입견을 줄 만한 과거 데이터가 없기 때문에 좋은 매매 기회를 제공한다는 점을 논의했었다. 따라서 나는 신규 상장종목들을 좋아한다. 불행하게도 시장에 신규 상장종목이 그렇게 많은 것은 아니다. 시장 환경이 좋지 않을 때는 기업들이 신규 상장을 꺼려 더욱더 기회가 줄어든다.

나는 신규로 상장된 모든 종목들이 50일 이상 거래되었을 때부터 집중적으로 검토한다. 50일은 상당히 임의적인 값이지만, 최소한 50일의 데이터가 쌓이는 것을 나만의 필요충분조건으로 사용한다. 신규 상장된 지 50일이 지나면 내가 사용하는 소프트웨어에 의해 선택된다. 나는 그것들 중에서 나의 관심 종목 100선보다 추세가 좋고 매매가 활발한 종목들을 선별한다.

관심 종목
100선 분석하기

———————————— 이제 나의 관심 종목 100선에 포함된 종목들을 분석할 차례다. 이제부터는 검색 속도를 늦추면서 각각의 모든 종목들을 좀 더 세심하게 관찰한다. 각각의 개별 종목에서 추세의 진행이나 추세 전환이 발생하는지 주의 깊게 차트를 관찰하면서 최근 주가의 움직임이 노이즈 없이 매끄러운지도 살펴본다. 또 차트에서 해당 종목의 과거 데이터를 통해 이전에도 주가의 움직임이 깔끔했는지 살펴보는 것도 잊지 않는다.

개별 종목을 살펴볼 때는 해당 업종 지수의 차트를 함께 펼쳐놓고 넓은 범위에서 추세가 진행되고 있는지 혹은 추세의 전환이 발생하고 있는지를 검토한다. 가능성이 보이는 종목을 찾으면 해당 종목을 따로 노트에 기록한다. 이때 여백에 종목 기호와 함께 해당 업종 지수도 함께 기록한다. 관심 종목 100선에 있는 종목들은 최소한 한 번 이상 검토하여 내가 실수로 빼먹은 것이 있지는 않은지 확인한다. 그런 다음 노트에 기록한 종목들을 다음 날 매매에서 관찰할 종목 리스트로 만들어둔다. 나는 이 리스트를 특별히 '매매 리스트'라고 부른다.

이제 매매 리스트에 포함된 개별 종목들을 자세히 분석하기 전에 해당 종목들이 각각 어느 업종에 속하는지 구분해볼 필요가 있다. 예를 들어 2009년 4월 2일에 작성한 나의 매매 리스트는 다음과 같다.

은행 업종: SBIB

금속 및 광물 업종: FCX

소매 업종: DDS, TJX

보험 업종: XL

에너지 업종: ATPG, BRY, DRQ, OII, PCZ

장비 업종: STX

내구재 업종: ETH

비(非)내구재 업종: PVH

레저 업종: LTM

금융 업종: CME

이날의 매매 리스트에는 다른 업종들에 비해 에너지 업종에 속한 종목들이 많다는 사실에 주목하기 바란다. 이런 식으로 매매 리스트에 올라온 개별 종목들의 업종을 구분해서 보면, 노트를 한번 살펴보는 것만으로도 다음 날의 매매에서 내가 관심을 집중해야 할 업종이 무엇인지 쉽게 알 수 있다. 이와 같이 특정 업종에 포함된 개별 종목들이 많을 경우에는 해당 업종 지수를 구성하는 다른 종목들도 함께 연구한다. 특정 업종 지수를 구성하는 개별 종목들의 수가 많을 때에는, 거래량이 적거나 주가가 지나치게 싼 종목들을 걸러내기 위해 해당 종목들을 주가와 거래량을 기준으로 정렬한다. 그리고 업종 지수를 구성하는 종목의 수가 많지 않을 경우에는 해당하는 모든 종목들을 검토한다. 이 같은 작업을 하는 목적은 내가 감지한 특별한 사건이 실제로 일어날 만한 것인지 비슷한 다른 종목들을 통해 확인하기 위해서다. 또한 이렇게 함으로써 비슷한 종목들 중에서 내가 혹시 놓친 것은 없는지도 함께 확인할 수 있다. 이와 같은 검토 과정에서 새롭게 관심을 끄는 종목이 발견되면 나의 관심 종목 100선으로 옮겨놓는다. 특히 정말 흥미로운 종목이 발견될 경우에는 곧바로 매매 리스트에 올려놓는 경우도 있다.

이렇게 매매 가능성이 높은 종목들만 따로 추려 관찰함으로써, 업종 분석에서 남보다 유리한 위치에서 출발할 수 있다. 만약 내가 골라낸 종목들이 에너지 업종에 열 개가 있고 소매 업종에는 단 하나만 있다면, 아마도 나는 에너지 업종에 있는 종목들에 관심을 더 집중할 것이다. 결국 가능한 한 많은 종목들을 검토함으로써 업종 분석을 더 잘할 수 있게 되고, 내가 어디에 집중해야 하는지에 대한 좋은 아이디어를 얻을 수 있다.

업종 분석

날마다 많은 종목들을 검토하듯, 나는 날마다 모든 업종 하나하나를 검토하는 것을 좋아한다. 나는 텔레차트 Telechart라는 서비스에서 제공하는 모닝스타 산업 구분 Morningstar Industry Groups을 주로 사용하는데, 이 서비스에는 개별 종목들로 구성된 업종 지수도 함께 제공된다. 여기에서는 249개의 다양한 업종 지수가 제공된다. 나는 각 업종 지수들이 추세를 형성하고 있는지, 위쪽인지 아래쪽인지 따로따로 구분을 짓는다.

업종 지수의
상대적 강도 분석

상대적 강도Relative Strength는 글자 그대로 주가의 상대적인 강도를 나타낸다. 즉 다른 업종 지수들의 평균값과 비교한 특정 업종 지수의 상대적인 강도를 보여준다. 예를 들어 기준 지수인 S&P500지수가 어떤 기간 동안 5% 상승했다고 가정해보자. 같은 기간 동안 업종 지수가 5% 이상 상승한 업종은 전체 시장에 비해 더 빠르게 상승한 것이므로 높은 상대적 강도를 갖는다. 반대로 같은 기간 동안 업종 지수가 5% 이하로 상승한 종목은 전체 시장에 비해 더 작게 상승한 것이므로 낮은 상대적 강도를 갖는다.

나는 최소한 일주일에 한 번은 모닝스타 산업 구분에 있는 업종들의 상대적 강도를 S&P500지수와 비교하여 상대적 강도의 크기 순으로 정렬해본다. 이때는 한 기간에서만 상대적 강도를 비교하는 것이 아니라 다양한 기간을 사용하여 검토한다. 즉 S&P500지수의 차트에서 지수가 매우 낮았던 시점이나 높았던 시점을 고른 다음 그 이후의 변화를 연구하는 것이다. 예를 들어 S&P500지수는 2008년 11월에 직전 몇 년 만에 최저점을 찍었다. 이것은 그림 8-1에서 (a)로 표시된 출발

점에 해당한다. (b)로 표시된 현재 시점과 비교해보면 S&P500지수는
이 기간(2008. 11. 21~2009. 02. 12) 동안 4.39% 상승한 것을 알 수 있다.
이 정도의 상승률이라면 해당 기간 동안 시장은 전체적으로 횡보한 것
으로 판단할 수 있다. 하지만 같은 기간 동안 업종 지수들의 상대적 강
도를 개별적으로 살펴보면, 반도체 메모리 업종은 (c)로 표시된 것처럼
같은 기간 동안 무려 97% 이상 상승한 것을 확인할 수 있다. 리스트 아
래로 내려가보면 은silver 관련 업종은 80% 이상 상승했고, 금gold 관
련 업종은 50% 이상 상승한 것이 보인다.

이제 스크롤바를 내려 맨 아래쪽에 있는 업종들을 살펴보자. 전체 시
장이 4.39% 상승하고 있는 동안 동부 지역 은행 업종 지수는 오히려
32% 이상 하락했다. 리스트 아래쪽을 차지한 것은 대부분 은행과 관련

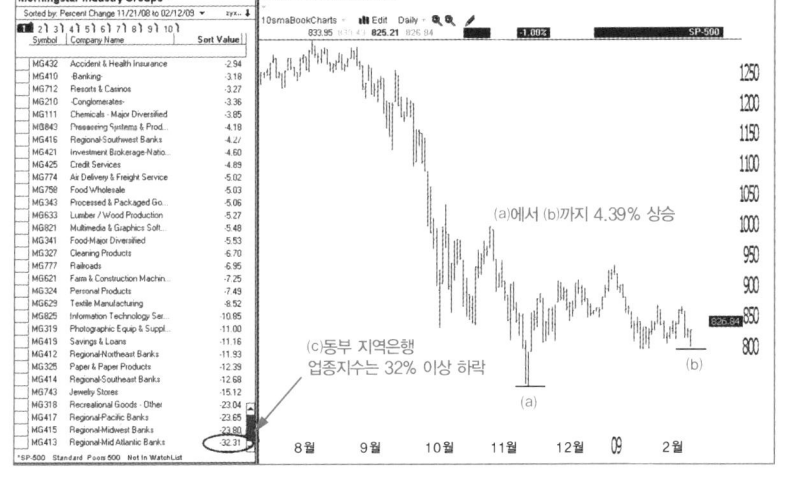

그림 8-2 **업종 지수의 상대적 강도**

된 업종들이다.(그림 8-2)

이렇게 잠깐만 살펴보아도 반도체 메모리 업종, 장기 요양 서비스 업종, 은 관련 업종, 비금속 광물 업종 그리고 건강 관리 업종이 전체 시장에 비해 유난히 많이 상승했고, 지역 은행 업종, 오락용품 업종 그리고 보석점 업종이 상대적으로 크게 하락한 것을 알 수 있었다.

상대적 강도의 크기에 따라 정렬을 하면 강한 업종과 약한 업종을 쉽게 파악할 수 있다. 하지만 특정 기간 동안 상대적 강도가 강하거나 약하게 나왔다고 해서 그런 경향이 앞으로도 계속될 것을 의미하진 않는다는 사실을 명심해야 한다. 미래에는 상대적 강도가 약한 종목들도 강해질 수 있고, 반대로 강한 종목들도 약해질 수 있다. 따라서 상대적 강도의 변화율, 즉 '델타' 역시 매우 중요한 값이다.

상대적 강도의 델타 값을 논의하기에 앞서, 날씨에서의 예를 살펴보자. 현재 바깥 기온이 섭씨 0도라고 가정해보자. 여러분이 만약 나처럼 따뜻한 남부 출신이라면 날씨가 춥다고 생각할 것이다. 하지만 30분 전에는 기온이 영하 10도였다고 말한다면, 이제 여러분에게는 새로운 정보가 제공된 것이다. 그렇다. 여전히 춥기는 해도 점점 더 따뜻해지고 있다고 생각할 수 있는 것이다.

기온과 마찬가지로 주가 역시 시기에 따라 달궈지거나 냉각되기도 한다. 따라서 상대적 강도를 짧은 기간과 긴 기간 모두에서 측정해보는 것은 매우 좋은 생각이다. 그렇게 하면 무엇이 뜨거운지 차가운지뿐만 아니라, 무엇이 잘 달궈지는지 혹은 잘 냉각되는지도 알 수 있을 것이다.

그림 8-3을 보면 S&P500지수는 2009년 3월 6일의 저점에서 2009년 5월 19일까지[(a) 지점에서 (b) 지점까지] 32.89% 상승한 것을 알 수 있다. 같은 기간 동안 휴양지 및 카지노 업종은 (c)로 표시한 것처럼 211% 이상 상승했다.

그러나 그림 8-4를 보면 2009년 5월 5일부터 2009년 5월 19일까지 최근 2주 동안 S&P500지수는 0.48% 상승했지만, 장기적으로 가장 크게 상승했던 휴양지 및 카지노 업종이 (c)로 표시한 것처럼 단기적으로는 오히려 가장 나쁜 성과를 보여주며 16% 하락했다.

휴양지 및 카지노 업종은 장기적으로 검토했을 때는 2~3개월 동안 200% 이상 상승하면서 놀라운 성과를 보여줬지만(그림 8-3), 단기적으로 검토했을 때는 가장 최악의 성과를 보여주면서 최근 2주 동안 16% 하락했다(그림 8-4). 단일 기간이 아니라 여러 기간에 걸쳐 상대

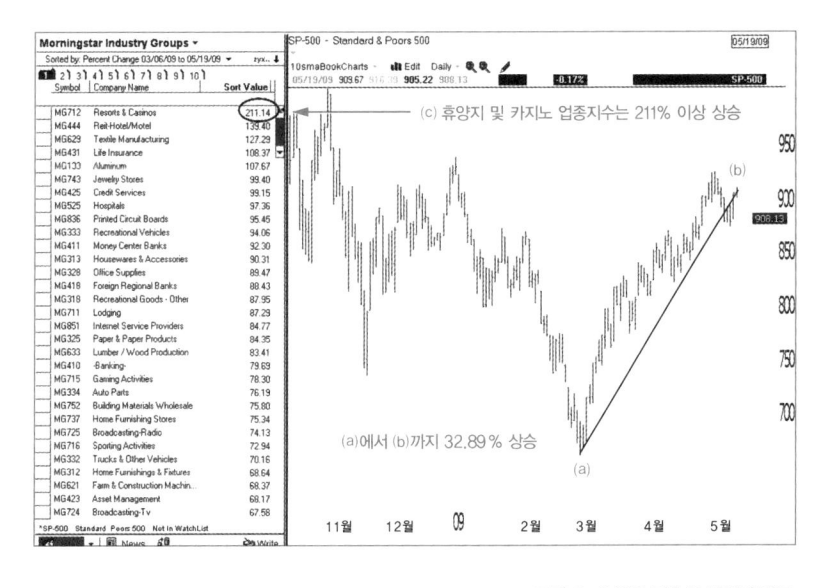

그림 8-3 **업종 지수의 상대적 강도**

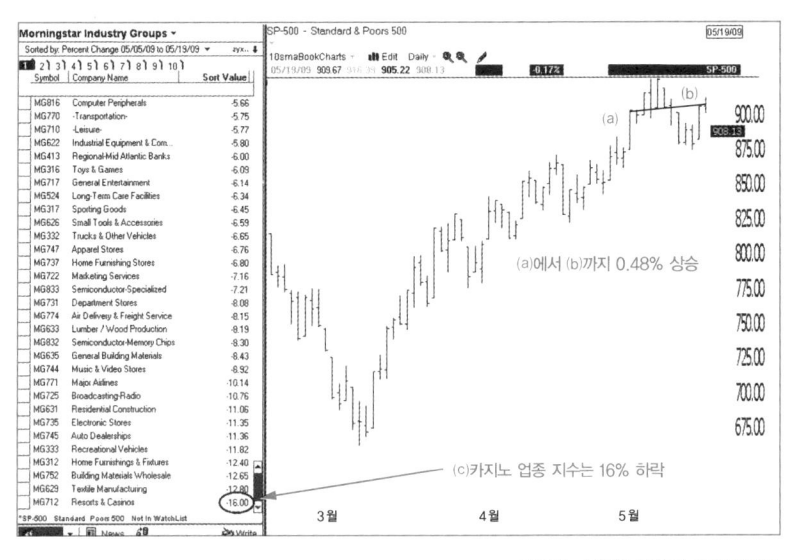

그림 8-4 **업종 지수의 상대적 강도**

적 강도를 측정해야 하는 것은 바로 이런 면이 있기 때문이다.

나는 날마다 모든 업종의 차트들을 살펴보지만, 상대적 강도에 따라 정렬을 해보면 가볍게 지나칠 수도 있는 업종들을 더욱더 세밀히 살펴보게 된다. 이런 과정들을 통해 때때로 숨어 있는 강자나 약자를 찾아낼 수도 있다. 특히 들쑥날쑥 횡보하는 시장에서는 그럴 가능성이 더욱 높아진다.

상장지수펀드
분석하기

미국 시장에는 거의 800여 개에 이르는 상장지수펀드ETF가 있고 거의 매일 새로운 펀드가 추가되고 있다(한국 시장에는 2011년 말 현재 100여 개의 상장지수펀드가 상장되어 있다—옮긴이). 그중 상당수는 빈약한 거래량으로 인해 실제로 매매하기에 적당하지 않기 때문에, 나는 ETF들을 일단 5일 거래량 순으로 정렬한다. 이렇게 짧은 기간의 거래량으로 정렬하는 이유는 유동성이 풍부한 새로운 ETF가 시장에 나오는 즉시 알아차릴 수 있게 하려는 목적이다. 여기서 거래량을 예측 도구로 사용하는 것은 아니라는 사실을 명심하기 바란다. 나는 단지 매매가 불가능하기 때문에 의미 없는 종목들을 걸러내는 도구로 거래량을 사용하고 있을 뿐이다. 이렇게 해서 거래량이 많은 순으로 150개 정도의 ETF들을 선별한다. ETF로 구성된 업종 지수는 개별 종목들로 구성된 일반 업종 지수와는 다른 양상의 그림을 그릴 수 있다.

ETF의 좋은 점은 개별 종목의 업종 지수처럼 지수 구성 종목에 제한이 없는 점이다. 따라서 개별 종목들이 변덕스러운 움직임을 보일 때는 ETF를 다른 투자 수단으로 고려할 만하다. 대부분의 주식투자자들이 매수에만 치중하기 때문에(즉 매도 거래는 하지 않기 때문에) 어떤 ETF 설계자들은 인버스 ETF(인버스 상장지수펀드)라는 상품을 만들었다. 이 상품은 주식시장이 하락하면 펀드의 가치가 상승하고, 반대로 주식시장이 상승하면 펀드의 가치가 하락하는 방식의 펀드다. 따라서 이런 상품을 매수하면 주가지수를 매도하는 것과 유사한 효과를 낼 수 있다. 인버스 ETF의 가격 차트는 주가지수의 차트와 거꾸로 가기 때문에 여러분에게 시장을 보는 새로운 관점을 제공한다. 예를 들어 인버스 ETF가 상승 추세로 보인다면, 주가지수는 실제로 하락하고 있는 모양이 보일 것이다. 특히 여러분이 주식을 매수하는 쪽으로 편향된 시각을 갖고 있을 경우에는 이 상품이 큰 도움이 될 수 있다.

시장 분석의 단순성 유지하기

1990년대 초반, 나는 시스템트레이딩을 연구하느라 많은 시간을 보냈는데, 특히 시장의 타이밍 연구에 중점을 두었었다. 나는 대학에서 컴퓨터 관련 학과를 공부했으므로 이런 분야에는 나름대로 자신이 있었다. 나는 매매를 기계적으로 자동화시키는 방법이 분명 있을 거라고 생각했다. 당시에 내가 좀 더 열심히 노력했더라면 그런 매매의 성배를 찾았을지도 모르겠다. 세상에는 오로지 수치로 나타낼 수 있는 것만 믿으려는 사람들이 있기 때문에, 나는 첫 번째 책에 시스템트레이딩의 연구 결과를 일부 집어넣으려고 무척 애를 썼다.

그 이후 나는 시스템트레이딩을 버리고 100% 자유재량에 의한 투자자가 되었다. 나는 이제 더 이상 기계적인 매매 시스템을 만들려고 시도하지 않는다. 그동안 나는 매매의 성배는 존재하지 않으며 상식이 최고의 친구라는 사실을 배웠다. 특별한 시장 상황에서는 기계적인 매매 시스템이 매우 훌륭한 도구이기는 하다. 하지만 시장의 조건은 언젠가 변하게 마련이고, 투자자 역시 그래야 한다고 생각한다. 예를 들면, 예전에 내가 직접 만든 시스템 중에 변동성 지수를 이용하여 기계적인 매매를 하는 시스템들이 있었다. 그것들은 때때로 주가를 아주 정확히 예측했지만, 얼마 지나지 않아 시장에서 잘 통하지 않게 되었고 그 상태로 몇 년이 흘렀다. 나중에 나는 이런 시스템들이 시장에서 잘 통하지 않았던 것이 상당 부분 스프레드 거래를 사용하는 레버리지 인덱스펀드의 영향일 수 있다는 사실을 발견했다. 이런 종류의 펀드들은 시장의 움직임에 따라 한 시장의 주식을 사들이는 것과 동시에 다른 시장의 주식들을 팔아치운다. 이것이 시장의 변동성을 급격히 감소시키는 결과를 가져왔던 것이다. 그들의 매매 방식은 개에 목줄을 하고 산책하는 것과 같은 효과를 만들어낸다. 마치 개가 한쪽으로 치우쳐 걸어가려고 하면 잡아당겨서 가운데로 가도록 하는 것과 같은 원리다. 지금의 나는 더 이상 기계적인 시스템트레이딩을 사용하지 않지만, 시장의 변동성이 증가함에 따라 전에 만들었던 변동성 시스템들이 다시 한 번 시장에서 통하기 시작하면서, 또다시 시스템트레이딩을 사용하여 매매하는 모험을 시작할 수 있지 않을까 하는 어리석은 생각을 하곤 했다. 변동성이 다시 증가한 것은 앞서 말했던 스프레드 거래자들이 디레버리지(빚을 상환한다는 의미, 금융 위기로 자산 가치가 폭락하자 빚을 상환하는 것 – 옮긴이)에 나섰기 때문이었다. 은유적으로 표현하면, 개의 목줄이 끊어진 것이다. 이와 같이 시장의 조건들은 항상 변하게 마련인 터라 시스템트레이딩을 이용한 기계적 매매 시스템이 항상 시장에서 잘 통하리라고 기대할 수는 없을 것이다.

지금 내가 한 말은 절대 시스템트레이딩을 사용하는 사람들을 비하하려는 것이 아니다. 단지 오랜 기간 연구해본 결과, 나에게 어울리는 방법은 아니라는 사실을 깨달았을 뿐이다. 나는 시장이 변하기 때문에 투자자 역시 변해야 한다고 생각한다. 우리는 우리의 두뇌를 이용해 컴퓨터보다는 더 나은 결정을 만들 수 있다. 만약 반대의 경우가 진실이라면, IBM 같은 회사가 모든 시장을 소유했을지도 모른다.

지금까지 보았듯이 나의 시장 분석 방법은 매우 단순하다. 내가 큰 그림을 그렸다는 것은 이미 수천 개의 종목들, 수백 개의 업종 지수 그리고 많은 수의 ETF에 대한 검토를 이미 마쳤다는 것을 의미한다. 보닛을 열고 기계 부품들을 하나하나 살펴봄으로써 시장이 전체적으로 어떻게 움직일지에 대한 직관을 얻을 수 있었다. 그런 다음 나는 개별 종목들을 보던 방식 그대로 시장 전체의 지수를 살펴본다. 시장 전체가 추세를 이어가고 있는지, 확실한 추세 전환을 하는지, 혹은 들쑥날쑥 움직이는지를 판단하려는 것이다. 나는 전체 주식시장의 움직임에서 지지선과 저항선을 찾아보고, 특별한 기술적 패턴들이 나타나고 있는지를 살펴본다. 즉 전체 시장에도 나의 독자적인 패턴들이 만들어져 있는지 세심히 살펴보는 것이다. 그리고 역시 내가 가장 중요하게 생각하는 것은, 전체 시장의 차트에 추세 화살표를 그려 넣음으로써 추세를 확인하는 것이다.

큰 그림을 본다는 것은 숲을 본다는 것이다

나는 숲과 나무들이 여전히 잘 보이는지 확인하기 위해 일주일에 몇 번씩 일간 차트 외에 주간 지수 차트와 월간 지수 차트를 함께 살펴본다. 이렇게 주간 차트나 월간 차트로 장기간의 주가 움직임을 확인하는 것은 시장을 바라보는 시각에 대한 균형감을 유지하도록 도와주고, 시장을 정확히 바라볼 수 있게 해준다. 나는 일간 차트에서 내가 찾았던 요소들이 주간 차트나 월간 차트에서도 보이기를 바란다.

그림 8-5는 S&P지수의 주간 차트인데, 차트에서 S&P지수는 2006년 후반부터 2007년 중반에 걸쳐 상승 추세를 형성하고 있었다. (a)로 표시된 이 기간의 화살표는 뚜렷하게 위를 향하고 있다. 게다가 이 기간 동안 이동평균의 나비넥타이형 교차(제9장 참조)가 나타나고, 장·단기 이동평균선들이 추세가 상승하는 방향으로 정배열을 이루었다. 즉 10일 단순이동평균〉20일 단순이동평균〉30일 단순이동평균의 순으

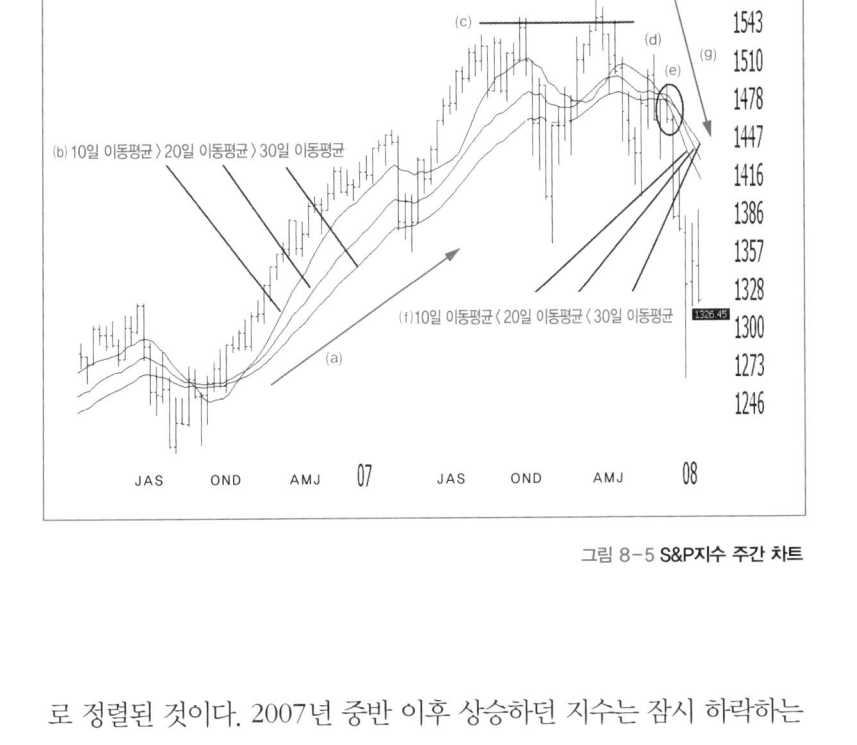

그림 8-5 **S&P지수 주간 차트**

로 정렬된 것이다. 2007년 중반 이후 상승하던 지수는 잠시 하락하는
듯 보이다가 다시 상승하여 신고점을 경신하고는 폭삭 주저앉았다가
또다시 상승한다. 이러한 움직임으로 인해 (c)로 표시한 것처럼 이중
천장의 패턴이 만들어진다. 이중 천장을 형성한 이후 지수는 강한 하
락 추세를 만들며 왔던 길을 되돌아가지만, 곧이어 (d)로 표시된 지점
에서 이전의 고점에는 미치지 못하는 수준의 반등을 만들어낸다. 이런
움직임은 좀 더 세련된 문지기형 패턴을 형성한다(상승하던 주가가 급격
히 하락한 후 하락 폭을 약 78.6% 회복하는 움직임을 보이는 패턴으로 주가의
천장을 의미한다 - 옮긴이). 이제 지수는 (e)로 표시된 것처럼 하락 추세
를 의미하는 이동평균의 나비넥타이형 교차를 만든다. 이 시점 이후

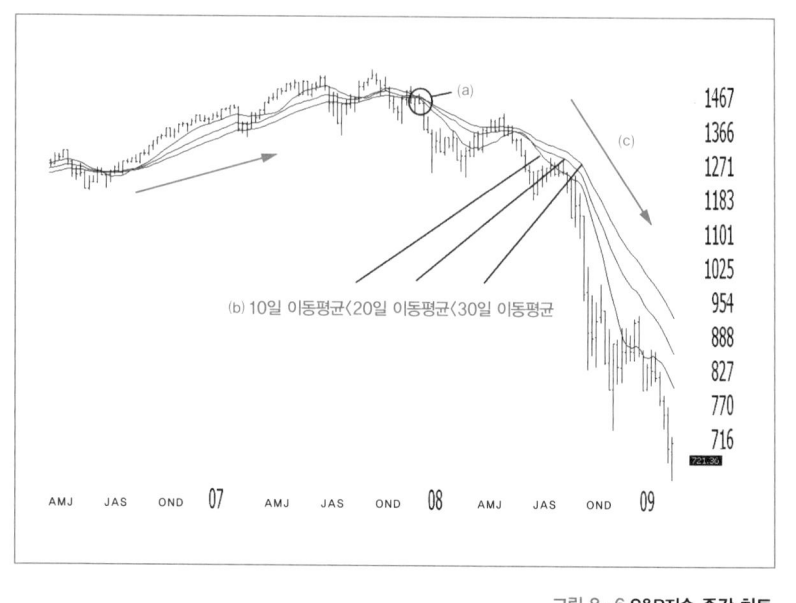

그림 8-6 S&P지수 주간 차트

이동평균의 배열은 (f)로 표시된 것처럼 정확히 역배열이 된다. 그리고 가장 중요한 것은 (g)로 표시된 것처럼 큰 추세 화살표가 아래를 향하고 있다는 사실이다.

2009년 3월까지 빠르게 살펴보자. 그림 8-6을 보면, 2007년 후반에 (a)로 표시한 것처럼 주간 이동평균의 '나비넥타이형 교차'가 발생하고, (b)로 표시한 것처럼 이동평균선의 역배열(10일 이동평균〈20일 이동평균〈30일 이동평균) 상태가 계속 유지되고 있다. 이 기간에 우리는 역사상 최악의 대세 하락장을 경험한다. 10일 단순이동평균과 20일 단순이동평균이 잠시 만났던 것을 제외하면, (a)로 표시한 이동평균선들의 교차 이후, 이동평균선들은 하락 추세를 의미하는 역배열을 꾸준히 유지했다. 그리고 물론 추세를 나타내는 큰 화살표는 (c)로 표시된 것처럼 아래를 향하고 있다.

 이와 같이 시장의 큰 그림을 보기 위해 주간 차트나 월간 차트를 사용할 때는 후행성이 커질 가능성이 있다는 점에 유의해서 살펴봐야 한다. 대부분의 경우 주간 차트나 월간 차트에 비해 일간 차트의 추세가 확실히 먼저 돌아선다. 따라서 실제로 매매 목적을 위해서는 일간 차트를 사용해야겠지만, 시장을 보는 시각에 대한 균형감을 얻기 위해 주간 차트나 월간 차트를 사용하는 것이다.

 마지막으로 반드시 짚고 넘어가야 할 것이 있는데, 내가 시장 전체를 분석하는 방법은 근본적으로 개별 종목을 분석하는 방법과 동일하지만, 선물 매매와 같이 지수를 매매하는 것은 개별 종목을 매매하는 것에 비해 가격의 움직임이 방향성 없이 출렁거릴 가능성이 훨씬 높다는 사실이다. 주가지수는 개별 종목들의 움직임을 평균한 것이고, 여기에는 여러 가지 파생 상품(예를 들면 지수선물, 지수옵션, 인덱스펀드)들이 영향을 미칠 수 있기 때문에 개별 종목들에 비해 위아래로 출렁거리는 잔파도가 훨씬 많아지는 것이다. 따라서 주가지수 선물처럼 지수 자체에 기술적 패턴들을 적용할 때는 개별 종목들에 비해 좀 더 유연하게 접근할 필요가 있다.

▪ 요약

수백 개 혹은 수천 개의 종목들 중에서 다음번의 추세가 나타날 종목을 찾는 것이 벅찬 일로 느껴질 수도 있다. 하지만 다행스럽게도 대부분의 종목들은 충분한 거래량, 가격대, 변동성이라는 간단한 기준을 통해 대부분 걸러낼 수 있다. 걸러진 나머지 종목들 중에서 추세를 형성하고 있는 종목, 예비 신호가 발생한 종목들을 찾고, 그 종목들이 속해 있는 업종 지수로 추가 확인을 하면 충분히 관리 가능한 수의 개별 종목 리스트를 만들 수 있다.

나는 상향식 분석에 하향식 분석 방법을 적용한다. 즉 개별 종목들로부터 분석을 시작하여 업종 지수, 상장지수펀드 그리고 마지막으로 전체 시장 지수의 순서로 분석하는 것이다. 모든 차트들을 나만의 방식으로 검토함으로써 나는 개별 종목, 업종 지수 그리고 전체 시장이 앞으로 어떻게 움직일 것인가에 관한 그림을 그린다. 그다음 시장을 보는 시각에 대한 균형감을 유지하기 위해 주간 혹은 월간 지수 차트를 살펴본다.

이렇게 나열하고 보면 해야 할 일들이 엄청나게 많은 것처럼 보이겠지만, 나에게는 이 모든 일들이 보물찾기처럼 즐겁다. 여러분도 조금만 훈련하고 경험을 쌓으면 작업이 점점 더 편해지는 것을 느낄 것이다. 그러다 보면 머지않아 예비 신호들이 여러분 앞에 튀어나오는 것을 발견하게 된다. 사실 여러분도 결국엔 진짜로 관심을 두어야 할 종목과 버려야 할 종목을 눈 깜박할 사이에 구분하는 경지에 도달하게 될 것이다.

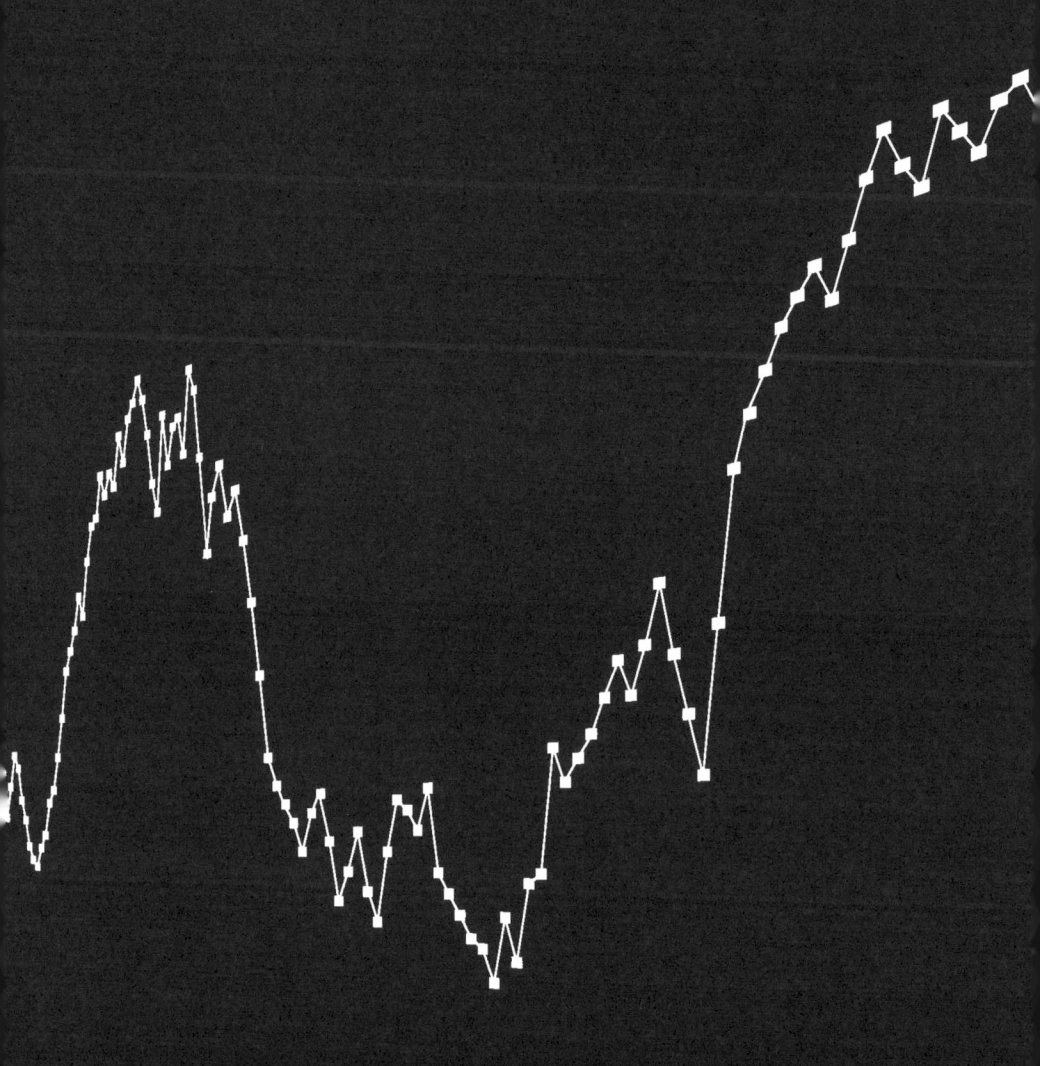

제9장

새로운 추세
일찍 발견하기

추세 전환 패턴을 이용한 매매

새로운 추세를 남보다 일찍 포착할 수만 있다면, 그에 따른 보상은 엄청날 것이다. 하지만 불행하게도 새로운 추세의 형성이라고 생각했던 주가의 움직임이 장기적으로 보면 결국 잠깐의 조정에 불과한 것으로 판명날 수도 있기 때문에, 기존에 이미 형성된 추세를 이용한 매매를 할 때보다 매매에서 실패할 확률이 더 높다는 사실을 명심할 필요가 있다. 따라서 나는 여러분이 '추세 전환'을 이용한 매매에 관심을 기울이기 전에, 먼저 기존에 형성된 추세를 이용한 매매를 이용할 것을 권하고 싶다. 추세 전환을 이용한 매매를 하다 보면, 서부 시대의 개척자들이 그랬던 것처럼, 황금을 발견할 수도 있고 혹은 인디언들의 화살 세례를 받을 수도 있다. 나는 개인적으로 황금을 발견할 수 있다는 가능성이, 상대적으로 높은 위험에 대한 충분한 보상을 줄 것이라 생각한다.

실패할 확률이 높은 것 말고도, 추세 전환을 판단하고 매매하는 것은 실제로 매우 난해한 작업일 수 있다. 나는 지금까지 다른 모든 패턴들에 대한 질문보다 추세 전환 패턴에 대한 질문들을 더 많이 받았다. 앞으로 설명할 추세 전환과 관련한 패턴들이 여러분에게 큰 도움을 줄 것이라 믿고 있지만, 여러분이 그것들을 지속적으로 올바르게 사용하기 위해서는 여전히 많은 경험을 필요로 하게 될 것이다.

나는 『데이브 랜드리의 패턴과 전략 10선』에서 다음과 같이 언급했다. "추세는 영원히 지속되지 않는다. 결국엔 멈추게 될 것이고, 종종 반대 방향의 새로운 추세가 나타난다. 하지만 기존에 형성된 추세가 더 오랫동안 지속되면서 모두가 예상하는 범위를 훨씬 넘어서서 진행될 수도 있다. 주가가 바닥을 쳤다는 이유로 매수하거나 혹은 주가가 고점을 찍었다는 이유로 매도하는 것은 패배자들의 게임이다. 다행스러운 것은 주가가 추세의 방향을 전환할 때는 반드시 어떤 단서를 남긴다는 사실이며, 새로운 방향의 추세가 재개되기 전에 대개 약간의 조정을 거친다는 사실이다. 따라서 약간의 조정이 일어난 이후 시장에 진입할 적절한 시점을 찾는 것이, 그리고 그렇게 새로운 추세가 재개될 신호를 발견하는 것만이 나의 추세 전환 패턴의 목표가 될 것이다."

이는 그림 9–1에 나타난 것과 같다.

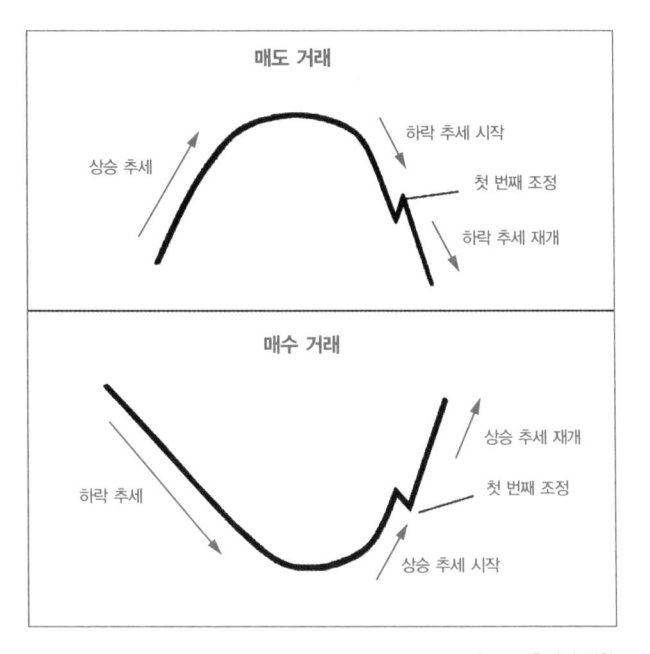

그림 9-1 **추세의 전환**

1980년대 후반에서 1990년대에 걸친 엄청난 대세 상승장은 추세 추종 투자자들을 완전히 망쳐놓았다. 불행히도 그 이후로 추세가 그토록 오래 지속되는 경우가 없었기 때문에, 이전의 대세 상승장에 길들여진 추세 추종 투자자들은 곤란을 겪을 수밖에 없었다. 가능한 한 빨리 새로운 방향의 추세에 올라타는 것은 그래서 매우 중요하다. 기존에 형성된 추세가 언제 종말을 고할지 판단하는 것 역시 중요하다. 나는 언제나 장기적인 추세 안에서의 되돌림 현상을 좋아하는 추종자였지만, 지난 10년 동안의 작업은 이러한 추세 전환을 포착하는 데 점점 더 집중하게 되었다. 앞으로 설명할 패턴들이 바로 그러한 작업의 결과물이다.

첫 번째
찌르기 패턴

시장의 큰 추세 전환은 종종 새로운 방향의 급격한 움직임(찌르기)으로 시작된다. 시장의 이런 움직임은 말 그대로 시장 참여자들의 의표를 찌르는 경향이 있다. 대부분의 투자자들이 시장의 잘못된 방향에 걸려든 뒤, 갈고리에서 벗어날 수 있도록 시장이 다시 돌아서기만 바라고 있는 자신을 발견한다. 저점이나 고점을 찾아다니는 사람들은 저점이나 고점을 예측하는 데 실패한 후 그것을 인정하기를 거부하면서 시장이 의미 있는 조정을 해주기를 기대한다. 이런 투자자들에게는 불행한 일이겠지만, 의미 있는 조정은 영원히 오지 않을 수도 있다. 시장은 종종 이전의 추세와 다른 새로운 방향으로 날카로운 찌르기를 한 후 자신의 새로운 추세를 재개하기 전에 아주 짧은 되돌림만 할 뿐이다. 이전의 추세에 참여했던 투자자들은 머지않아 불리한 가격으로 밀려나가고, 저점이나 고점을 찾아다니는 투자자들은 자신의 실패를 인정하거나 손실을 끌어안은 채 고통을 겪어야 한다. 여러분은 시장이 새로운 방향으로 날카로운 찌르기를 할 때까지 기다림으로써 저점이나 고점을 찾아다니는 사람들이 겪는 위험을 피할 수 있다. 새로운 방향의 추세가 상당히 진행되는 시점을 기다리기보다 첫 번째 짧은 조정의 신호에서 시장에 진입할 기회를 찾는다면, 앞서 언급한 대부분의 투자자들이 겪는 곤경에서 빠져나갈 가능성을 찾을 수 있을 것이다.

'첫 번째 찌르기' 패턴의 목표는 새로운 방향의 추세에 빨리 올라타는 것이다. 여러분은 시장이 오랫동안 이어진 추세와 반대 방향으로 강한 찌르기를 하는 것을 기다리다가 미세한 조정을 보일 때 시장에 진입하면 된다. 새로운 방향의 추세에 일찍 진입하는 것에는 그만한 리스크가 따르겠지만, 그렇게 새로운 추세를 미리 포착함으로써 얻는 보상은 어마어마할 수 있다.

다음은 매수 방향으로 진입할 때의 규칙들이다. 매도의 경우에는 반대로 생각하면 된다.(그림 9-2)

❶ (1)로 표시한 것처럼 주가가 의미 있는 새로운 저점을 만들어야 한다. 확실한 저점을 형성할수록 더 좋다. 몇 년 만의 저점 혹은 사상 최저점(매도의 경우에는 사상 최고점)을 경신하는 것이 내가 가

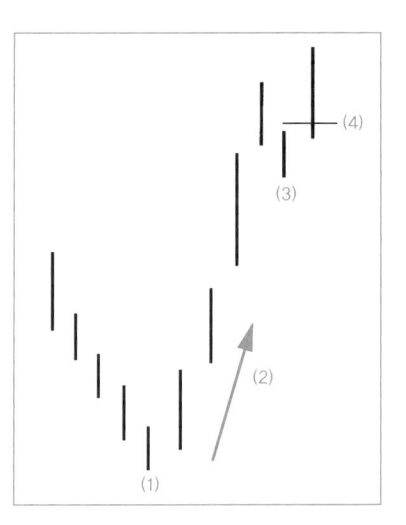

그림 9-2 **첫 번째 찌르기**

장 좋아하는 것이다. 그런 상황이 되어야 추세가 변하기 시작할
때(2번 규칙) 최대한 많은 투자자들이 시장과 다른 방향에 서게
된다.

❷ 그런 다음에는 (2)의 화살표로 표시한 것처럼 주가가 급격히 상
승해야 한다.

❸ (3)으로 표시한 지점처럼 상승하던 주가의 고점과 저점이 모두
하락해야 한다. 주가 조정의 첫 번째 신호는 한 바에서 되돌림을
진행하는 것이다. 만약 직전에 장대 양봉이 있었고 고점이 매우
높았다면 (3)으로 표시한 되돌림이 단지 고점을 낮추는 데 그칠
수도 있을 것이다. 이런 형태가 발생하는 것은 아주 작은 조정만
거치는 것이므로 좀 더 위험한 매매가 될 수 있다. 하지만 매매

할 때 리스크가 크면 그에 따른 보상도 큰 법이다. 이렇게 순식간에 이루어지는 조정은 투자자로 하여금 새로운 추세에 올라탈 시간을 많이 주지 않는다. 대부분의 투자자들은 이 상황에서 좀 더 의미 있는 되돌림이 진행되기를 기다릴 것이다. 이렇게 아주 짧은 멈춤 이후에 추세가 재개된다면 기다리던 투자자들은 추세가 상당히 진행된 다음 뒤늦게 추세에 올라타거나, 아니면 도망가는 주가를 명하니 바라볼 수도 있다.

❹ 규칙 3에서 나온 (3)으로 표시된 되돌림을 형성하는 바의 고점 바로 위에서 매수 진입한다.

실제 주가 차트의 예를 살펴보자.

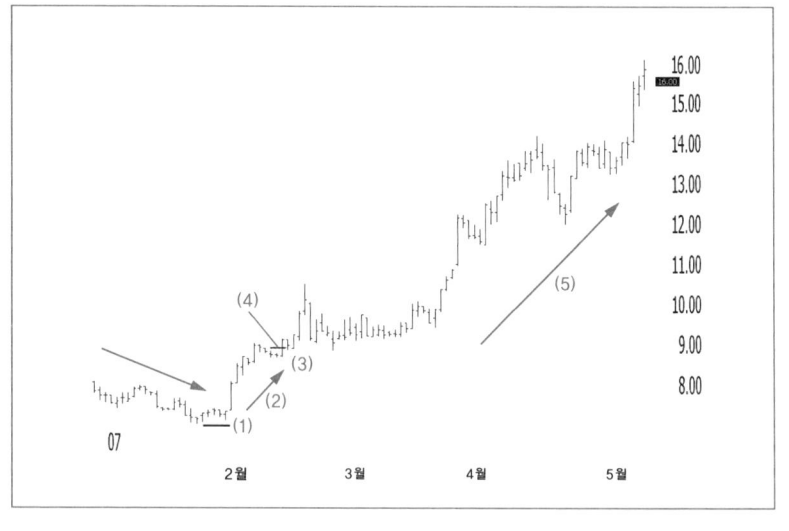

그림 9-3 **에설론 코퍼레이션 주가 차트**

❶ 그림 9-3에서 에너지 상품 제조 기업인 에셜론 코퍼레이션 Echelon Corp.의 차트는 몇 년 동안 하락 흐름을 이어가다가 최근 들어 가장 낮은 주가를 형성한다.

❷ 주가가 수년간의 저점에서 (2)의 화살표로 표시한 것처럼 갑자기 큰 폭으로 상승하는 찌르기를 만들어낸다. 이는 2007년 국제 원유 가격의 저점과 정확히 일치한다.

❸ (3)으로 표시한 지점에서 주가가 되돌림 현상을 보인다.

❹ (4)의 지점에서 추세가 재개되는 것을 확인하고 매수 진입한다.

❺ 약간은 무모한 시장 진입이었지만, (5)의 화살표로 표시한 것처럼 이후 몇 개월에 걸쳐 주가가 두 배로 오르고 나중에는 세 배까지 상승한다.

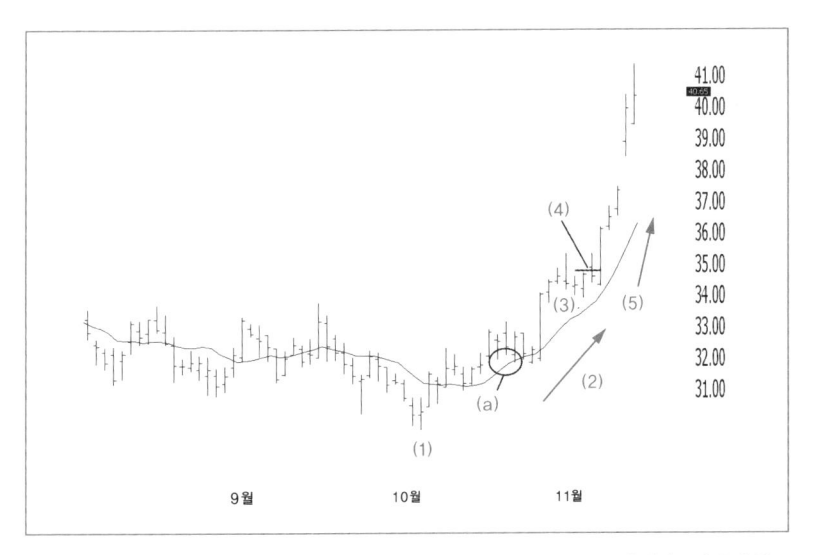

그림 9-4 **슈니처 스틸 주가 차트**

❶ 그림 9-4에서 철강 업체인 슈니처 스틸Schnitzer Steel의 주가는 (1)로 표시한 지점에서 최근 2개월의 최저점을 경신한다.

❷ 천천히 상승 출발을 하던 주가가 (2)의 화살표로 표시한 것처럼 갑자기 급등한다. 이때 (a)로 표시된 것처럼 주가 이격 후 첫 번째 교차하는 패턴이 발생한다. '주가 이격 후 첫 번째 교차' 패턴에 대한 세부 사항은 이 장 뒷부분에서 논의하겠다.

❸ (3)으로 표시한 지점에서 저점과 고점을 동시에 낮추는 바, 즉 하루짜리 되돌림이 발생한다.

❹ (4)로 표시한 지점에서 추세가 재개될 때 매수 진입한다.

❺ (5)의 화살표로 표시한 것처럼 이후 주가는 며칠 동안 거의 20%가 넘는 상승 흐름을 보여준다.

덧붙이는 말: 이후 주가는 횡보를 시작하고 이 차트에서는 안 보이지만 결국 무너지고 만다. 그러나 적절한 자금 관리와 포지션 관리를 적용했다면 여전히 성공적인 매매가 가능했을 것이다.

주택 건설 업체의 주가는 미디어에서 부동산 버블이 붕괴되었음을 발표하기 오래전에 '첫 번째 찌르기' 패턴을 만들어냈다.

❶ 그림 9-5에서 미국의 주택 건설 업체 비저 홈스Beazer homes USA의 주가는 (1)로 표시한 지점에서 사상 최고가를 경신하고 있다.

❷ 이후 주가는 (2)의 화살표로 표시한 것처럼 며칠 동안 급격한 하락을 경험한다.

❸ 하락하던 주가가 (3)으로 표시한 지점에서 고점과 저점을 동시에

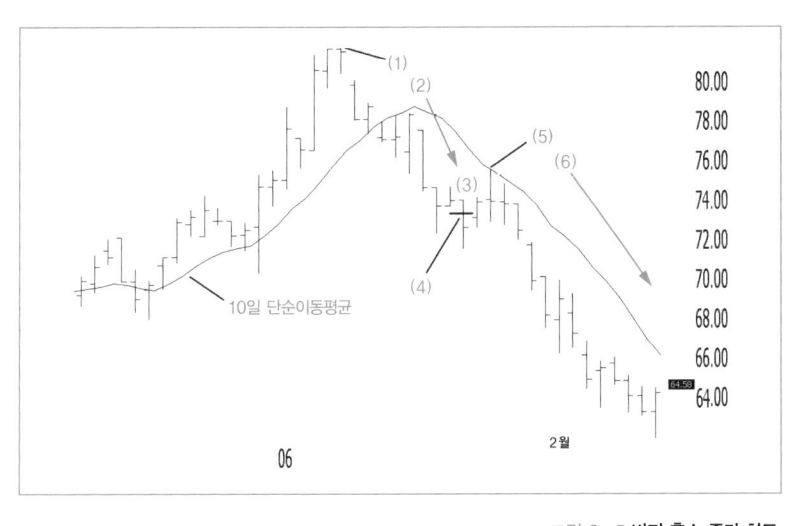

의 10일 단순이동평균

80.00
78.00
76.00
74.00
72.00
70.00
68.00
66.00
64.00

06   2월

그림 9-5 **비저 홈스 주가 차트**

높이는 바를 만들어낸다. 즉 하루짜리 되돌림이 발생한 것이다.

❹ (4)의 지점에서 하락 추세가 재개될 때 매도 진입한다.

❺ 비저 홈스의 주가는 (5)로 표시한 지점에서 한 번 더 되돌림 움직임을 보이는데, 이것은 이동평균선 아래쪽으로 많이 떨어져 있던 주가가 이동평균선을 건드릴 때 나타나는 '주가 이격 후 첫 번째 교차' 패턴(나중에 설명할 것이다)이다.

❻ (6)의 화살표로 표시한 것처럼 이후 몇 주에 걸쳐 주가가 16% 이상 하락한다. 사실 이 당시의 주가는 역사상 고점인 것으로 판명되었다. 비저 홈스의 주가는 주당 25센트까지 하락을 거듭했다.

■ 요약

새로운 방향의 추세는 종종 충격적인 주가의 움직임에서 시작된다. 이런 일이 벌어질 때 주가는 새로운 방향의 추세로 날아오르기 전에 아주 짧은 시간 동안만 진행을 멈춘다. 투자자들이 의미 있는 조정이 일어나기를 기다리는 동안, 좀 더 민첩한 투자자들은 새로운 추세에 일찍 진입함으로써 큰 수익을 얻을 수 있다. 새로운 방향의 추세에 빨리 올라타는 것은 위험한 방법이지만, 그에 따르는 보상은 어마어마하다. 여러분에게도 다음번의 대세 상승장이나 대세 하락장에서 이익을 얻을 가능성이 있는 것이다.

패턴의 적용

────────────── 이 패턴은 시장이 상승하는 쪽이든 하락하는 쪽이든 모두 통하는 방법이다. 하지만 주가가 하락하는 속도는 상승할 때보다 훨씬 빠르기 때문에 나는 개인적으로 매도 쪽을 선호한다.

전체 시장과 해당 업종 지수 역시 똑같은 방향으로 추세 전환이 발생하는 경우라면 가장 이상적이다. 그러나 때때로 시장이나 업종 지수가 추세 전환을 하기 한참 전에 새로운 방향의 추세를 선도하는 개별 종목이 출현할 수도 있다.

주가 이격 후
첫 번째 교차 패턴

내가 일반적으로 가장 많이 받는 질문 중 하나가 기존 추세의 되돌림과 새로운 방향으로의 추세 전환을 어떻게 구분하느냐는 것이다. 그때의 내 대답은 구분할 수 없다는 것이다. 시장은 어떤 때는 큰 되돌림을 형성한 후에 이전의 오래된 추세를 재개하기도 하고, 어떤 때는 짧은 되돌림 이후에도 추세를 재개하지 못하는 경우가 있다. 따라서 여러분은 개별적인 사례별로 시장을 분석해야 한다. 그림 9-6은 (a)와 같은 확실한 되돌림, (b)와 같은 확실한 추세 전환, 그리고 (c)처럼 이 모든 것이 가능한 주가의 굴절을 보여주고 있다.

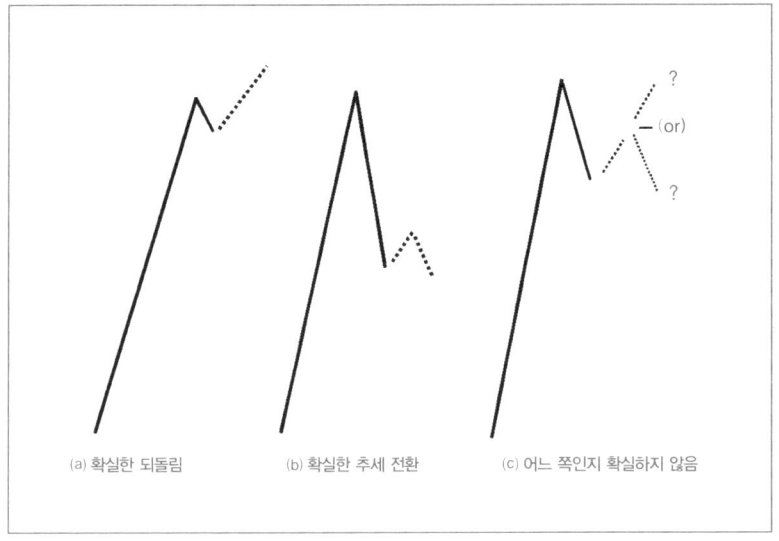

(a) 확실한 되돌림   (b) 확실한 추세 전환   (c) 어느 쪽인지 확실하지 않음

그림 9-6 **여러 가지 되돌림**

사실 이러한 패턴들을 그때그때 판단하는 법을 배우는 것이 시장에서 성공하기 위한 핵심이다.

기존 추세가 진행되는 도중에 확실한 되돌림을 만드는 종목들은 평범한 조정으로 보일 만한 움직임을 보인다. 여기서 '평범한' 정도는 해당 종목이 가진 변동성에 따라 다르다. 변동성이 큰 종목들에서는 상당히 큰 되돌림이 발생한 이후에도 여전히 상승 추세를 이어갈 수 있지만, 변동성이 작은 종목들에서는 같은 크기의 되돌림이 추세의 종말을 나타내는 신호가 될 수도 있다.

확실한 추세 전환을 만드는 종목들은 폭발적인 주가의 움직임을 수반한다. 스스로 이런 질문을 해보라. "내가 이 종목을 오래전부터 보유하고 있었다면, 과연 지금의 하락이 나에게 영향을 미칠 것인가?" 그렇다는 답이 나오면, 실제로 그 종목을 보유하고 있는 다른 사람들도 스스로 똑같은 질문을 하고 있을 것이다.

애매한 부분은 주가가 언제 추세의 전환점을 맞을 것이냐다. 지금의 하락이 단순히 큰 되돌림이어서 주가가 이내 예전의 상승 추세를 재개할 것인지, 아니면 실제로 추세의 전환을 형성하는 중이어서 머지않아 새로운 방향의 큰 추세가 나타날 것인지 확정지어 말하기는 매우 어렵다.

현재의 주가 움직임이 어떤 단계에서 진행되고 있는지 짐작하기 위해, 이동평균을 이용하여 추세 전환이 이루어질 가능성의 크기를 측정할 수 있다. '주가 이격 후 첫 번째 교차First Kiss After Daylight' 패턴은 주가의 이격 이후 반대 방향으로 나오는 주가의 첫 번째 찌르기로 정의된다. 이동평균을 사용하면 패턴을 더 쉽게 판단할 수 있다. 더 나아가,

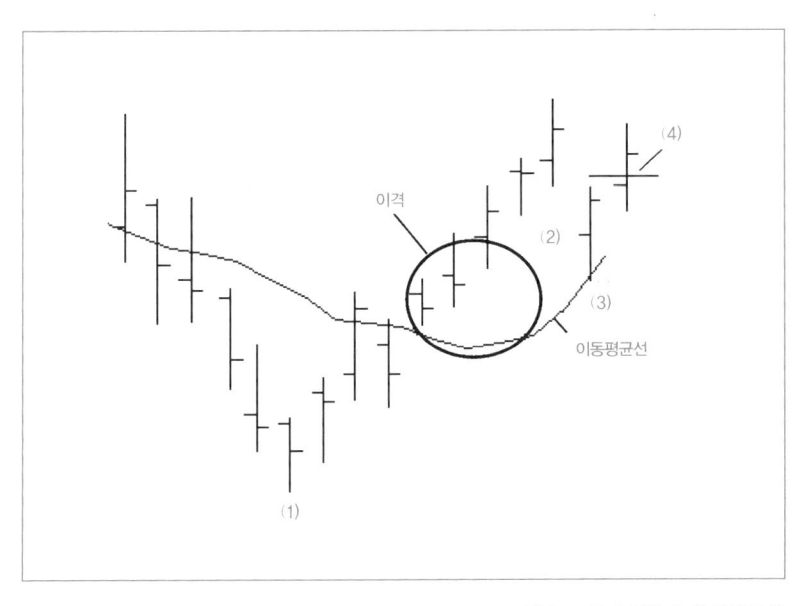

이격

이동평균선

(1)

(2)

(3)

(4)

그림 9-7 **주가 이격 후 첫 번째 교차**

나는 개인적으로 너무 구체적이지 않은 파라미터를 사용하여 가능한 한 많은 차트들을 검토하는 것을 선호하지만, '주가 이격 후 첫 번째 교차' 패턴에 대해서는 좀 더 구체적으로 정의할수록 더욱 명확하게 검토할 수 있다.

　이 패턴은 이격되는 바의 수가 적어야 한다는 점과 직전에 주가의 의미 있는 고점이나 저점이 선행되어야 한다는 점을 빼면, 앞에서 나온 '이동평균 건드리고 되돌아가기 Kiss MA Goodbye' 패턴과 매우 유사하다.

　매수의 경우에 이 패턴의 규칙은 다음과 같다.(그림 9-7)

❶ 해당 종목의 주가는 (1)로 표시한 것처럼 우선 의미 있는 새로운

저점을 만들어야 한다. 저점이 낮을수록 더 좋다. 역사적 신저점이라면 최상의 예비 신호가 될 것이다.

❷ 주가는 이어서 곧바로 상승을 시작해야 한다. 이 상승 흐름이 진행되는 동안 (2)로 표시한 동그라미 안에 있는 차트들처럼, 최소한 다섯 개 바의 저점이 10일 단순이동평균보다 위에 있어야 한다. 상승 흐름이 아주 급격하다면 다섯 개 이하도 무리가 없고, 특히 매도 방향의 경우에는 수가 적어도 상관없다.

❸ (3)으로 표시한 바처럼 주가가 이동평균선을 건드릴 만큼 되돌림 움직임을 보여야 한다. 되돌림을 형성하는 바의 저점은 이동평균선과 같거나 낮은 값이어야 한다.

❹ (4)로 표시한 것처럼 상승 추세가 재개된다면 매수 진입한다.

이제 몇 가지 예를 살펴보자.

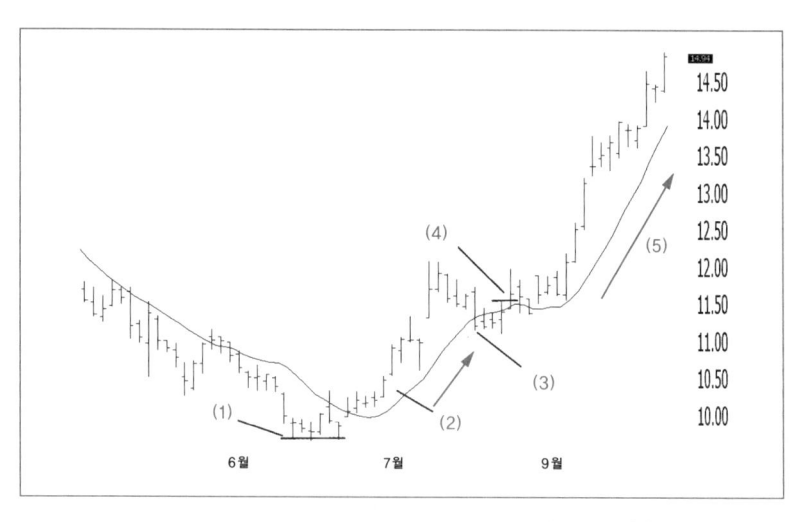

그림 9-8 **굿이어 타이어 주가 차트**

❶ 그림 9-8은 타이어 제조 업체 굿이어 타이어Goodyear Tire 의 주가 차트인데, (1)로 표시한 지점에서 장기적인 하락 추세 끝에 최근 몇 년간의 저점을 경신했다.

❷ (2)의 화살표로 표시한 것처럼 이후 주가는 상승 흐름을 시작한다. 이 기간에 일간 바의 저점이 10일 이동평균선보다 위에 있다는 사실에 주목하기 바란다. 실제로 충분한 수의 저점이 이동평균선보다 위에 있으므로 이것은 '이동평균 건드리고 되돌아가기' 패턴의 조건에도 부합한다.

❸ (3)으로 표시한 지점에서 주가가 되돌림 움직임을 보이면서 이동평균선을 건드린다.

❹ (4)로 표시한 지점에서 주가가 되돌림 바의 고점을 상향 돌파하는 신호가 나올 때 매수 진입한다.

❺ (4)의 화살표로 표시한 것처럼 이후 이 종목의 주가는 서서히 상승을 시작하다가 25% 이상의 상승 흐름을 보여준다.

추세 전환 패턴의 위대한 점은 때때로 역사적 신고점을 포착할 수 있다는 사실이다.

❶ 그림 9-9는 금융 기업인 랜드아메리카 파이낸셜 그룹 Landamerica Financial Group의 주가 차트인데, (1)로 표시한 지점에서 역사적 신고점을 경신하고 있다. 직전에도 신고점을 경신하여 이중 천장 패턴을 만들고 있는 점에 주목하기 바란다.

❷ (2)의 화살표로 표시한 것처럼 이후 주가가 급격히 하락하면서

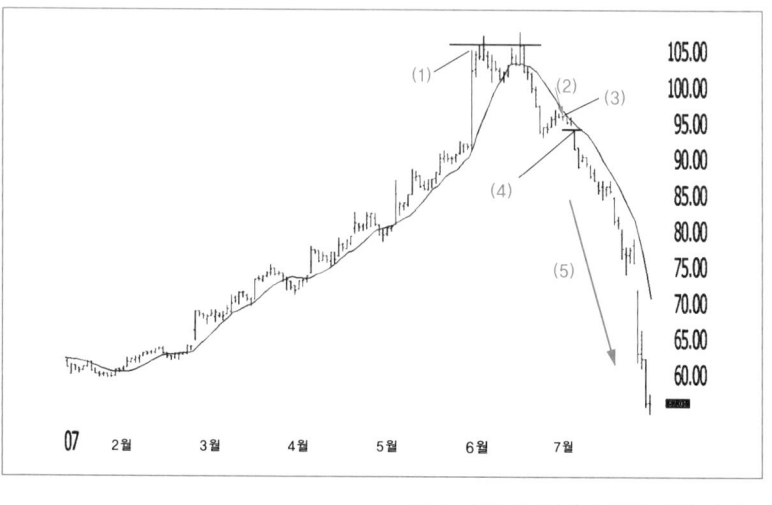

그림 9-9 **랜드아메리카 파이낸셜 그룹 주가 차트**

일간 바의 고점이 10일 이동평균선 아래로 내려온다. 이러한 움
직임은 이전에 신고점을 향해 움직이는 기간 동안 수차례 상승
방향에서의 '이동평균 건드리고 되돌아가기' 패턴을 만들면서
오랫동안 지속되던 상승 추세가 드디어 종말을 맞이할 수도 있
음을 암시한다.

❸ (3)으로 표시한 지점에서 주가가 되돌림 움직임을 보이며 10일
이동평균을 건드린다. 이것은 또한 '첫 번째 찌르기' 패턴의 신
호로도 볼 수 있다.

❹ (4)로 표시한 지점에서 주가가 되돌림을 형성한 바의 저점을 하
향 돌파할 때 매도 진입한다.

❺ (5)의 화살표로 표시한 것처럼 이후 몇 주에 걸쳐 주가는 급락
을 거듭한다. 이전의 고점은 역사적 고점이었던 것으로 판명이

난다. 랜드아메리카 파이낸셜 그룹은 결국 파산 신청을 하는 지경에 이른다.

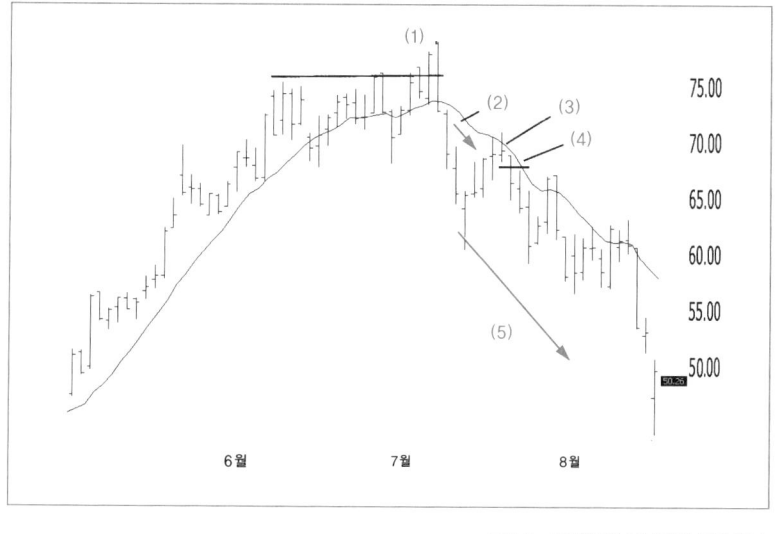

그림 9-10 **엔코어 액쿼지션 주가 차트**

❶ 그림 9-10은 캐나다의 정유 회사인 엔코어 액쿼지션Encore Acquisition의 주가 차트인데, (1)로 표시한 지점에서 역사적 신고점을 경신하고 있다. 이전 수개월 동안 횡보하고 있었다는 점에 주목하기 바란다. 이는 이 종목이 상승 모멘텀을 잃어가고 있음을 암시한다.

❷ 이후 (2)의 화살표로 표시한 것처럼 주가가 급격히 하락한다. 하락하는 동안 일간 바의 고점들이 12일 이동평균선 아래에 있다. 주가의 이러한 움직임은 직전에 오랫동안 상승 흐름을 이어왔더

라도 추세가 끝날 수 있다는 점을 암시한다.

❸ (3)으로 표시한 지점에서 주가가 되돌림 움직임을 보이며 10일 이동평균선을 건드린다. 이것은 또한 '첫 번째 찌르기' 패턴의 신호로도 볼 수 있다.

❹ (4)로 표시한 지점에서 주가가 되돌림을 형성하는 바의 저점을 하향 돌파할 때 매도 진입한다.

❺ 엔코어 액퀴지션의 주가는 (5)의 화살표로 표시한 것처럼 이후 몇 주 동안 급격히 하락한다.

■ 요약

'주가 이격 후 첫 번째 교차' 패턴은 '첫 번째 찌르기' 패턴을 구체적으로 정의한 버전이라고 보면 된다. 이것은 초보 투자자가 패턴을 좀 더 쉽게 파악할 수 있도록 도와준다. 다른 모든 추세 전환 패턴들과 마찬가지로, 이 패턴을 사용하는 것의 장점은 가능한 한 빨리 새로운 방향의 추세에 올라탈 수 있다는 점이다. 물론 그것은 매우 위험할 수도 있지만, 그에 따른 보상은 상상 이상이다. 다시 말하지만, 여러분은 이 패턴을 사용함으로써 다음에 올 큰 상승 추세 혹은 하락 추세를 포착할 가능성을 얻는 것이다.

패턴의 적용

─────────── 이 패턴의 적용은 '첫 번째 찌르기'와 동일하며 주가가 상승하는 방향이든 하락하는 방향이든 똑같이 잘 들어맞는다. 하지만 주가가 하락하는 속도는 상승할 때보다 훨씬 빠르기 때문에 나는 개인적으로 매도 쪽을 선호한다.

전체 시장과 해당 업종 지수 역시 똑같이 급격한 추세 전환이 발생하는 경우라면 가장 이상적이다. 하지만 때때로 다른 종목보다 먼저 이 패턴을 만드는 개별 종목들이 있을 수 있다. 따라서 여러분은 '주가 이격 후 첫 번째 교차' 패턴이 나타나는 것을 관찰함으로써, 남들보다 먼저 큰 추세를 포착할 수 있다. 가장 중요한 점은, 급격한 추세 전환을 하는 종목들은 새로운 방향의 추세를 재개하기 전에 아주 짧은 순간만 되돌림 움직임을 보인다는 것이다. 새로운 상승 추세를 재개하기 전에 이동평균선을 건드릴 만큼 큰 폭의 조정을 겪지 않을 가능성도 있다. 따라서 추세 전환 패턴들에 대한 경험을 더 쌓은 후에는 '첫 번째 찌르기' 패턴을 먼저 확인할 필요가 있다.

나비넥타이형
교차 패턴

─────────── '나비넥타이형 교차'라는 용어는 원래 『데이브 랜드리의 스윙 매매』와 『데이브 랜드리의 패턴과 전략 10선』에서

소개된 것이다. 이 책들에서 소개한 패턴들은 민첩한 데이트레이더로부터 인내심 많은 장기 투자자에 이르기까지 수많은 투자자들로부터 호평을 받았다. 그중 이 패턴이 가장 인기 있는 패턴이 되었기 때문에, 이 책에 반드시 포함시켜야 하겠다는 생각을 하게 되었다.

처음에 나는 '나비넥타이형 교차' 패턴에 대한 소개를 이전 책들과는 다르게 다시 작성하려고 했다. 하지만 이전 책들의 해당 부분을 읽으면 읽을수록 그보다 더 좋은 설명을 하기 어렵다는 생각을 하게 되었다. 따라서 앞으로 나올 설명들은 『데이브 랜드리의 패턴과 전략 10선』에 나오는 내용을 그대로 가져온 것이다. 이미 그 책을 읽은 독자들에게는 양해를 구하는 바다.

내가 스윙 매매를 하는 방식은 주가의 모멘텀을 기초로 하는 것이다. 따라서 어떤 종목의 예비 신호를 보고 흥분하려면, 그 종목은 우선 내가 매매하기를 원하는 방향으로 강한 추세를 형성해야 한다. 이렇듯 주가의 강한 모멘텀을 요구하기 때문에 나는 항상 시장과 같은 방향에 서게 되는 것이다. 하지만 주가의 모멘텀이 강한 종목들만 매매하다 보니 때로 새로운 방향의 추세를 형성하는 초기 단계의 종목들을 제대로 포착하지 못하고 있다는 사실을 발견했다. 새로운 방향의 추세를 형성하는 종목들은 주가의 움직임이 점진적으로 변하다가 어느 순간 새로운 추세가 나타났을 때 그 방향으로 급격히 움직이는 경향이 있다. 나는 이렇게 좀 더 점진적으로 추세 전환이 일어나는 종목들을 포착하는 패턴을 만들어내든가, 아니면 그런 종목들을 그냥 포기해야 했다.

나는 여러 개의 이동평균선들을 함께 사용하면서, 그것들이 종종 한 점으로 모였다가 시장이 큰 추세를 만들며 앞에서와는 반대 방향으로 퍼져나간다는 사실을 발견했다. 즉 빠른 이동평균(단기 이동평균)이 느린 이동평균(장기 이동평균)보다 아래에 있는 하락 추세의 형태로 역배열되어 있던 이동평균선들이, 빠른 이동평균선이 느린 이동평균선보다 위에 있는 상승 추세의 형태로 정배열되는 것이다.(그림 9-11)

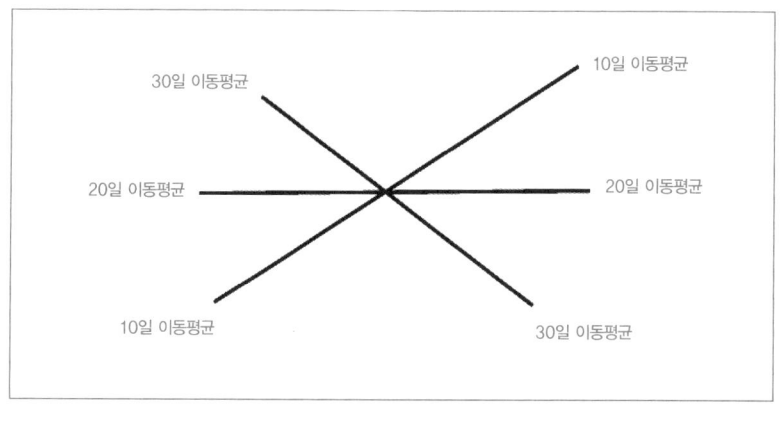

그림 9-11 **이동평균의 나비넥타이형 교차**

이런 사건이 비교적 빠른 시간에 일어날 때, '나비넥타이형 교차' 패턴이 발생하는 것이다. 나비넥타이형 교차가 형성되었다는 것은, 해당 종목에서 추세의 큰 전환이 일어나고 있음을 암시한다. 하지만 여전히 그런 움직임이 단순히 이전 추세의 조정일 가능성도 배제할 수 없다. 따라서 여러분은 '나비넥타이형 교차' 패턴이 발생한 이후 새로운 추세의 방향에서 작은 조정이 발생한 이후 시장에 진입하는 게 좋을 것이다.

나는 이 패턴의 형성을 판단하기 위해 10일 단순이동평균(10-SMA),

20일 지수이동평균(20-EMA), 그리고 30일 지수이동평균(30-EMA)을 사용한다. 10일 단순이동평균을 사용하는 것은 그것이 지난 2주간(영업일로 10일)의 정확한 주가의 평균값을 보여주기 때문이다. 10일보다 더 긴 기간의 이동평균에서는 지수이동평균을 선호하는데, 지수이동평균을 계산할 때는 최근의 주가 데이터에 더 큰 가중치를 두기 때문이다. 따라서 20일, 30일 지수이동평균은 10일 단순이동평균에 비해 더 긴 기간의 추세를 고려하는 것임에도, 단순이동평균에 비해 현재가에 더 큰 가중치를 두기 때문에 현재가를 비교적 빨리 따라잡을 수 있다. 지수이동평균을 어떻게 계산하는지 고민할 필요는 없다. 가장 기본적인 차트 프로그램이나 증권사 HTS에서 기본적으로 제공하는 것이 바로 이동평균값이기 때문이다. 여러분이 사용하는 HTS에서 단순이동평균이나 지수이동평균을 선택해 차트 위에 띄워놓으면 그만이다.

다음에 설명하는 것은 경우 10일 단순이동평균, 20일 지수이동평균 그리고 30일 지수이동평균을 이용한 매수 규칙이다.(그림 9-12)

❶ (1)의 동그라미에 있는 것처럼 이동평균들이 한 점에 모였다가 퍼져나가야 한다. 즉 하락 추세를 나타내는 역배열(10-SMA〈20-EMA〈30-EMA)을 이루다가 상승 추세를 나타내는 정배열(10-SMA〉20-EMA〉30-EMA)로 전환되는 것이다. 이런 패턴은 3~4일 안에 발생해야 한다. 그런 경우라야 이동평균의 '나비넥타이형 교차' 패턴이 발생한 것이다.

❷ (2)로 표시한 지점에서 주가가 하락하여 고점과 저점을 동시에 낮추는 바가 나타나야 한다. 다른 말로 하면 최소한 한 바에서

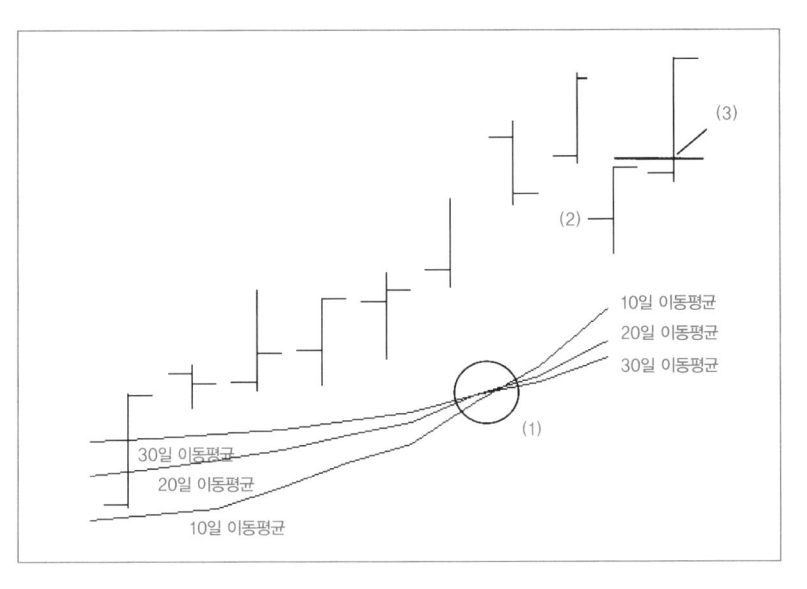

그림 9-12 **이동평균의 나비넥타이형 교차**

되돌림이 일어나야 하는 것이다. 어떤 경우에는 '첫 번째 찌르기' 패턴처럼(고점과 저점을 모두 낮추는 것이 아닌) 고점만을 낮추는 경우도 고려의 대상이 될 수 있다는 사실에 주목하기 바란다. 특히 전일 장대봉이 나타났을 경우에는 고점만 낮추는 것도 고려의 대상이 된다.

❸ 2번의 조건이 충족되었다면, (3)으로 표시한 것처럼 2번의 조건을 만족하는 바의 고점 바로 위에서 매수 진입한다.

조금만 경험을 쌓으면 여러분도 나비넥타이형 교차를 쉽게 찾아낼 수 있다. 그리고 개별 종목들이 아닌 전체 시장 지수에서 '이동평균의 나비넥타이형 교차' 패턴을 주의 깊게 살펴보면 항상 시장과 같은 방향으로 매매를 하는 데도 도움이 될 것이다.

이제 실제 예를 몇 가지 살펴보자.

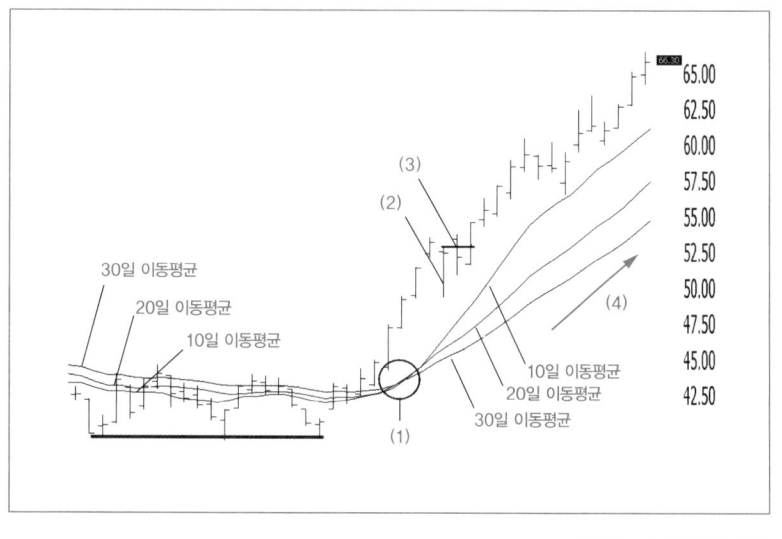

그림 9-13 **RTI 주가 차트**

❶ 그림 9-13은 RTI라는 회사의 주가 차트인데, 오랜 기간 하락
추세를 겪던 이 종목의 주가가 횡보하기 시작했다. (1)의 동그라
미로 표시한 지점에서 이동평균들이 모였다가 퍼져나가는 교차
가 발생했는데, 이때 이동평균들은 하락 추세를 나타내는 역배
열(10-SMA〈20-EMA〈30-EMA) 상태였다가 상승 추세를 나타내는
정배열(10-SMA〉20-EMA〉30-EMA) 상태로 바뀌었다. 이것은 '나비
넥타이형 교차' 패턴의 발생으로 볼 수 있다.

❷ 이후 상승하던 주가의 (2)로 표시된 지점에서 고점과 저점을 동

시에 낮추는 바가 나타나는데, 이것은 한 바에서의 되돌림이다.
이 형태는 상승 방향에서의 '첫 번째 찌르기' 패턴이기도 하다.

❸ (3)으로 표시된 지점에서 주가가 (2)로 표시된 되돌림 바의 고점
을 상향 돌파할 때 매수 진입한다.

❹ 이후 주가는 (4)로 표시한 화살표처럼 6주간에 걸쳐 25% 이상
상승하고, 차트에서는 보이지 않지만 다음 한 달 동안 20%가
더 상승한다.

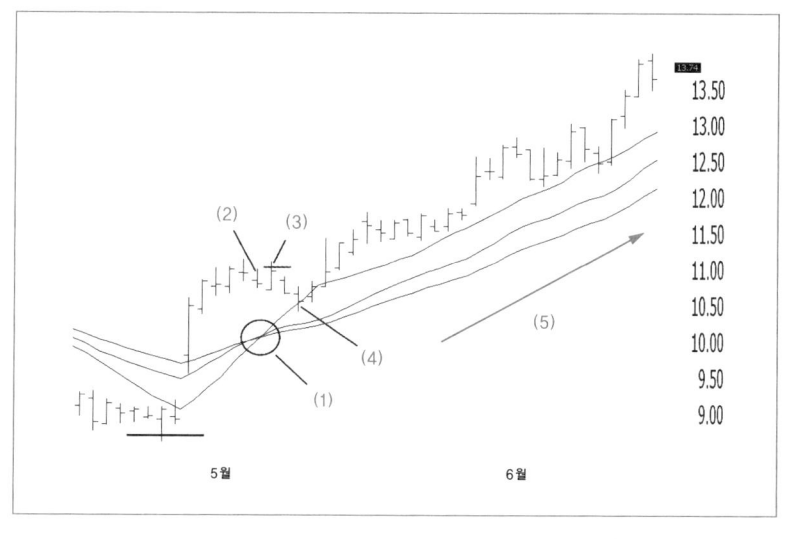

그림 9-14 **조란 주가차트**

❶ 그림 9-14는 디지털 영상 솔루션 전문 업체인 조란 Zoran Corp.
의 주가 차트인데, (1)의 동그라미로 표시한 지점에서 이동평균
들이 빠르게 모였다가 퍼져나갔으며, 이때 처음에 하락 추세를

나타내는 역배열(10-SMA〈20-EMA〈30-EMA) 상태에서 상승 추세를 나타내는 정배열(10-SMA〉20-EMA〉30-EMA) 상태로 바뀌었다. 이 것은 '나비넥타이형 교차' 패턴의 발생을 의미한다.

❷ 이후 상승하던 주가에서 (2)로 표시한 것처럼 고점과 저점을 동시에 낮추는 바가 나타나는데, 이것은 한 바에서의 되돌림이다. 이 형태는 상승 방향에서의 '첫 번째 찌르기' 패턴이기도 하다.

❸ (3)으로 표시한 지점에서 주가가 (2)로 표시된 되돌림 바의 고점을 상향 돌파할 때 매수 진입한다.

❹ 이후 주가는 되돌림 움직임을 더욱 진행시켜 (4)로 표시한 지점에서 이동평균을 건드린다. 이 종목은 4년 동안 저점을 경신한 이후 최근 추세가 바뀌었기 때문에 이 움직임은 상승 방향으로의 '주가 이격 후 첫 번째 교차' 패턴이라고도 할 수 있다.

❺ (5)의 화살표로 표시한 것처럼 이후 주가는 6주간에 걸쳐 25% 이상 상승 흐름을 보여준다.

시장에서 국제 유가가 '배럴당 200달러'까지 올라갈 수도 있다는 이야기가 나와도, 석유 관련 종목들의 주가는 상승 동력을 잃고 추세 전환을 시도하고 있다.

❶ 그림 9-15는 빌 배릿Bill Battet이라는 회사의 주가 차트인데, 사상 최고가까지 상승 흐름을 보여준 이후 횡보에 가까운 움직임을 보이고 있다. 재차 신고가를 경신하려는 움직임이 있었으나 곧바로 급락한다. 그로 인해 (1)의 동그라미로 표시한 지점에서

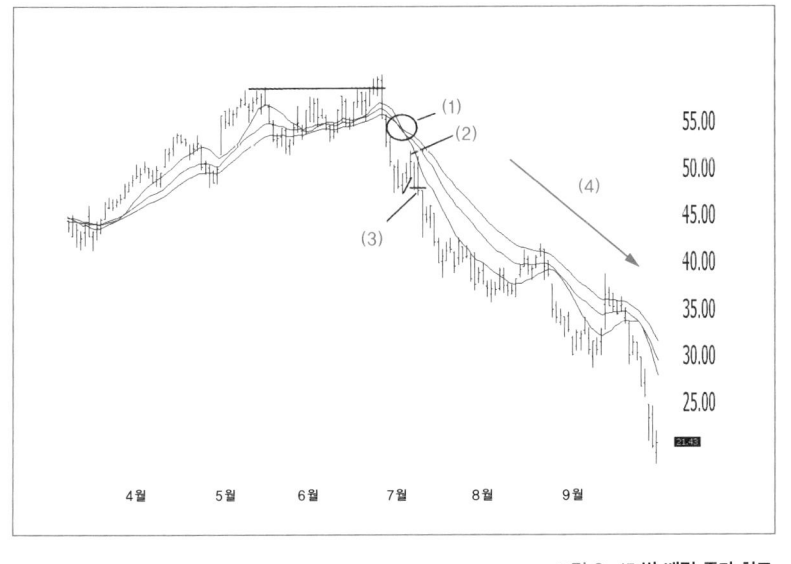

그림 9-15 **빌 배릿 주가 차트**

상승 추세를 나타내는 정배열(10-SMA〉20-EMA〉30-EMA) 상태였던
이동평균선들이 하락 추세를 나타내는 역배열(10-SMA〈20-
EMA〈30-EMA) 상태로 바뀌었다. 이것은 '나비넥타이형 교차' 패
턴의 발생이다.

❷ (2)로 표시한 지점에서 주가가 이틀에 걸쳐 되돌림 움직임을 보
여준다. 눈썰미가 있는 사람이라면 이것이 '첫 번째 찌르기' 패
턴이기도 하다는 것을 알아볼 것이다.

❸ (3)으로 표시한 지점에서 하락 추세가 재개될 때 시장에 매도 진
입한다.

❹ (4)의 화살표로 표시한 것처럼 이후 몇 달 동안 하락 추세가 이

어져 주가가 반 토막 이하로 떨어진다.

'이동평균의 나비넥타이형 교차' 패턴은 데이트레이더들이 즐겨 사용해온 패턴이다. 비록 데이트레이딩을 반대하는 입장이긴 하지만, 나는 이 패턴이 데이트레이딩에서도 잘 통한다는 것을 보여주고자 한다. 일간 차트에서 잘 통한다면 다른 시간대에서도 잘 통하는 법이다. 그림 9-16은 S&P500지수의 5분 차트를 예로 든 것이다.

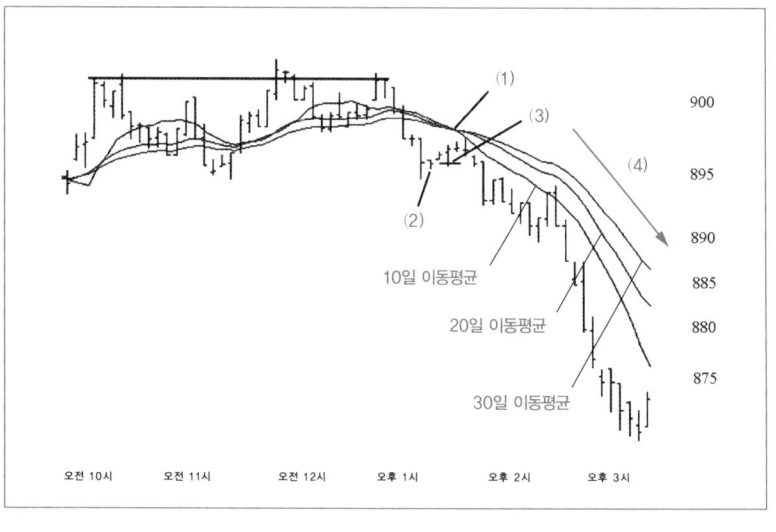

그림 9-16 **S&P500 5분 차트**

❶ 그림 9-16은 2008년 12월 11일의 S&P500지수의 5분 차트인데, (1)로 표시한 지점에서 이동평균들이 모였다가 퍼져나갔으며, 이때 상승을 나타내는 정배열 상태에서 하락을 나타내는 역

배열 상태로 바뀌었다. 이것은 '나비넥타이형 교차' 패턴의 발생이다. 이 교차가 발생하기 전에 S&P500지수가 거의 횡보하고 있었다는 점도 주목하기 바란다. 이런 움직임은 이전의 상승 추세가 곧 끝날 수도 있다는 사실을 암시하는 것이다.

❷ 하락하던 지수가 (2)로 표시한 지점에서 되돌림에 의한 반등을 시작한다.

❸ (3)으로 표시한 지점에서 S&P500지수가 직전 되돌림을 형성하는 바의 저점을 하향 돌파할 때 매도 진입한다. 좀 더 보수적인 투자자라면 지수의 하락 추세가 좀 더 확인될 때까지 기다렸다가 진입할 수도 있을 것이다. (3)의 지점에서 매도 진입한 이후에도 지수는 되돌림을 좀 더 진행하여 '주가 이격 후 첫 번째 교차' 패턴을 만든다.

❹ (4)의 화살표로 표시한 것처럼 이후 S&P500지수는 몇 시간 동안 급격히 하락한다.

여러 개의 이동평균을 사용하는 '나비넥타이형 교차' 패턴을 이용하면 종종 점진적으로 전환되는 추세를 남들보다 일찍 포착할 수 있다. 이 패턴은 시각적으로 알아보기 쉬워 추세 전환 매매에 서툰 투자자들에게도 아주 유용한 도구가 될 것이다. 게다가 '나비넥타이형 교차' 패턴에서 이동평균들의 배열 상태를 주의 깊게 살펴보면 시장과 같은 방향으로 매매하는 데에도 도움이 된다.

■ 요약

주가의 고점이나 저점을 포착하려고 시도하는 것은 패배자들의 게임이다. 주가가 추세 전환을 한다는 신호가 나올 때까지 기다렸다가, 새로운 방향의 추세에서 첫 번째 작은 조정이 진행된 후 진입 시점을 찾는 것이 훨씬 좋은 방법이다. '첫 번째 찌르기', 이동평균의 '나비넥타이형 교차' 그리고 '주가 이격 후 첫 번째 교차' 등의 패턴을 활용하면 이러한 매매를 할 수 있다.

추세 전환을 이용한 매매는 장기 추세를 진행하던 주가가 이전 추세의 방향에서 단지 조정을 겪는 것일 수도 있기 때문에 위험할 수 있다. 하지만 주가의 새로운 큰 추세에 남보다 일찍 참여할 수 있는 가능성으로 인해 그런 위험을 감수할 만한 가치가 있다.

패턴의 적용

———————————— 이 패턴의 적용은 내가 앞서 소개한 나머지 추세 전환 패턴들과 동일하다. 이동평균의 '나비넥타이형 교차' 패턴은 주가가 상승하는 방향이든 하락하는 방향이든 똑같이 잘 들어맞는다. 하지만 주가가 하락하는 속도는 상승할 때보다 훨씬 빠르기 때문에 나는 개인적으로 매도 쪽을 선호한다.

전체 시장과 해당 업종 지수 역시 '나비넥타이형 교차' 패턴이 발생하는 경우라면 가장 이상적이다. 하지만 다른 추세 전환 패턴들처럼 때때로 다른 종목들보다 먼저 이 패턴을 만드는 개별 종목들이 있을 수 있다. 따라서 여러분은 개별 종목에서 이동평균의 '나비넥타이형 교차' 패턴이 나타나는 것을 관찰함으로써, 남들보다 훨씬 먼저 큰 추세를 포착할 수도 있다.

이 패턴을 사용할 때 내가 가장 좋아하는 상황은 주가가 역사적 저점을 찍은 직후(매수의 경우), 혹은 역사적 고점을 찍은 직후(매도의 경우)다. 이런 상황이 되면 다른 많은 투자자들이 시장과 다른 방향으로 잘못 들어설 가능성이 매우 높아진다. 새로운 방향의 추세가 나타났을 때는 그런 투자자들이 떨어져나가면서 새로운 방향으로의 주가 움직임에 가속도가 붙는다.

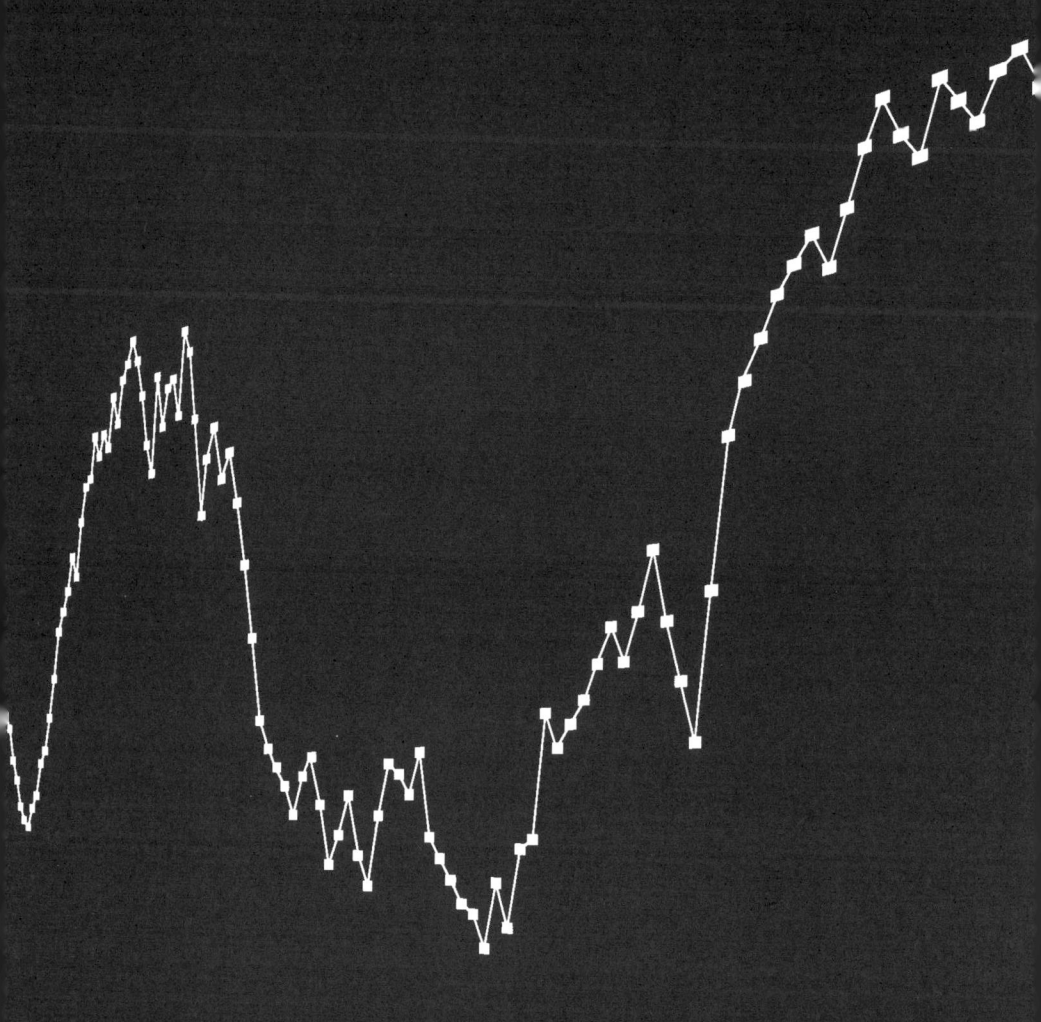

제10장

꼭 알아야 할 것들

지나치게 세세히
관리하지 마라

너무 세세한 것까지 관리하지 않도록 세심하게 신경 써라　　　결혼하고 얼마 지나지 않아 우리 부부는 만찬에 참석하기 위해 외출 준비를 하고 있었다. 무슨 이유에서였는지는 기억나지 않지만 조금 늦은 상태였고 우리는 서둘러 집을 나서려고 허둥거렸다. 아내는 화장을 하느라 바빴고 나는 목욕탕에 뛰어들 준비를 하고 있었다. 사건은 그렇게 시작되었다. 나는 물 온도도 확인하지 않고 욕조에 텀벙 뛰어들었다. 그리고 물에 들어가자마자 곧장 뛰어오르며 비명을 질렀다. 젠장, 물이 너무 뜨거웠다! 엉덩이가 따끔거리면서 빨갛게 달아올라 1도 화상인지 2도 화상인지 확인하려고 할 때 아내가 외치는 소리가 들렸다. "여보, 욕조에 찬물 좀 섞어야 할 거예요." 정말이야? 그러니까 당신 말은 내가 최근 몇 년 동안 뜨거운 물에 엉덩이를 덴 적이 여러 번 있으니까, 내가 해야 할 일은 단지 욕조에 찬물을 좀 섞는 거란 말이지? 고맙소! 나는 우리 두 사람이 부부로 만난 것에 감사한다. 우리는 마주 보면서 크게 웃었다. 이때 나는 아내가 약간은 세세한 것까지 신경 쓰는 사람이라는 사실을 깨달았다(그리고 아내는 내가 약간 덤벙대는 사람이라는 사실을 깨달았다). 나는 아내의 그런 성격에 불만이 없다. 그것은 오히려 그녀의 매력을 더해줄 뿐이다. 나는 내가 조금 지저분하고 여기저기 어지르고 다닌다는 점을 인정한다.

매매와 실제 생활은 다르다　　　실제 생활에서는 세세한 것까지 신경을 써야 뜨거운 목욕물에 엉덩이를 데지 않지만, 매매를 할 때 너무 세세한 것까지 신경 쓰는 것은 가장 나쁜 습관이다. 초보 투자자나 약간의 경험이 있는 투자자들은 프로 투자자들이 정확히 언제 시장에 진입해야 하고 정확히 언제 빠져나와야 하는지를 알고 있을 거라 생각한다. 그들은 프로 투자자들이 시장이 거꾸로 갈 것 같은 아주 작은 신호만 나와도 포지션을 청산하고, 시장이 돌아서자마자 바로 진입할 거라고 여긴다. 하지만 그런 예상과 달리 매매는 살아 있는 생물과 같다. 진실은 이런 것이다. 만약 여러분이 장기 보유를 추구하는 투자자라면 보유한 주식이 스스로 성과를 보여줄 만한 시간을 충분히 주어야 한다. 여러분은 기꺼이 약간의 손실을 각오해야 하고, 보유한 포지션이 잠시 평가손실을 겪더라도 참을 수 있어야 한다.

일반적인 실수　　　나는 너무 세세한 관리에 대한 내용들을 이 책에서 하나의 독립된 장으로 만들 것인지 아닌지를 놓고 주변 사람들과 열띤 토론을 했다. 나는 매매에 관한 내용을 담은 따분하기 그지없는 이 책에 재미있는 일화들을 넣는 것도 좋겠다고 생각했지만, 그에 관한 내용들은 심리적인 문제들을 다룬 제6장에서 이미 언급했다는 사실도 깨달았다. 하지만 매매를 할 때 너무 세세히 관리하는 것이 얼마나 치명적인 실수인지에 대해 충분히 강조하지는 못한 것 같다는 생각 역시 많았다. 이런 문제로 고민하고 있을 때, 내가 추천했던 종목에 관한 내용을 담은 이메일을 한 통 받았다.

　그 종목을 처음 매수한 것은 7월 17일이었습니다.……그리고 그날 이후로 이 종목을 네 번 사고팔아 총 57달러의 손실을 보았죠. 하지만 처음 매수한 상태에서 그대로 보유하고 있었다면 1115달러의 이익을 볼 수도 있었을 겁니다.

처음에는 이상한 일이라고 생각했지만, 사실 그것은 내가 늘 받는 내용의 이메일 중 하나였다. 운 좋게도 나는 다양한 부류의 투자자들과 함께 일했다. 나로서는 정말이지 감사한 일이다. 그들이 저지르는 숱한 실수들을 보면서 내가 어떤 행동을 하면 안 되는지 항상 마음에 새겨둘 수 있었다. 나는 그런 메일들을 받아보면서 너무 세세하게 관리하는 것이야말로 투자자들을 망치는 가장 크고 일반적인 문제점이라는 사실을 깨달았다. 그들은 승자들의 길에 함께 서지 않고, 시장이 언제 돌아설지 자신들이 생각하는 타이밍에 빠져나오려고 한다. 그들은 이렇게 생각하는 것이다. '이 정도면 많이 벌었어. 추세가 얼마나 더 오래가겠어?' 설상가상으로 심지어 이런 말을 할 만큼 기다릴 수 있는 투자자가 그렇게 많지도 않다. 그들은 결과를 미리 예측하려 들고 시장에 진입한 지 몇 분 만에 포지션을 청산하기도 한다.

내가 운영하는 투자자문에서는 진입 시점을 추천하는 것과 함께 1차 이익 실현을 할 가격대 그리고 나의 추천이 틀렸을 경우 손실에 대비하기 위한 손절매 가격대를 권유한다. 하지만 해당 종목의 주가가 조금만 거꾸로 가기라도 하면 언제나 변함없이 그들 스스로 주가를 예측한 내용을 담은 이메일을 보내온다. 그들의 주장대로 좀 더 일찍 빠져나오는 것이 더 좋은 결과를 낼 때가 종종 있다는 사실은 나도 인정한다. 그들은 내게 "오늘 전체 시장은 2% 상승했는데 이 종목은 오히려 하락했습니다. 올랐어야 했는데…… 뭔가 잘못된 것이 틀림없어요"라든가, "이렇게 작은 저항도 뚫고 올라갈 수 없다니…… 정말 강한 종목이라면 그런 저항쯤은 한 방에 뚫고 올라가야 하지 않나요?"라고 말한다. 대부분의 경우 그들은 차트를 무시한 채 기업 가치나 뉴스에 귀를 기울인다. 하지만 그러면 그럴수록 사실과 소문을 혼동하는 것이다. 다음의 예는 내가 가장 즐겨 사용하는 것인데, 너무 세세하게 관리하면 왜 안 되는지를 제대로 보여준다.

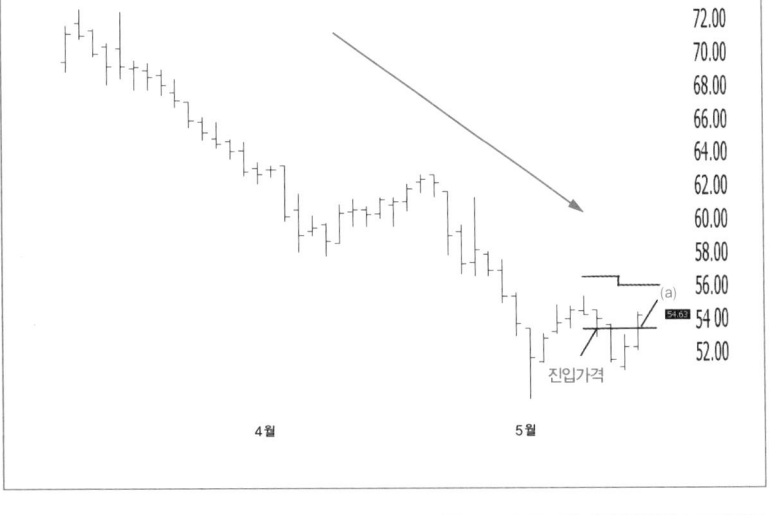

그림 10-1 **뉴로크린 바이오사이언스 주가차트**

그림 10-1은 제약 기업인 뉴로크린 바이오사이언스Neurocrine Biosciences의 주가 차트인데, 큰 화살표로 표시한 것처럼 하락 추세가 빨라지다가 되돌림 움직임을 보이고 있다. 되돌림 이후 매도 진입 신호

가 발생했고 처음에는 우리가 원하는 방향(주가 하락)으로 움직였다. 그러나 매매를 시작한 지 나흘째 되는 날 주가가 조금씩 상승하기 시작한다. 바로 이 시점에서 고객들로부터 매매를 중단하겠다는 것을 알리는 몇 건의 이메일을 받았다. 그들은 주가가 미리 정한 손절매 가격에 도달하지도 않았는데, 대부분 나흘 전에 매도 진입한 가격과 동일한 (a)의 가격에서 매도 포지션을 청산(환매)했다.

이 종목의 주가는 바로 다음 날 (b)로 표시한 것처럼 폭락하여 하루 사이에 주가가 반 토막이 되었다. 그리고 이후 몇 주에 걸쳐 거기서 또 다시 절반 이상 하락했고, 결국에는 주가가 한 자릿수까지 떨어졌다. 바로 전날 환매하지 않고 매도 포지션을 계속 유지하고 있었다면 그해에 가장 큰 수익을 낼 수도 있는 종목이었다.(그림 10-2)

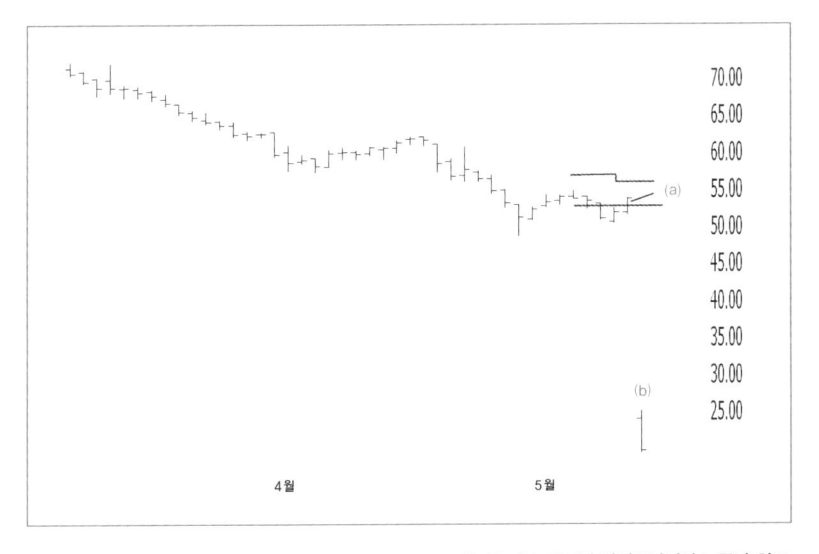

그림 10-2 **뉴로크린 바이오사이언스 주가 차트**

보다시피 단 한 번의 거래에서도 너무 세세한 것까지 관리하려고 하면 여러분의 매매 성과에 엄청난 영향을 미칠 수 있다.

투자자들은 왜 세세한 것까지 관리하려고 하는가?　　　투자자들이 너무 세세한 것까지 관리할 수밖에 없는 이유는 다양하다. 첫째, 시장이 나쁜 행동에도 보상을 준다. 둘째, 인간은 감정이 있고, 그 감정 때문에 항상 자신이 옳아야 한다는 자존심이 생긴다. 또 우리의 감정은 고통을 피하고 싶도록 만든다. 셋째, 우리는 순간의 만족을 사랑하는 사회에 살고 있다. 이런 것들에 대해 좀 더 살펴보자.

때때로 시장은 나쁜 행동에도 보상을 준다　　　주가가 조금이라도 거꾸로 갈 때 곧바로 포지션을 정리하지 않으면 손실이 엄청 커질 것처럼 보인다. 그리고 많은 경우에 작은 이익이 났을 때 곧장 이익 실현을 하지 않으면 전부 다 날아가버릴 것만 같은 생각이 든다. 따라서 너무 세세한 것까지 관리하려는 투자자는 종종 단기 매매에 치우치게 되고 장기 매매는 절대 하지 못한다. 손실이 아주 조금 날 때마다 청산하면 자신이 아주 운 좋은 것처럼 느껴지겠지만, 머지않아 그해에 가장 큰돈을 벌어다 주었을 수도 있는 매매를 놓치게 될 것이다.

순간의 만족에 대한 욕구　　　패스트푸드, 편리한 가전제품 그리고 컴퓨터 등이 넘쳐나는 사회에서 우리는 원하는 것들을 아주 쉽고 빠르게 얻을 수 있다. 하지만 불행하게도 시장은 자신만의 시계대로 움직이며 여러분의 시계는 신경 쓰지 않는다. 큰 추세가 형성되기 위해서는 시간이 필요하다.

고통받기를 원치 않는 것이 인간의 본성이다　　　시장은 제멋대로 움직인다. 물론 추세는 여러분의 친구지만, 그것이 반드시 주가가 일직선으로 움직인다는 것을 의미하지는 않는다. 주가는 지그재그로 움직이는 성질이 있다. 그것이 시장에 대해 내가 확실히 보장할 수 있는 몇 안 되는 것들 중 하나다. 하지만 아직도 많은 투자자들이 고통을 피하는 방법이 분명 있을 거라고 생각한다. 즉 시장에 어떤 식으로 진입하고 빠져나오든 간에 모든 역경들을 피해가면서 지속적으로 돈을 버는 방법이 있을 거라고 생각하는 것이다. 그들은 존재하지도 않는 매매의 성배를 찾느라 많은 세월을 허비한다.

지나치게 세세한 관리를
피하는 방법

시장이 스스로 판단하도록 하라　　　바로 앞의 예에서 보았듯이 시장보다 한 수 앞서 시장을 이기려 하다 보면 엄청난 기회를 날리는 경우가 종종 일어날 것이다. 따라서 매매에 관한 결정을 시장이 스스로 내릴 수 있도록 하라. 여러분의 가장 중요한 임무는 정확히 주문을 넣고 그와 관련된 나머지 것들을 잊는 것이다. 여러분의 판단이 틀렸다면, 미리 설정해놓은 손실 제한을 위한 손절매가 포지션을 정리해줄 것이다. 그리고 여러분의 판단이 맞다면, 추적 손절매가 오랫동안 시장에 머물

수 있게 도와줄 것이다. 추적 손절매처럼 필요한 주문을 수정하는 것 말고는 여러분이 할 일이 별로 없다. 사실 여러분에게 점점 더 규율이 생기게 되면 약간의 자유재량을 훈련해야 할 상황이 올 수도 있다. 하지만 대부분의 경우, 이미 보유하고 있는 포지션에 여러분이 무언가 해야 할 일은 아무것도 없다. 매매는 살아 있는 생물과 같기 때문에 많은 사람들이 이 부분에서 어려움을 느낄 수도 있을 것이다.

시장에 진입하기 전에 긴장하고, 진입 후에는 느긋해라　　　최선을 다해 매매하고 결과를 기다려라. 가장 강한 추세가 있는 종목에서 해당하는 업종 지수와 일치하게 나타나는 최고의 진입 신호를 찾아내라. 업종 지수를 구성하는 다른 종목들 역시 추세를 형성하고 있는지 확인하라. 각각의 종목들을 면밀히 살펴보라. 모든 조건들이 잘 들어맞는지 꼭 확인하라. 정말로 여러분이 찾아낼 수 있는 최고의 종목인가? 여러분의 확신을 더해줄 다른 종목들이 더 있는가? 여러분이 해야 할 과제를 모두 끝마쳤다면, 이제 주문을 넣고 그것이 틀렸는지 맞았는지는 시장이 증명하도록 두자. 시장에 진입하기 전에는 긴장해야겠지만, 일단 진입하고 나면 느긋해져라.

매매 계획을 세우고 그 계획대로 매매하라　　　어느 시점에서 진입하고, 어느 시점에서 1차 이익 실현을 할지, 여러분의 판단이 틀렸을 때는 어느 지점에서 손절매를 해야 할지, 그리고 여러분의 판단이 옳았을 경우에는 어떤 식으로 추적 손절매를 할 것인지 미리 계획을 세워야 한다. 계획이 서 있다면 그대로 매매를 하라. 중간에 끼어들거나 마음이 바뀌어 5분 후에 청산하는 짓을 해서는 안 된다.

합리적인 규모로 매매하라　　　합리적인 규모로 매매를 하면 보유한 포지션이 원하는 방향으로 움직일 때까지 기다릴 수 있다. 그리고 원하는 움직임이 나오지 않아 손절매를 하게 되더라도 관리 가능한 작은 손실이 될 것이다. 그런 경우에는 어깨 한 번 으쓱하고 다음 기회를 기다리면 된다.

확실하지 않을 때는 참고 기다려라　　　앞에서도 언급했듯이, 어쩌다 성공할 수도 있다. 시장에 진입하자마자 주가가 날아오른다. 그럴 때는 자신의 계획을 지키는 것이 쉽다. 나머지 99%의 기간 동안에는 주가가 제멋대로 움직일 것이다. 작은 이익을 안겨주는 것처럼 보이다가 어느 순간 모든 이익이 날아가고 작은 손실이 발생하기도 한다. 이런 일이 자주 발생하다 보면 손실이 더 커지기 전에 청산하고 싶어지기도 하고, 주가가 다시 반등하면 처음 계획과 달리 작은 이익만 보고 바로 빠져나오고 싶어지기도 한다.

　내가 가장 후회하는 일 중 하나가 나의 첫 번째 책에서 "확실하지 않을 때는 빠져나가라"라는 내용을 말한 것이다. 시장이 강한 상승장일 경우에는 분명 맞는 말이었다. 그런 시장에서는 대부분의 주식이 상승하고 있기 때문에 상승 흐름을 보여주지 못하는 종목에서 머뭇거리는 것은 바보 같은 짓이다. 하지만 최근 10여 년 동안에는 시장이 추세를 형성하는 데 좀 더 많은 시간이 필요했다. 주가가 마침내 날아오르기 전에는 점점 더 불규칙적인 움직임을 오랫동안 보여주는 경향이 있는 것이다. 여러분이 보유한 종목의 주가가 원하는 방향으로 움직일 때까지 시간을 줘야 한다.

하루 종일 모니터 앞에 있지 마라   투자자의 심리를 다룬 제6장에서 언급한 것처럼, 장기 투자 전략을 사용하는 투자자가 하루 종일 모니터를 바라보면 재정적 건강과 심리적 건강에 매우 해로울 수 있다. 하루 종일 모니터를 바라보고 있으면 주가가 한 틱 한 틱 움직일 때마다 실제보다 더 큰 일이 일어나고 있는 것처럼 보인다. 여러분이 승리자의 길을 따르지 못하고 지속적으로 너무 세세한 것까지 관리하고 있다면, 손절매 주문을 걸어놓고 컴퓨터를 끄기 바란다.

   컴퓨터 모니터를 절대 쳐다보지 말라는 말을 하는 것이 아니다. 장이 시작될 때 시가를 확인하고 처음 5분에서 15분 정도 주가의 움직임을 확인하는 것은 매우 중요한 일이다. 그런 관찰은 여러분이 흥분해서 시장에 진입하거나 전전긍긍하며 걱정하는 상황을 막아줄 것이고, 좀 더 발전된 기법을 적용할 수 있도록 도와줄 것이다. 장이 시작할 때 주가의 움직임을 모두 확인했다면, 이제 여러분은 원래 하던 일을 하면서 필요할 때 여러분이 곧바로 행동을 취할 수 있도록 주가가 목표 가격에 도달했을 때 알람을 울리도록 설정해두기만 하면 된다.

■ 요약

내가 제안하는 매매는 처음에는 짧은 타임 프레임을 사용하는 단기 신호를 이용해 매매를 시작하지만, 진짜로 큰돈은 장기간의 추세에서 나온다는 사실을 절대 잊어서는 안 된다. 많은 투자자들이 너무 세세한 것까지 관리하려 하기 때문에, 주가가 조금만 거꾸로 움직이면 빠져나오거나 아주 작은 이익만 생겨도 서둘러 이익 실현을 하다가 큰 추세를 놓치는 경우가 많다. 너무 세세한 것까지 관리하면 자칫 큰 손실로 이어질 수도 있는 매매를 피하도록 도와줌으로써 단기적으로는 이익을 주는 것처럼 보일 수 있다. 바로 이런 점이 시장이 나쁜 행동에 보상을 주는 문제를 만들어낸다. 길게 보면 너무 세세한 것까지 관리하려는 것은 결코 도움이 되지 않는다. 그런 조바심은 여러분의 전체적인 매매 성과에 아주 큰 영향을 줄 수도 있는 큰 추세를 놓치는 원인이 될 수 있다. 한 번의 큰 이익은 여러분이 세세하게 관리하여 조금씩 모은 수십 번의 이익을 합한 것을 능가할 수 있다.

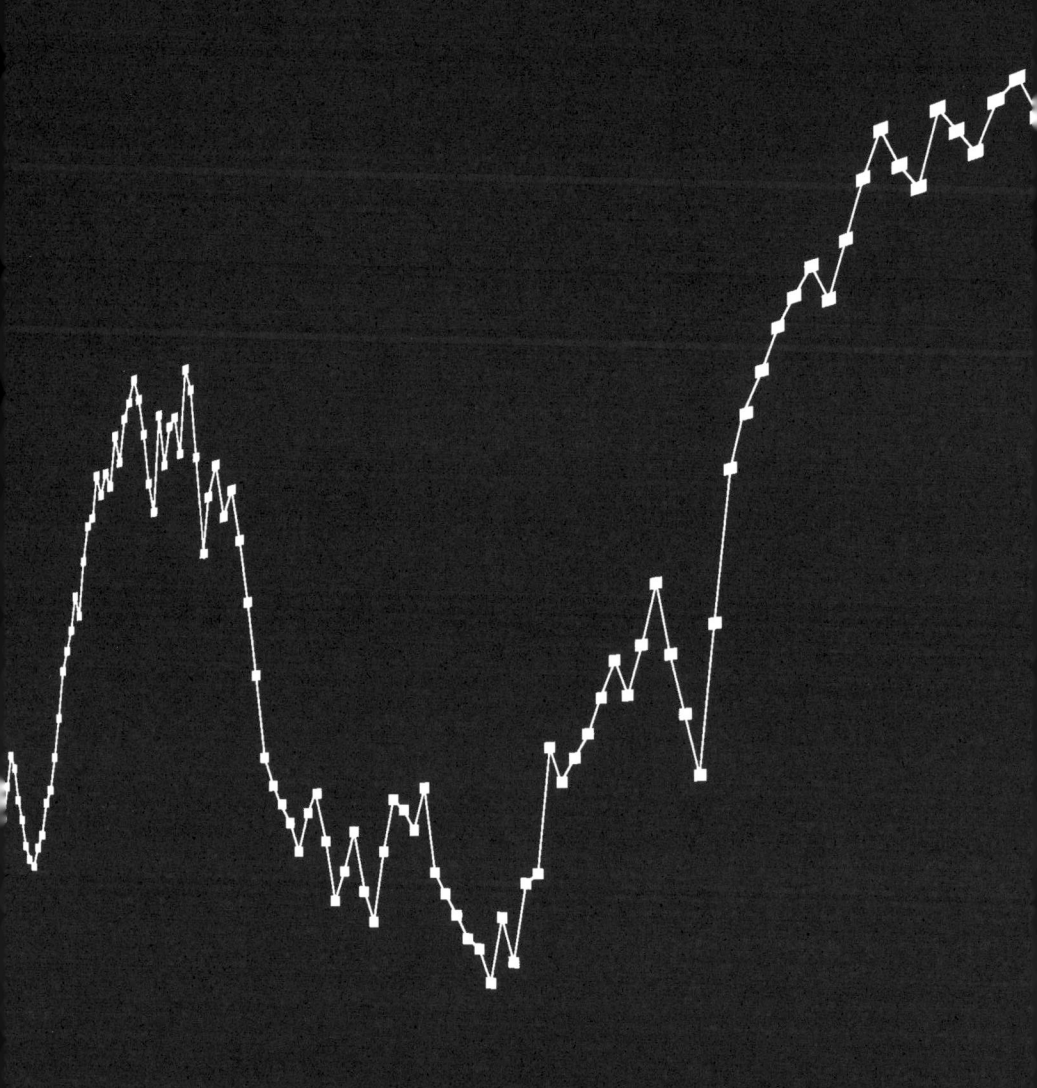

제11장

발전된 매매 및
자금 관리

경험이 쌓이면 시장의 큰 추세에 일찍 참여하고, 과열된 상태에서 시장에 진입하는 것을 피하며, 시장이 예상과 달리 거꾸로 갈 때도 살아남아 피해를 최소화하기 위해 약간의 자유재량을 적용할 수 있을 것이다. 또한 여러분은 기본적인 자금 관리 전략들을 좀 더 발전시킬 수도 있을 것이다.

발전된 기법들

자유재량에 의한 기법들을 사용하기 위해서는 한창 전투가 벌어지고 있을 때 여러분의 판단이 필요하다는 사실을 명심해야 한다. 자유재량을 사용하기 위해서는 상당한 규율과 경험이 필요하다. 자유재량에 의한 기법들을 실제 매매에 바로 적용하기에 앞서, 스스로 감을 잡을 수 있도록 실시간으로 이러한 기법들을 관찰해보기 바란다. 그리고 리스크를 최소화하기 위해 항상 적절한 자금 관리를 사용해야 하는 것도 잊어서는 안 된다.

일찍 진입하기   모든 조건이 이상적일 때는 교과서적인 방법보다 시장에 일찍 진입(선행 진입)하는 것을 고려할 수 있다. 이상적이라는 것은 전체 시장, 해당 업종 지수 그리고 유사한 다른 개별 종목들이 모두 강한 추세를 형성하면서 똑같은 기술적 패턴을 만들고 있는 경우를 말한다.

그림 11 – 1에서 볼 수 있듯이 '선행 진입Front Run Entry'을 하려면 실제로 (b)로 표시한 가격에서 매매 신호가 발생하기 전에 (c)의 가격에서 미리 진입한다. 매수의 경우에는 장중에 주가가 상승하고 있을 때 미리 진입하는 것을 의미한다. 여러분은 주가의 상승 모멘텀이 좋은 기간에는 직전의 추세가 재개될 것으로 보이는 신호가 보이자마자 시장에 진입하고 싶어 할 것이다. 교과서적인 매수 진입 시점인 (b)의 가격이 오기를 기다리는 사람들보다 먼저 시장에 진입하려는 것이다. 주가가 교과서적인 매수 시점에 도달하기를 기다리던 투자자들이 매수

를 시작하면 주가의 상승 흐름이 더 빨라진다. 그러면 여러분은 그런 투자자들보다 앞서 선행 진입을 하게 되는 것이다.

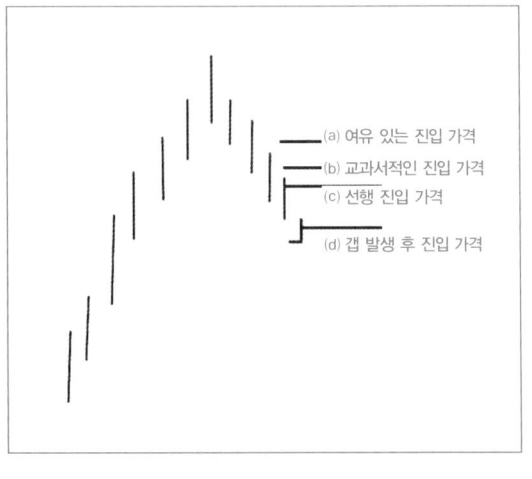

(a) 여유 있는 진입 가격
(b) 교과서적인 진입 가격
(c) 선행 진입 가격
(d) 갭 발생 후 진입 가격

그림 11-1 **선행 진입**

시장에 가장 빨리 진입하는 방법은 갭 채움 진입Opening Gap Reversal이다. 이것은 주가가 시가에 갭 하락으로 출발했으나 빠르게 상승하여 이 갭을 채울 때 진입하는 방법이다. 그림 11-1의 (d)로 표시된 지점에서 갭 채움 진입을 할 때, 가장 좋은 경우는 전체 시장과 업종 지수역시 시가의 하락 갭을 메우며 상승할 때다. 갭 채움 진입의 장점은 주가가 갭 하락하여 출발할 경우 시가 근처에서 당일의 저점을 형성하고 상승하는 경우가 종종 있기 때문에 위험 보상 비율이 매우 커질 수 있다는 점이다. 하지만 주가가 시가의 갭 하락을 메우며 상승하지 않는 경우에는 매매를 피해야 한다. 갭 하락으로 출발한 시가가 그날의 저점이 되는 경우가 종종 생긴다. 이런 움직임을 이용하기 위해 여러분은 아주 민첩하고, 요령이 있어야 하며, 무엇보다 규율이 있어야 한다. 그리고 '갭 채움 진입'으로 시장에 진입한 후에 주가가 곧바로 하락하는 경우에는 매매를 중단할 것을 고려해야 한다. 손실을 받아들이고 곧바로 빠져나올 준비가 되어 있어야 하는 것이다.

선행 진입과 갭 채움 진입을 이용한 매매는 보다 발전된 매매 기법이며, 경험 많은 투자자가 이상적인 시장 환경에서만 사용해야 하는 방법이다.

갭 출발 후 빠르게 움직이는 종목은 조심하라　　　장이 시작할 무렵에는 종종 감정적으로 흥분된 거래가 발생한다. 간밤에 나온 뉴스가 시장에 흘러들어와 투자자들이 패닉 상태에 빠져 시장에 진입하거나 빠져나오도록 만들 수 있다. 불행히도 이렇게 불안한 상태에서 이루어지는 매수나 매도는 빠르게 제자리를 찾아가는 경우가 종종 있다. 그런 행동들로 인해 갭 채움 현상이 발생하거나 장 시작 직후 주가가 매우 빠르게 움직이기도 한다. 그러면 우리가 이런 상황들에 어떻게 대처해야 하는지 살펴보자.

그림 11－2는 여러분이 (a)로 표시한 교과서적인 가격에서 매수 진입을 하려고 했는데, 주가가 갭 상승하여 원래 진입하려던 가격보다 위인 (b)의 가격에서 출발한 경우를 보여주고 있다. 시가가 매수 가격보다 위에 있기는 하지만 시가의 상승 갭은 종종 그날의 고가가 될 가능성이 높기 때문에, 다른 투자자들처럼 시가에 무조건 뛰어드는 것은

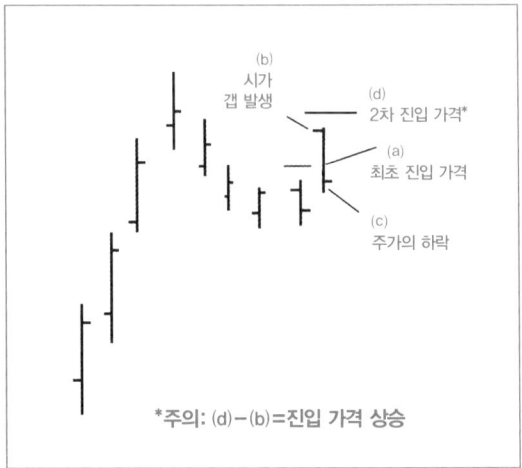

그림 11-2 **시가 갭 발생**

일반적으로 좋은 생각이 아니다. 오히려 갭 상승한 시가가 당일의 고점이 되면서 주가가 하락하는 것은 아닌지 알아보기 위해 몇 분 정도 기다리는 것이 좋다. 실제로 그런 일이 발생해 주가가 (c)로 표시한 가격까지 하락할 경우에는, 주가가 다시 상승하여 시가 근처보다 높은 가격이 될 때까지 기다렸다가, 반드시 그런 상황이 되었을 때에만 시장에 진입하는 것이 더 좋은 방법이다. 이제 여러분이 기다려야 하는 매수 시점은 주가가 (d)로 표시한 가격보다 위로 올라오는 순간이다. 주가가 시가를 살짝 돌파했다가 다시 주저앉는 속임수를 피하려면 (d)로 표시한 가격보다 매수 시점에 좀 더 여유를 두는 것이 좋다.

그림 11-3에 나타난 것처럼 주가가 (b)로 표시한 가격으로 갭 상승 출발하고 상승 흐름을 계속하여 (c)로 표시한 화살표처럼 상승하는 경

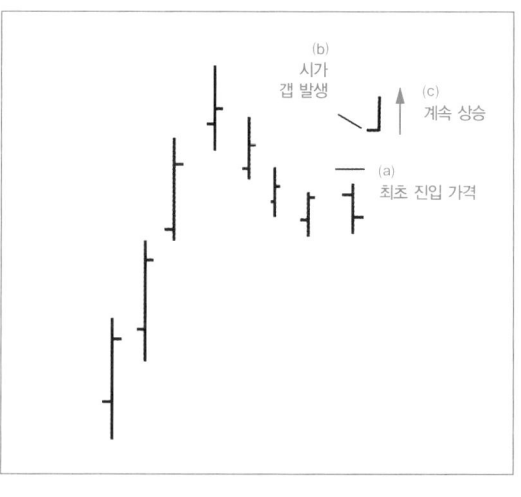

그림 11-3 **시가 갭 발생 후 계속 상승**

우에는 '따라 들어가느냐' 아니면 '포기하느냐' 하는 선택의 기로에
서게 된다. 이것은 매우 어려운 결정이다. 따라 들어가기로 결정할 경
우, 여러분은 장이 시작할 때의 과열 상태에 낚여 당일 최고가에 매수
할 수도 있는 리스크를 안고 가는 것이다. 매매를 포기하기로 결정하
는 경우에도, 주가가 엄청난 상승을 이어가 다시는 그 가격으로 돌아
오지 않을 수도 있는 리스크를 감수해야 한다. 시가에 갭 출발을 하고
주가가 그 방향으로 계속 진행할 경우에는 여러분이 따라 들어가든 포
기하든 매우 곤란한 상황에 처할 위험이 존재한다.

　이런 경우에는 시가에 발생한 갭의 크기가 진입 여부를 결정하는 데
도움이 된다. 주가가 매우 큰 폭의 갭으로 출발할 때 따라 들어가는 것
은 위험하다. 그런 경우에는 포기하는 편이 더 나을 것이다. 반대로 시
가에 발생한 갭 가격이 여러분이 목표로 한 진입 가격보다 약간 높은

수준이라면, 과열된 상황이 아니므로 따라 들어가는 것을 고려해보는 것도 좋은 방법이다.

장 시작 후 빠르게 움직이는 종목　　　　개별 종목들의 움직임을 살펴보면 시가는 아주 조용히 만들어졌다가 곧바로 빠르게 상승하는 종목들이 가끔 있다. 이런 경우, 해당 종목의 당일 시가와 시장에서 생각하는 적정 가격 사이에 커다란 공백이 있는 것이다. 시가가 평범하게 시작되는 것은, 잘 모르는 일부 투자자들이 시장이 생각하는 적정 가격보다 상당히 낮은 가격에 매도 주문을 내기 때문이다. 시장 조성자들과 프로 투자자들은 이런 먹잇감을 좋아한다. 이렇게 주가가 장 시작 후 뒤늦게 움직이는 현상은 큰 세력들이 시장에 뛰어들기 전에 시장이 전날의 뉴스에 어떻게 반응하는지 보기 위해 잠시 기다리고 있기 때문에 발생하기도 한다. 기술적 분석으로 보면 갭 출발이 아니지만, 주가의 이런 움직임은 갭 발생이 몇 초에서 몇 분 늦어지는 것을 제외하고는 일반적인 갭 발생과 동일한 것으로 판단할 수 있다. 진짜 갭이 발생하는 경우와 마찬가지로 이처럼 갑자기 상승한 주가는 빠르게 제자리를 찾아갈 가능성이 높다. 따라서 장 시작 직후 매우 빠르게 움직이는 종목은 갭이 발생한 경우와 비슷한 방식으로 접근해야 한다.

　그림 11 –4의 (a) 화살표에 나타난 것처럼 주가는 조용히 시가를 만들었다가 곧바로 급상승하는 움직임을 보이면서 여러분이 미리 생각하고 있던 매수 진입 가격인 (b)를 넘어서는 경우가 있다. 이런 현상이 발생하면 이후에도 주가가 계속 상승하는지 좀 더 지켜봐야 한다. 주가가 계속 상승하지 않고 돌아서는 경우에는 당일 첫 바의 고점(즉 장중

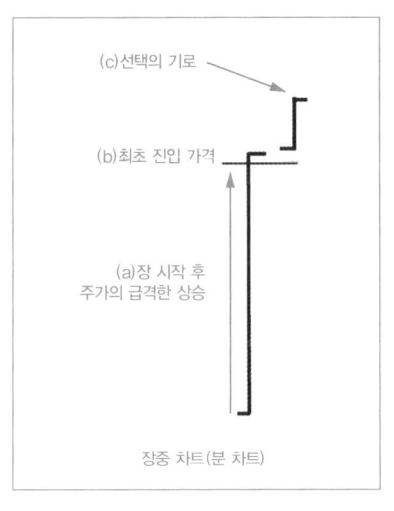

(c)선택의 기로

(b)최초 진입 가격

(a)장 시작 후
주가의 급격한 상승

장중 차트(분 차트)

그림 11-4 장 시작 후 빠른 움직임

고점)보다 높은 가격까지 주가가 다시 올라갈 때 매수 진입을 노리는 것이 좋다. 그렇지 않고 주가가 계속 상승하여 (c)의 가격까지 올라간다면, 여러분은 또다시 '따라 들어가느냐' 아니면 '포기하느냐' 하는 선택의 기로에 서게 된다. 이런 경우에는 시가에 갭이 발생한 경우와 마찬가지로 여러분이 따라 들어가든 포기하든 매우 곤란한 상황에 처할 위험이 존재한다.

진입 방법 학습　방금 앞에서도 보았듯이 시장에 진입하는 것은 교과서적으로 단순히 전날의 고점 바로 위에서 매수 주문을 넣는 것보다는 다소 복잡해질 수도 있다. 내가 다양한 시나리오에 대한 대응 방법을 소개했지만, 실제로 한창 전투가 벌어지고 있을 때 여러분이 어떻게 반응해야 하는지를 배우기 위해서는 꽤 많은 경험을 쌓을 필요가 있다.

따라서 처음 매매를 접하는 투자자라면 전날의 고가와 매수 가격 사이에 적당한 여유 공간을 두어야 한다. 경험을 많이 쌓은 뒤라면 주변 조건이 매우 좋을 경우에 한해 시장에 일찍 진입하기 위해 다른 방식의 진입 기법을 사용할 수도 있다. 초보 투자자라면 경험을 많이 쌓기 전까지는 '선행 진입'이나 '갭 채움 진입'을 삼가는 것이 좋다. 더 많은 경험을 쌓으면 장 초반의 과열된 시장에서 빠져나오기 위해 자유재량을 사용할 수도 있을 것이다.

자금 관리와
포지션 관리 개선하기

큰 손실에 대처하기   아마도 여러분은 조만간 시장과 다른 방향으로 매매하게 될지 모른다. 시장이 여러분의 포지션이 원하는 방향과 다른 방향으로 시가 갭을 만들 수도 있다. 즉 아침에 일어나보니 여러분이 계획했던 것보다 손실이 훨씬 클 수도 있다는 말이다. 이런 일이 발생했을 때는 나머지 다른 사람들이 큰 손실로 인해 허둥대고 있는 동안 침착하게 대처해야 한다. 그런 상황에서는 모든 사람들이 시장에서 서둘러 빠져나오고 싶어 할 것이다. 하지만 패닉 상태에서 나오던 매물이 금세 고갈되고 거꾸로 상승 흐름이 나올 수도 있다. 물론 그런 일이 늘 일어나는 것은 아니다. 따라서 원하던 반전이 나오지 않는다면 물어볼 필요 없이 여러분도 즉시 빠져나와야 한다.

구체적인 상황을 설명하기에 앞서, 큰 손실에 대처하는 계획을 수행할 때 오전 동시호가에 가격역지정 주문(STOP 주문)으로 손절매 주문을 넣어선 안 된다는 사실을 명심해야 한다. 오전 동시호가에 그런 식으로 주문을 넣는다면, 여러분이 낸 주문은 바로 시장가 주문이 되기 때문에 가장 나쁜 가격에 주문이 체결될 수도 있기 때문이다. 이제부터 구체적인 것들을 살펴보자.

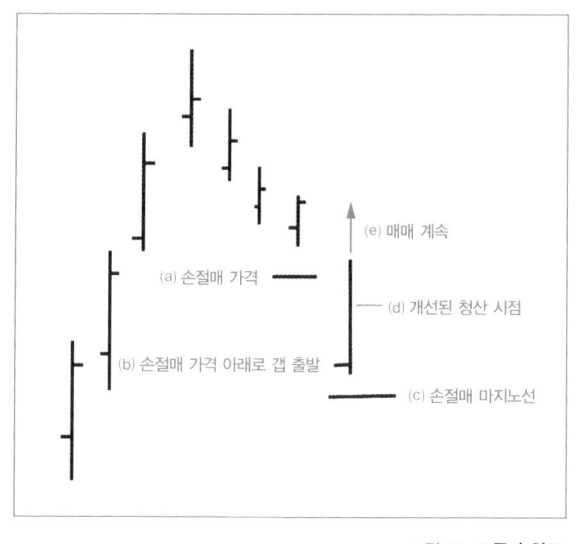

그림 11-5 **주가 차트**

그림 11-5를 보면 여러분이 설정한 손실 제한을 위한 손절매 가격은 (a)다. 여러분의 의도와는 다르게 주가가 급락하여 그보다 훨씬 낮은 (b)의 가격으로 갭 하락하여 출발한다. 이 시점에서 여러분은 바로 포지션을 청산하는 것이 아니라 주가가 다시 돌아서는지 보기 위해 잠시 기다려야 한다. 운이 좋으면 시가가 당일의 저가가 되는 행운을 잡

을 수도 있겠지만, 최소한 처음 얼마 동안은 시가 아래의 가격에서 매도하려는 투자자들이 나올 수 있다. 따라서 여러분은 시가 아래로 약간의 여유 공간을 남겨두어야 한다. 여러분은 이미 시가에 발생한 갭으로 인해 어쩔 수 없이 큰 손실을 보고 있기 때문에 좀 더 손실이 늘어난다고 해서 크게 달라지는 것은 없다. 하지만 더 이상의 손실을 견딜 수 없는 가격은 정해놓아야 하는데, 주가가 이렇게 정한 마지노선인 (c)의 가격까지 내려오면 곧바로 청산해야 한다. 만약 운 좋게도 주가가 (c)의 가격까지 내려오지 않고 반등한다면 주가가 상승하는 정도에 따라 (d)로 표시한 가격에서 청산할 수 있을 것이다. 정말로 운이 좋은 경우라면 주가가 더 올라서 전날 종가보다 상승 반전할 수도 있다. 그런 경우에는 (e)의 화살표로 표시한 것처럼 매매를 계속할 수 있다. 이런 일이 발생한다는 것은 여러분이 녹아웃 형태의 움직임에서 살아남게 되었음을 의미한다.

시가의 갭 발생으로 인한 큰 손실에 대처하는 계획을 수행하기 위해서는 상당한 규율이 있어야만 한다. 주가가 원하는 방향으로 되돌아오지 않는다면 사태가 더 악화되기 전에 서둘러 빠져나와야 한다. 사실 지금 설명하고 있는 큰 손실에 대처하는 계획은, 이 책 앞에서부터 계속 소개해온 자금 관리 전략과는 반대되는 방법이다. 따라서 여러분은 이런 식으로 생각해야 한다. 이미 큰 손실을 보았으므로 손실이 조금 더 늘어난다 해서 크게 달라지는 것은 아니라고 말이다. 추가로 감수하는 리스크를 어느 정도로 할 것인지는 발생한 갭의 크기, 해당 종목의 가격대와 변동성에 따라 달라질 수 있다. 일반적으로 고가주일수록 추가로 감수하는 리스크의 가격 폭이 더 클 것이다. 변동성이 큰 종목에서 상당히 큰 폭의 갭이 발생했다면 변동성이 작은 종목에 비해 상대적으로 좀 더 큰 폭의 여유를 주어야 한다. 이 같은 방법을 사용하여 자칫 큰 손실이 발생할 수도 있는 매매에서 한 번만 살아남아도 다음에 발생할지도 모르는 큰 손실에 대처하기가 더욱 수월해질 것이다.

장 시작 직후의 충격에서 살아남기　　　　　때때로 주가가 여러분이 미리 설정한 손절매 가격보다는 위에서 출발했지만 순식간에 그 가격을 깨고 내려갔다가 이내 회복되는 경우가 있다. 이런 현상은 여러분이 미리 정한 손절매 가격이 현재가와 가깝거나 전체 시장이 장 시작 직후 나온 부정적인 뉴스로 급락하는 경우에 발생할 수 있다. 이런 경우에는 갭 하락에 의한 큰 손실에 대처하는 것과 마찬가지로, 해당 종목의 주가가 저점을 찍고 빠르게 반등하는지 살펴보기 위해 잠시 기다리는 방법으로 원치 않는 손절매를 피할 수 있다.

그림 11 –6을 통해 자세히 살펴보자. 장이 시작되고 처음에 설정했

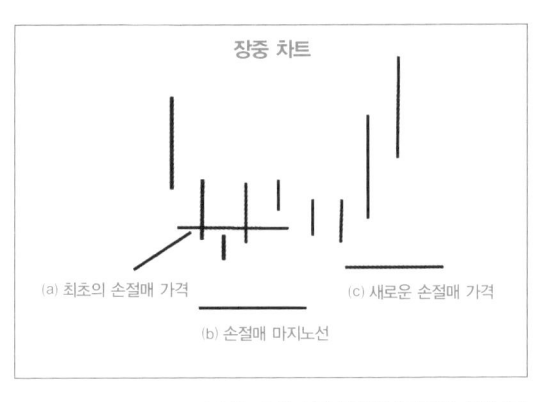

그림 11–6 **장 시작 직후의 충격에서 살아남기**

던 손실 제한을 위한 손절매 가격인 (a)를 빠르게 뚫고 내려간다. 이후에도 주가가 계속 하락하여 마지노선인 (b)의 가격에 도달하면 물어볼 필요도 없이 정리하는 것이 맞다. 주가가 마지노선을 건드리지 않고 상승하기 시작하면 손실 제한을 위한 손절매 가격을 장중 저가 아래인 (c)의 가격으로 바꿀 수 있다. 갑자기 들이닥친 부정적인 상황에서 주가가 어떻게 움직이는지 살펴보기 위해 기다림으로써 종종 이익을 만들어낼 수도 있다. 하지만 그것이 어떤 것이든 자유재량에 의한 기법을 사용하기 위해서는 상당한 규율이 필요하다는 점을 절대 잊어서는 안 된다.

잦은 손실에서 살아남기　　　여러분은 조만간 적은 금액의 손실을 보는 손절매를 자주 하게 되면서 주가가 조금만 거꾸로 가도 극도의 고통을 느낄 수 있다. 이런 시나리오에 대해 살펴보자. 그림 11–7을 보면 매수 신호가 발생하여 시장에 진입하고 다음 날 주가가 상승한다. 여러분은 매수 이후 고점이 높아졌으므로 손절매 가격을 처음 정한 (a)보다 높은 (b)의 가격으로 바꾼다. 3일째 되는 날은 주가가 크게 하락했지만 손절매 가격은 건드리지 않았다. 손절매 가격은 현재가와 매우 가까워졌고 주가가 조금만 출렁거려도 손절매 가격을 건드릴 가능성이 높아졌다. 4일째 되는 날, 주가는 바뀐 손절매 가격인 (b)를 살짝 뚫고 내려간 다음 (c)의 화살표로 표시한 것처럼 상승 추세를 재개한다. 이처럼 손절매 가격이 현재가와 매우 가까울 경우에는 시장이 다시 반등하는지 살펴보기 위해 손절매 가격을 낮추는 것이 좋다. 내가 지금 말하는 것은 손절매 가격을 조금 낮추라는 것이지 크게 낮춘 다음 마

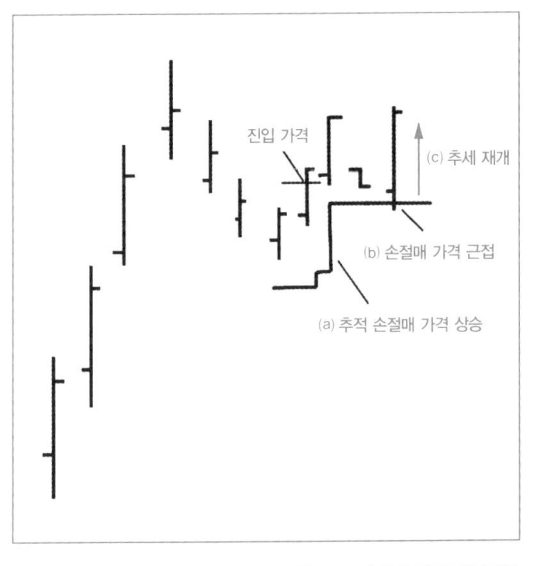

그림 11-7 **손절매 가격 되돌리기**

냥 희망을 가지라는 뜻이 아니다. 최초에 정한 손실 제한을 위한 손절매 가격 위로 반등이 일어나면 계속 매매하는 것이 좋다. 하지만 그 손절매 가격을 건드릴 경우에는 바로 청산해야 한다.

공짜로 얻는 선물 때때로 시장에 진입하자마자 주가가 상승하는 행운을 잡는 경우가 있다. 그림 11-8을 보면 (a)로 표시된 화살표처럼 며칠 동안 주가가 빠르게 상승하여 1차 이익 실현 목표 가격인 (b)에 접근한다. 이런 일이 발생했을 때는, 특히 업종 지수와 전체 시장 역시 똑같이 급격히 상승했을 때라면 이익 실현을 원래 정한 가격보다 조금 일찍 하는 것도 좋은 방법이다. 주가가 5달러 상승하기를 기다리고 있었는데 겨우 1달러 상승했을 때 이익 실현을 하라는 말이 아니라

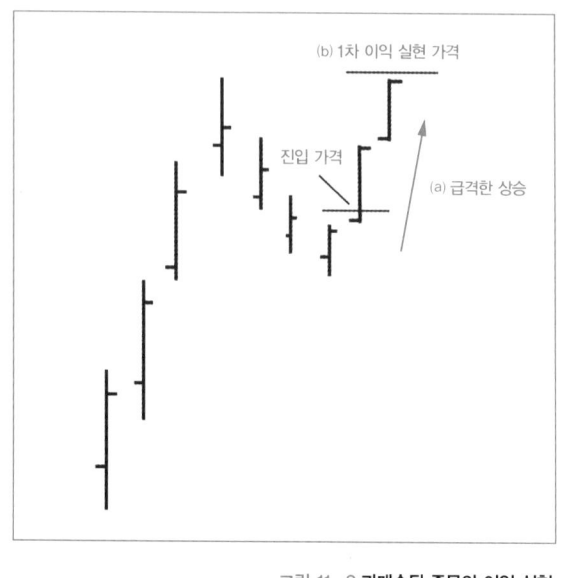

그림 11-8 **과매수된 종목의 이익 실현**

는 것을 명심해야 한다. 만약 여러분이 주당 5달러의 상승을 기대하고 있었다면, 주당 이익이 4.50달러나 4.70달러 정도 될 때까지 이 그림처럼 짧은 기간에 빠르게 상승했을 때 미리 조금 이익 실현을 하라는 말이다. 뜻하지 않은 선물이 들어왔을 때는 우선 챙기고 보는 것이 좋다. 이런 종목은 매우 빠르게 과매수 상태에 이르렀으므로 조정을 받을 가능성이 크기 때문이다. 특히 전체 시장이나 업종 지수가 똑같이 급격히 상승한 경우라면 그 가능성이 더 높다.

사소한 것에 신경 쓰지 마라 그림 11-9에 있는 것처럼 때때로 주가가 장중에 상승 흐름을 보이면서 1차 이익 실현 가격에 근접하지만

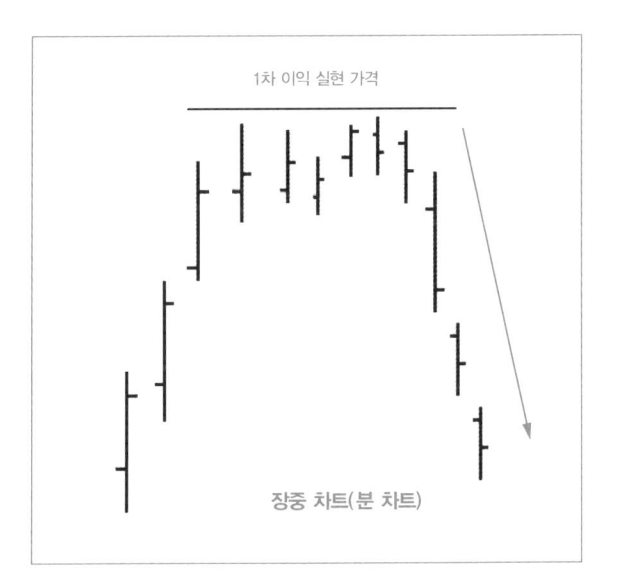

1차 이익 실현 가격

장중 차트(분 차트)

그림 11-9 **사소한 것에 신경 쓰지 않기**

그 가격을 돌파하진 못할 것처럼 보이는 경우가 있다. 이때는 사소한 것에 신경 쓰지 말고 1차 이익 실현을 조금 일찍 하는 것이 좋다. 이것은 특히 시장 조건이 완전히 이상적이지 않은 경우, 즉 들쑥날쑥한 시장이거나 전체 시장 혹은 업종 지수의 추세가 힘을 잃어가고 있을 때 적절한 방법이다. 부연하지만, 처음 설정한 목표 이익에 비해 아주 작은 이익을 취하라는 말이 절대 아니다. 그보다는 목표 이익 가격에 근접했을 때 1차 이익 실현을 할 수 있다는 것이며, 특히 주가가 1차 목표 이익 가격을 돌파하지 못할 것으로 보일 때에 한해서 이런 방법을 사용할 수 있다.

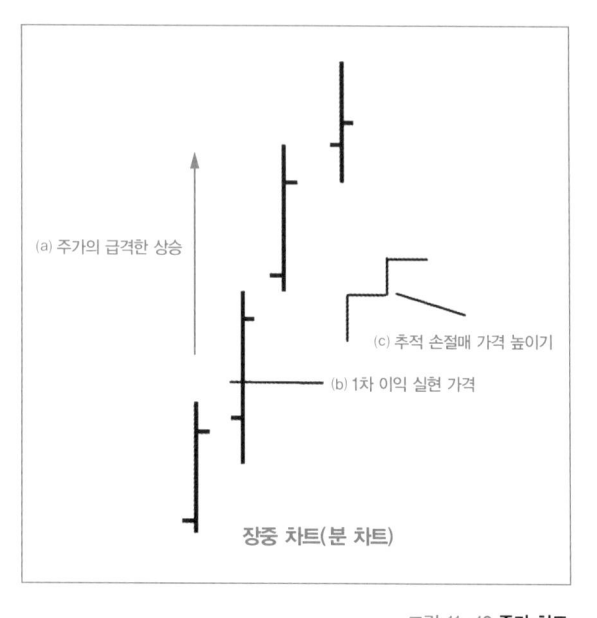

그림 11-10 **주가 차트**

주가 상승을 즐겨라　　　이제 가장 눈여겨보아야 할 시나리오가 있다.
그림 11-10을 보면 이 종목의 주가는 장중에 (a)로 표시된 화살표와
같이 빠르게 상승하여 1차 목표 이익 가격인 (b)의 가격을 돌파하고 계
속 올라간다. 이런 일이 발생했을 때 여러분은 장중이라도 1차 목표 이
익 이상을 얻기 위해 손절매 가격을 (c)의 가격으로 상향 조정할 수 있
다. 상승 추세가 확실히 강해서 충분한 이익이 났을 경우에는 나머지
수량에 대해서도 이익 실현이 가능하다. 좀 더 조심스러운 방법을 사
용하고자 한다면 나머지 수량에 대해 처음에 설정했던 1차 목표 이익
가격인 (b) 혹은 그 이상의 가격에 손절매를 설정하는 방법이 있다. 장
중에 새롭게 설정한 가격으로 청산되지 않으면 나머지 수량은 종가에

청산한다. 나머지 수량에 대해 손절매 주문만 걸어두고 모니터를 보지 않는다면 때때로 장중의 심한 조정을 잘 넘기면서 놀랄 만큼 만족스러운 종가를 확인할 수도 있을 것이다. 최악의 경우라 해도 최소한 최초의 목표 이익 가격에서는 청산된다.

예외적으로 짧은 손절매를 사용하는 경우   많은 투자자들이 스스로 짧은 손절매를 통해 리스크를 관리할 수 있다고 생각한다. 일반적으로 손절매는 해당 종목의 평상시 변동 폭보다 조금 크게 설정해야 한다. 하지만 경험이 쌓이다 보면 때때로 짧은 손절매를 설정해야 할 특정 패턴이 있다는 것을 알게 된다. 짧은 손절매를 사용해야 하는 최적의 상황은 주가가 급격한 조정을 받은 다음, 원래의 오래된 추세 방향으로 튀어오를 때다. 이런 상황에서는 정상적인 시점에서 진입하고 평상시의 변동 폭 이상으로 손절매를 설정하는 것이 아니라, 추세에 일찍 진입하고 손절매도 짧게 설정한다. 이 방법은 근본적으로 시장의 움직임을 세밀하게 탐색하는 접근법이다. 따라서 오래된 이전의 추세가 재개되지 않을 때 아주 작은 손실만 보고 빠져나오게 된다. 그리고 다행히 추세가 재개될 경우에는 선행 진입으로 인해 손실 보상 비율이 엄청나게 커지는 것이다. 추세에 일찍 진입하고 짧은 손절매를 사용할 수 있는 최적의 패턴으로는 시장이 크게 되돌림 움직임을 보일 때의 '갭 채움 진입' 패턴이 있다.

■ 요약

조금만 경험을 쌓는다면 여러분의 매매를 업그레이드하기 위해 조금 더 발전된 자유재량에 의한 매매 기법을 적용할 수 있게 될 것이다. 물론 그것은 여러분에게 철저한 규율이 있고 적절한 자금 관리를 사용할 줄 안다는 조건이 전제되어야 할 것이다.

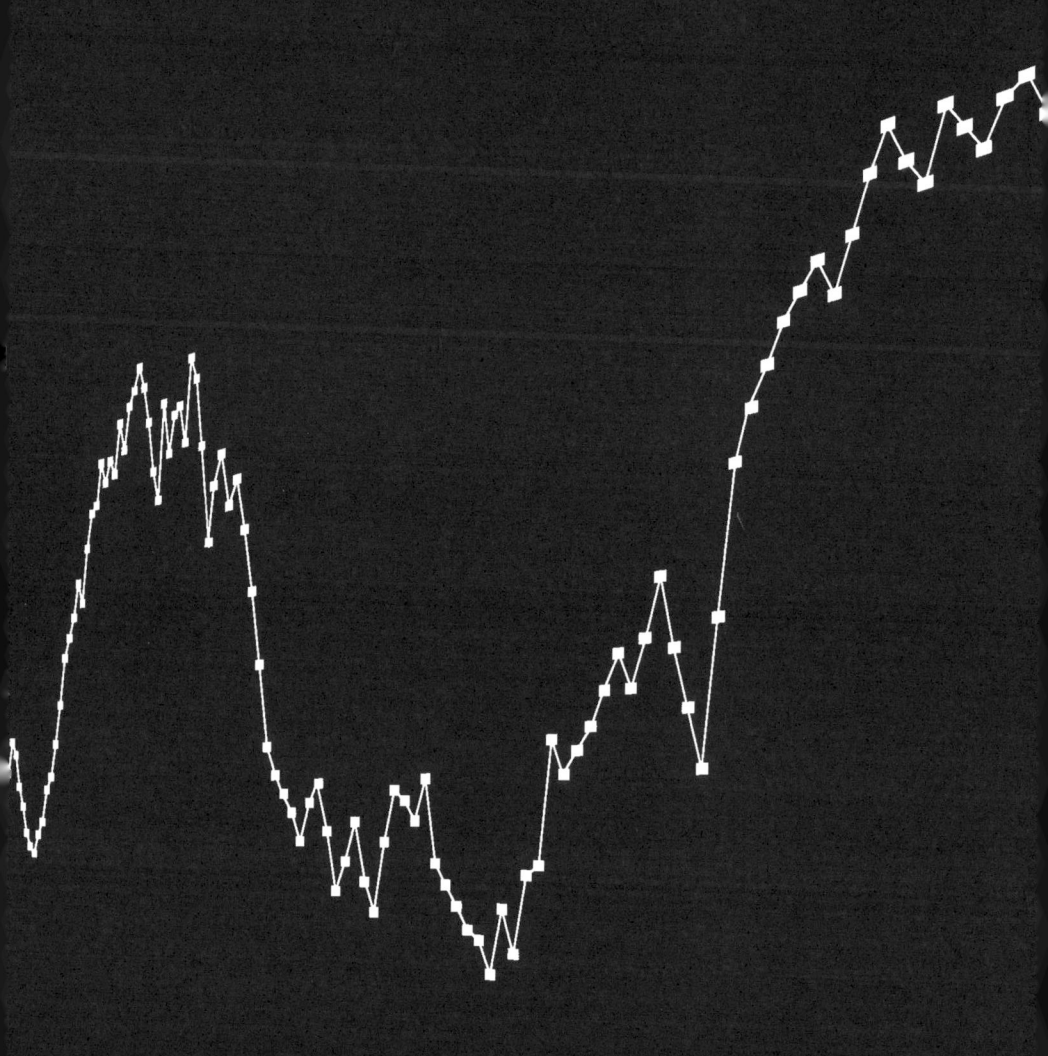

제12장

모든 것을
종합하여 사용하기

모든 것을
종합하여 사용하기

------------------ 그림 12-1은 광학 관련 기업인 옴니비전 테크놀로지Omnivision Technologies의 주가 차트인데, 차트 맨 오른쪽에 '이동평균 건드리고 되돌아가기' 패턴을 형성하고 있다. 또한 직전에 주가가 의미 있는 저점을 형성한 직후이며, 차트에는 표시되어 있지 않지만 최근 이동평균의 '나비넥타이형 교차' 패턴이 발생했다.

차트 맨 오른쪽에 있는 당일 주가가 상당히 짧은 단봉을 형성하고 있기 때문에 적절한 매수 진입 시점은 전일의 고점인 14.50달러 이상이

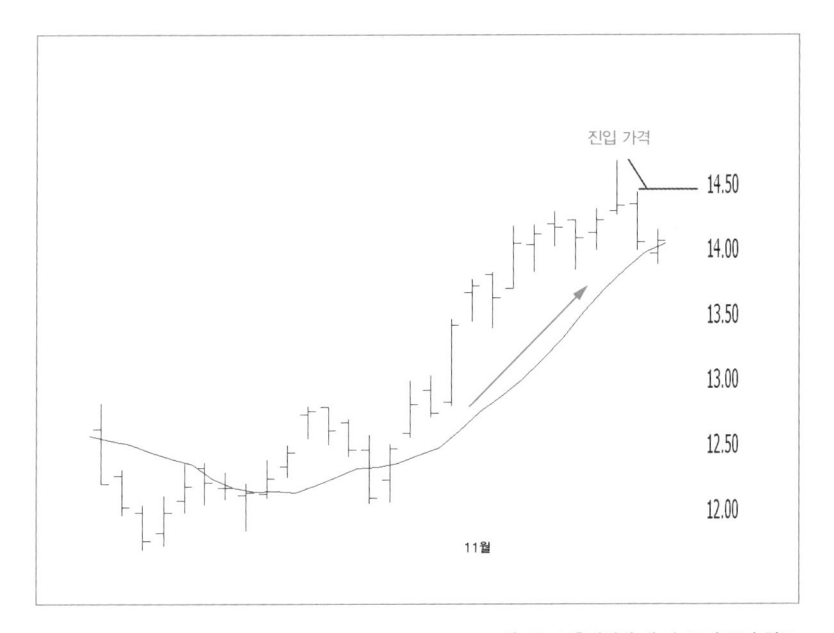

그림 12-1 **옴니비전 테크놀로지 주가 차트**

될 것이다. 이 종목의 매매를 고려하기 전에 우리는 먼저 이 종목이 속한 업종 지수와 전체 시장의 움직임도 상승 추세인지 확인해야 한다.

그림 12-2를 보면 옴니비전 테크놀로지가 포함된 반도체 업종 지수가 똑같이 상승 추세 중임을 확인할 수 있다.

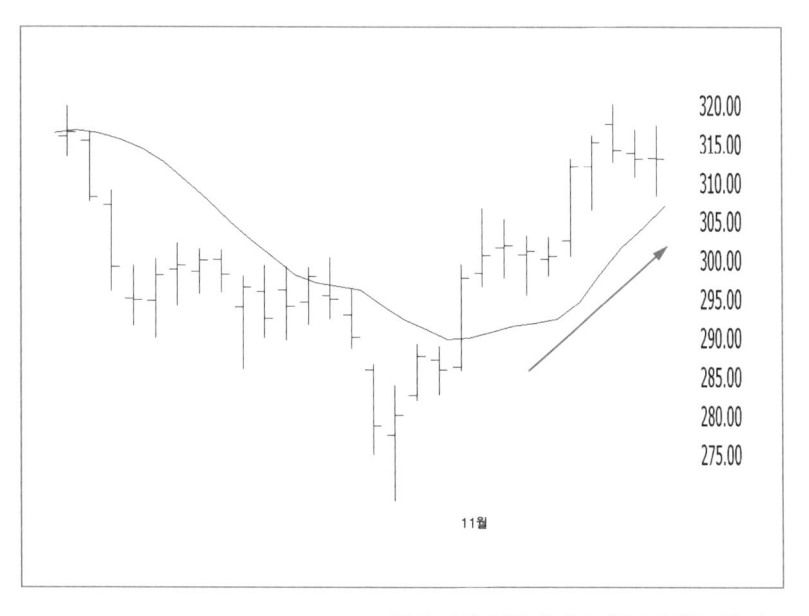

그림 12-2 **옴니비전 테크놀로지가 속한 업종 지수 차트**

그림 12-3에 나타난 S&P500지수를 보면 전체 시장 역시 상승 추세임을 확인할 수 있다.

옴니비전 테크놀로지는 기술주이므로, 기술주들의 주가를 더 잘 대변하고 있는 나스닥지수를 확인하는 것도 좋은 방법이다. 그림 12-4에 나타난 바와 같이 나스닥지수 역시 상승 추세 중이다.

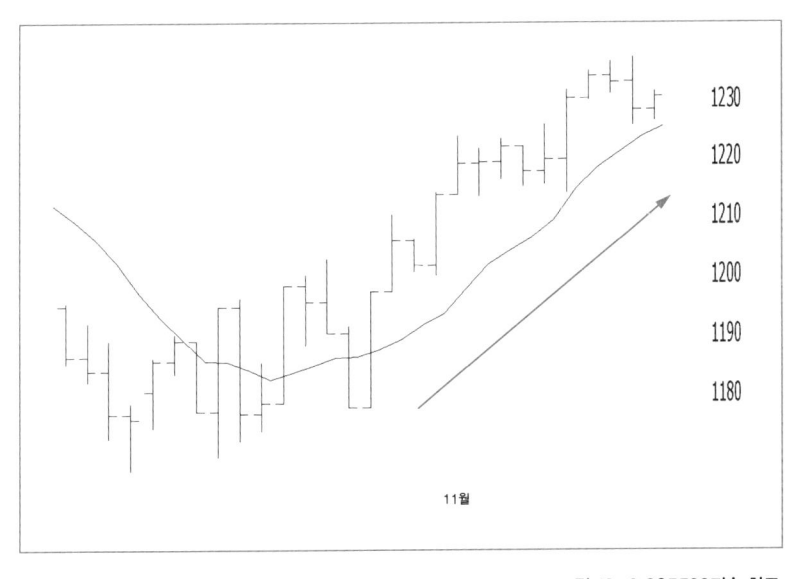

그림 12-3 **S&P500지수 차트**

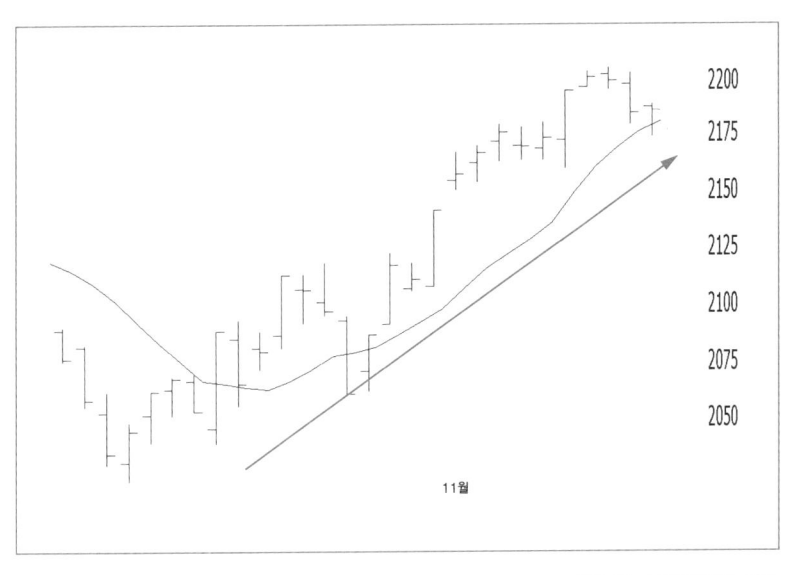

그림 12-4 **나스닥지수 차트**

이제 우리는 전체 시장, 업종 지수 그리고 개별 종목 자체의 추세를 확인했으므로 시장에 진입하는 것을 고려할 수 있게 되었다. 시장에 진입하기 전에 우선 몇 주의 주식을 매수할 것인지부터 정해야 한다. 그러기 위해서는 먼저 손실 제한을 위한 합리적인 손절매 가격이 어느 정도인지 주가 차트를 통해 확인해야 한다.

그림 12-1의 차트를 살펴보면 이 종목의 주가는 최근 하루에 대략 75센트 정도 움직인 것으로 보인다. 최근의 움직임을 살펴보면 2~3일 동안에는 대략 1달러 내외로 움직인 것을 알 수 있다. 따라서 우리는 손절매 폭을 일일 변동 폭보다 조금 큰 금액인 1.50달러로 설정할 것이다. 다시 말하지만, 손절매 폭에 정답은 없다. 손절매를 여유롭게 설정하면 추세가 재개될 때까지 포지션을 계속 유지하도록 도와주겠지만, 추세가 재개되지 않을 때는 손실이 커지는 단점이 있다. 반대로 손절매를 짧게 설정하면 큰 손실을 방지할 수는 있겠지만 주가의 작은 등락에도 쉽게 휩쓸릴 위험이 있다.

손절매 폭을 정했기 때문에 이제 몇 주를 매수할 것인지도 정할 수가 있다. 우리는 전체 계좌 자산 10만 달러 가운데 1%까지만 리스크에 노출시키기로 결정했다. 즉 포지션을 다음 날까지 보유했을 때 발생할 수 있는 예상치 못한 갭 발생을 제외하면, 한 번의 매매에서 최악의 경우에 1000달러까지의 손실을 예상하는 것이다. 이제 리스크에 노출될 수 있는 전체 손실 금액인 1000달러를 주당 손절매 금액으로 나누어 매매할 주식 수(1000달러/1.5달러 = 666.67주)를 계산할 수 있다. 여기서 100 자리 미만인 66주는 떼어내고 600주를 매수하는 것으로 결정하자. 그렇게 하면 손절매 상황이 되었을 때 우리가 감당해야 할 리스크(600주×1.5달러 = 900달러. 즉 0.9%)는 전체 자산의 1%인 1000달러보다 약간 작아진다.

우리는 앞에서 매수 진입 가격을 14.50달러로 정했다. 손실 제한을 위한 손절매 폭을 1.50달러로 설정하면, 손절매 가격은 13.00달러(14.50-1.50=13.00)가 된다. 그리고 매수 진입 가격에 손절매 폭만큼을 더하면 1차 목표 이익 가격인 16.00달러(14.50+1.50=16.00)를 계산할 수 있다. 또 우리는 매수 진입 후 주가가 원하는 방향으로 계속 움직일 경우 고점 대비 1.50달러 하락한 가격을 추적 손절매 가격으로 사용할 것이다.

이제 매매와 관련된 모든 계획이 수립되었으므로, 우리는 언제(14.50달러) 진입할 것인지, 몇 주(600주)를 매수할 것인지, 손실 제한을 위한 손절매는 어느 가격(13.00달러)에 설정할 것인지, 1차 이익 실현은 어느 가격(16.00달러)에서 할 것인지, 그리고 어떤 방법(종가 기준 고점 대비 1.50달러 하락한 가격으로 손절매)으로 추적 손절매를 사용할 것인지 명확하게 알 수 있다.

그림 12 −5를 보면 옴니비전 테크놀로지의 주가는 (a)로 표시된 지점에서 14.50달러에 도달한다. 우리는 즉시 600주를 매수하고 (b)로 표시된 13.00달러에 손절 제한을 위한 가격역지정 주문을 걸어둔다. 이후 주가는 깔끔하게 상승하여 14.99달러에 장을 마감한다. 지금까지는 모든 것이 순조롭다. 매수 진입 후 종가가 매수가보다 위에서 끝났기 때문에 우리는 손절매 가격을 (c)의 가격으로 올릴 수 있게 되었다.

우리는 최초의 손실 제한을 위한 손절매와 마찬가지로 종가 기준으로 고점 대비 1.50달러 하락한 가격으로 추적 손절매를 하기로 정했다. 따라서 14.99달러에서 1.50달러를 뺀 13.49달러가 새로운 손절매 가격이 된다. 나는 계산을 간단히 하기 위해 뒷자리에 있는 5~10센트는 잘라버린다. 그렇게 하면 손절매에 여유 공간이 더 생기는 효과가 있고, 손절매 가격이 얼마인지 기억하기가 더 쉽기 때문이다. 하지만 지금의 예에서는 정확한 계산 값을 사용하기로 하자.

그림 12-6을 보면 다음 날 주가가 갭 상승하여 출발하고 장중에도 상승 흐름을 지속하여 (d)로 표시된 1차 목표 이익 가격인 16.00달러에 도달한다. 우리는 매수한 수량의 절반을 이익 실현하여 450달러〔(16-14.50)×300주=450〕의 수익을 내고, 나머지 수량인 300주에 대해서는 즉시 손절매 가격을 본전 수준인 (e)의 가격으로 옮기는데, 이것은 매수 진입 가격과 같다. 이제부터는 다음 날 갭 하락이 발생하는 경우를 제외하고 생각했을 때, 나머지 수량 300주에 대해 최악의 경우를 가정해도 본전은 확보할 수 있게 된 것이다. 이날 주가는 이익 실현을 한 후에도 상승을 지속하여 16.37달러로 장을 마감하는데, 이는 1차 목표 이익 가격보다 37센트 높다. 따라서 우리는 추적 손절매 가격을 더 올려 (f)의 가격(16.37-1.50=14.87)으로 수정한다.

다음 날도 주가는 상승 흐름을 유지하여 전날보다 상승한 채로 마감한다. 따라서 우리는 추적손절매 가격을 다시 올려 (g)의 가격(16.95-1.50=15.45)으로 수정한다.

그다음 날 주가는 보합권에서 마무리되었고 종가 기준으로 신고점은 경신되지 않았다. 따라서 손절매 가격 (h)는 전날과 동일한 가격을 유지한다.

다음 날이 되자 주가는 다시 강한 상승 추세를 보여준다. 평가이익도

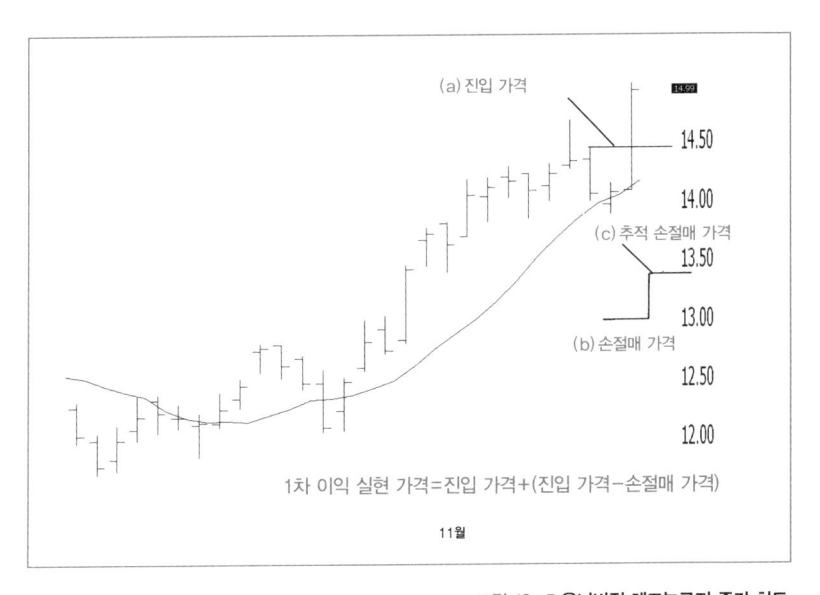

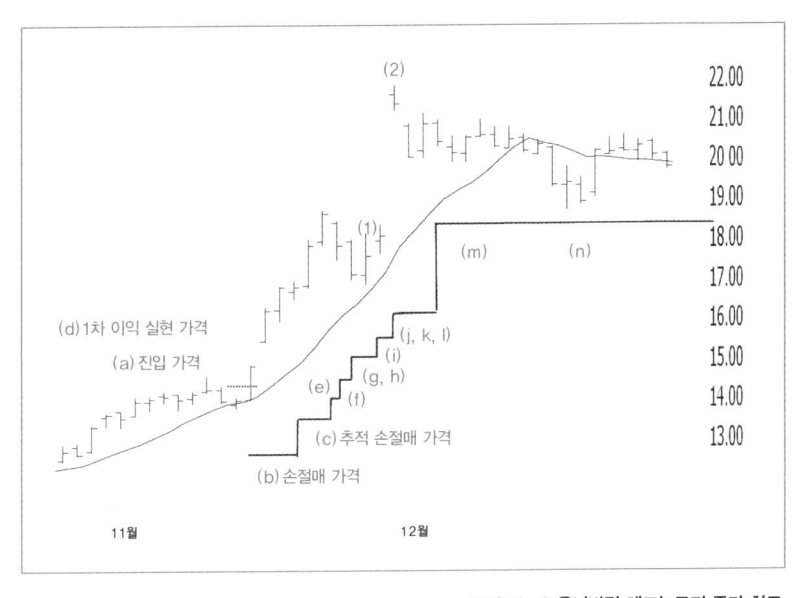

크게 증가하여 금액으로는 주당 3.50달러(18.00-14.50=3.50), 비율로는 24%(3.50/14.50=24%)의 이익을 보고 있기 때문에 고점 대비 추적 손절매 폭을 늘리는 것을 고려해보자. 손절매 폭을 확대하면 장기적인 추세에 더 오랫동안 참여할 수 있게 된다. 이제부터는 추적 손절매 가격 폭을 1.50달러에서 2.00달러로 늘린다. 주가가 18.00달러에서 마감되었으므로 추적 손절매 가격을 더 올려 (i)의 가격(18.00-2.00달러=16.00달러)으로 변경한다.

주가는 다음 날도 상승하여 80센트가 상승한 18.80달러로 마감한다. 따라서 추적 손절매 가격도 (j)의 가격(18.80-2.00=16.80달러)으로 변경한다.

이 종목의 주가는 (1)로 표시된 이틀 동안 하락했기 때문에 추적 손절매 가격은 전날과 동일한 가격인 (k)의 가격을 유지한다. 그리고 다음 날 주가는 다시 상승하지만 종가가 신고점을 경신하지 못했기 때문에 추적 손절매 가격은 역시 전날과 동일한 (1)의 가격을 그대로 유지한다.

(2)로 표시된 다음 날 옴니비전 테크놀로지의 주가가 급등하여 전날보다 3달러, 즉 18%가 상승한 채 마감되었다. 이 같은 뜻밖의 횡재가 생겼을 때는 두 가지를 고려해야 한다. 하나는 예상치 못한 행운이 밀려들었을 때 추가로 이익 실현을 할 수 있다는 것, 또 하나는 나머지 수량에 대해 추적 손절매의 가격 폭을 더 여유 있게 변경함으로써 장기적인 추세에 더 오랫동안 참여할 수 있도록 한다는 것이다. 따라서 우리는 추적 손절매 가격 폭을 2달러에서 3달러로 확장하여 손절매 가격을 (m)의 가격(21.56-3.00=18.56달러)으로 변경한다. 그렇게 해도 내일부

터 적용할 손절매 가격은 오늘 적용한 것보다 높다.

이후 옴니비전 테크놀로지의 주가는 한 달가량 횡보하는 움직임을 보인다. 이 기간 동안에는 주가가 신고점을 경신하지 않았기 때문에 추적 손절매 가격은 전과 동일하게 (n)의 가격을 유지한다.

그림 12-7을 보면 (2)로 표시된 지점이 되기 전 며칠 동안 옴니비전 테크놀로지의 주가가 다시 조금씩 상승하지만, 신고점을 경신하지는 못하기 때문에 손절매 가격을 수정하지 않는다. 그러다가 (1)로 표시된 날 다시 신고점을 경신하고 주가가 급등한다. 따라서 우리는 추적 손절매 가격을 이날의 종가 대비 3달러 하락한 가격으로 더 올려 (o)의 가격으로 변경한다. 그리고 이날로 매수 진입 가격 대비 거의 60%

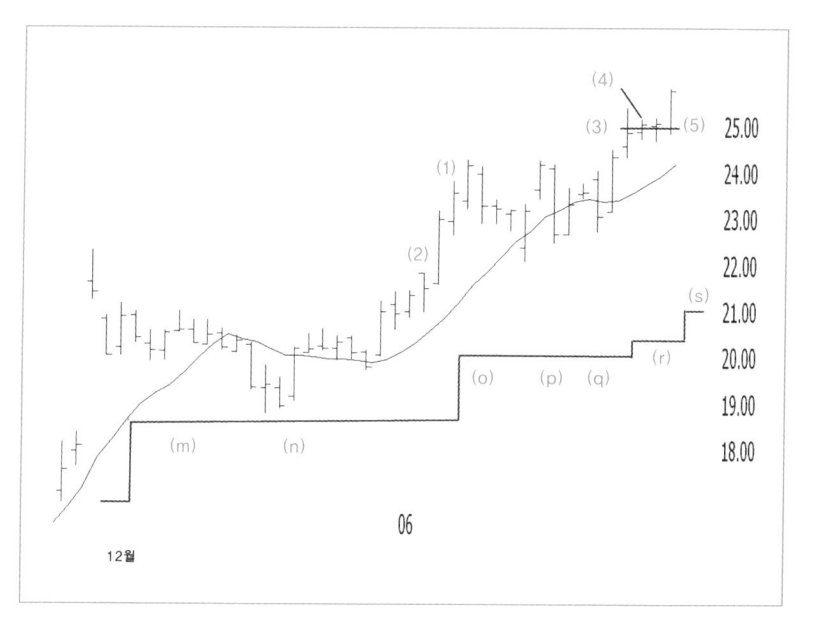

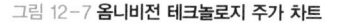

그림 12-7 **옴니비전 테크놀로지 주가 차트**

에 이르는 이익을 보았기 때문에 손절매 가격을 20.16달러(23.16-3.00=20.16)에서 자투리 부분을 잘라내고 20.00달러로 설정하겠다. 한 가지 덧붙이자면, 여기서 주의 깊게 살펴본 독자라면 (1)로 표시된 날 주가가 급등하기 직전인 (2)로 표시된 날의 종가가 이전의 고점에 비해 몇 센트 정도 상승하여 끝난 것을 발견했을 것이다. 나는 이 정도의 작은 상승 때문에 귀찮게 손절매 가격을 변경하고 싶지 않았다. 내가 강조하고 싶은 것은 이처럼 이익이 증가할수록 시장이 벌어다 준 돈으로 게임하는 것이기 때문에, 추적 손절매 가격을 좀 더 여유롭게 설정할 수 있다는 점이다.

다음 날과 그다음 날도 주가는 계속 상승했으므로 주가가 움직일 수 있는 공간을 더 주도록 결정하자. 이제부터는 추적 손절매 가격 폭을 4달러로 더 느슨하게 변경하여 손절매 가격을 (p)의 가격으로 설정한다. 손절매 가격 폭을 늘리기 위해 실제로 우리가 해야 할 일은 없다. 이미 이틀 전에 (o)의 가격으로 설정한 것과 동일한 가격이기 때문이다.

(3)으로 표시된 날의 종가는 직전 고점에 비해 아주 약간만 오른 가격이기 때문에 귀찮게 손절매 가격을 변경할 필요가 없다. 이날 옴니비전 테크놀로지의 종가는 신고점을 경신하기는 했으나 직전 고점에 비해 겨우 18센트 오른 가격이었다. 따라서 우리는 추적 손절매 가격을 전과 동일하게 (q)의 가격으로 유지한다. 보다시피 주가가 조금씩이라도 계속 상승하는데 정작 우리는 아무것도 하지 않았기 때문에, 이제 손절매 가격은 종가에 비해 4.50달러 아래에 있는 가격이 되었다.

옴니비전 테크놀로지의 주가는 (4)로 표시된 날 또다시 고점을 돌파하여 25.04달러로 장을 마감했다. 우리는 고점 대비 4.50달러 하락한 가격에 손절매를 설정하고 있으므로 드디어 손절매 기어를 변경하여 가격을 (r)의 가격인 20.50달러로 변경한다. 이미 매수 진입 가격 대비 72%의 수익을 내고 있으므로 4센트 정도의 차이에 대해서는 더 이상 신경 쓸 필요가 없다.

다음 날도 주가는 계속해서 신고점을 경신하고 장을 마감한다. 하지만 엄청난 평가이익을 보고 있으므로 이제 주가가 조금 상승한 것으로는 손절매 가격을 변경하지 않는다. 손절매 가격을 변경하지 않았기 때문에 추적 손절매 가격 폭이 4.73달러로 늘어나는 효과가 발생했다. (5)로 표시된 날 옴니비전 테크놀로지의 주가는 또다시 이전 고점을 돌파하며 장을 마감한다. 이제는 추적 손절매 가격을 다시 올릴 때가 된 것이다. 이번에도 역시 엄청난 평가이익이 나고 있는 것을 감안하여 추적 손절매 가격을 자투리 없이 (s)로 표시된 가격인 21.00달러로 변경한다. 이제 추적 손절매 가격 폭은 거의 5.00달러가 되었다.

그림 12 −8의 왼쪽 부분을 보면 옴니비전 테크놀로지의 주가는 이후 며칠 동안 횡보하기 때문에 손절매 가격에 대해 아무런 할 일이 없다. 그러다가 (1)로 표시된 날에 신고점을 경신하지만 상승 폭은 그리 크지 않다. 따라서 추적 손절매 가격은 그대로 둔다. (2)로 표시된 다음 날 주가는 또다시 신고점을 상승 돌파하면서 27.09달러로 장을 마감한다. 이번에는 추적 손절매 가격을 (t)의 가격인 22.00달러로 올리면서 손절매 폭이 5.00달러를 넘어서게 된다.

옴니비전 테크놀로지의 주가는 이후 2주 이상 횡보한다. (3)으로 표시된 날에 작은 폭의 신고점 경신이 있지만 여전히 손절매 가격은 그대로 유지한다. (3)으로 표시된 날의 다음 날 옴니비전 테크놀로지의

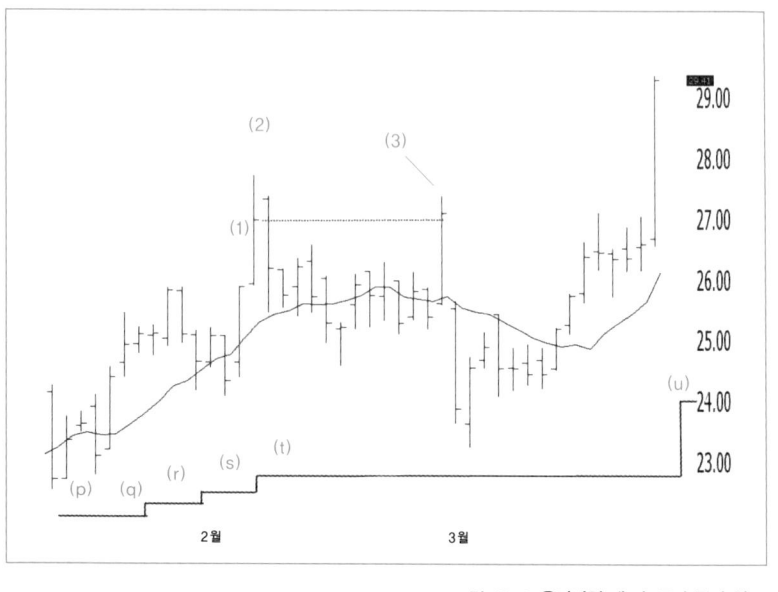

그림 12-8 **옴니비전 테크놀로지 주가 차트**

주가는 큰 폭의 조정을 받지만 손절매 폭을 여유 있게 설정했으므로 어려운 시기를 잘 넘길 수 있다. 그리고 다음 날부터 주가는 다시 상승 흐름을 이어가지만 이전의 고점보다는 낮은 가격이었다. 그러다가 그림 12-8의 차트에 표시된 마지막 날 드디어 큰 폭으로 상승하면서 의미 있는 신고점 경신이 이루어진다. 따라서 추적 손절매 가격을 다시 한 번 변경하게 되는데, 그 가격은 자투리를 잘라내고 24.00달러가 된다. 이제 우리의 추적 손절매 가격인 (u)의 가격은 고점 대비 거의 5.50달러 내려오는 값이다.

그림 12-9에서 열 번째 나오는 장대 양봉이 그림 12-8의 마지막 바와 같다. 옴니비전 테크놀로지의 주가는 장대 양봉이 발생한 다음

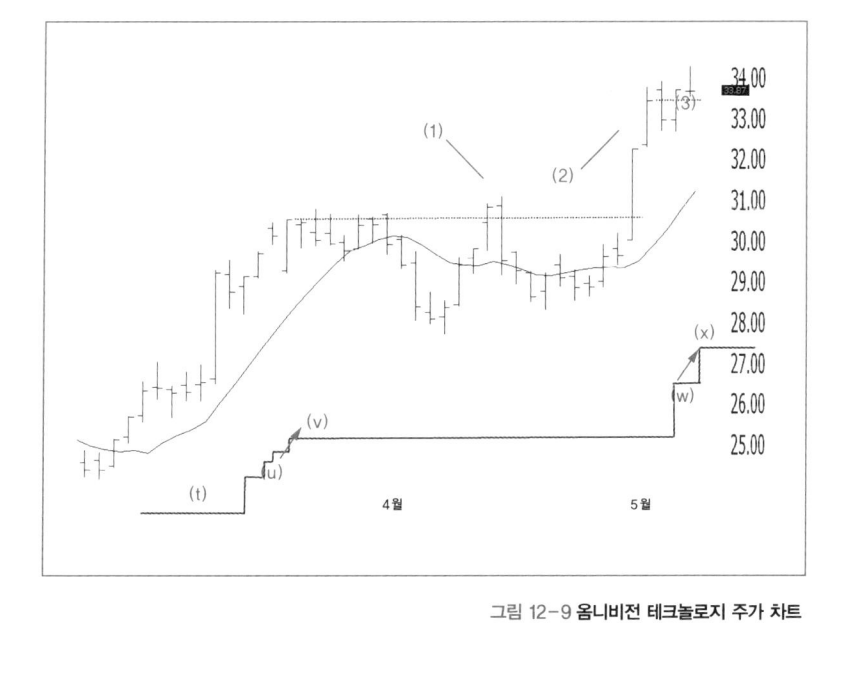

그림 12-9 **옴니비전 테크놀로지 주가 차트**

날 하루 소강상태를 보이고 이튿날부터 3일 연속 상승하여 마감한다. 따라서 추적 손절매 가격도 3일 연속 상향 조정되어 (u)의 가격에서 (v)의 가격으로 상승한다. 이제 손절매 가격은 고점 대비 정확히 5.71 달러 내려오는 가격이다. 이쯤에서 고려할 것은 주가가 더 오르더라도 손절매 가격을 변경하지 않음으로써 손절매 가격 폭을 고점 대비 6.00 달러로 늘리는 것이다.

  옴니비전 테크놀로지의 주가는 이후 한동안 횡보하기 때문에 추적 손절매 가격에도 변화가 없다. (1)로 표시된 날에 신고점을 경신하기 는 하지만 상승 폭이 크지 않아 손절매 가격도 그대로 유지한다. 그러 다가 (2)로 표시된 날이 되자 결정적인 신고점을 만드는 상승 돌파가 발생한다. 이제부터는 고점 대비 6.00달러 아래에 있는 (w)의 가격이 새로운 손절매 가격이 된다. 다음 날도 상승 흐름이 이어지고 신고점인 33.87달러에 장이 마감된다. 이제 새로운 고점에서 6.00달러를 빼고 자투리를 제외한 가격인 27.50달러가 새로운 손절매 가격이며, 차트에서는 (x)로 표시한 가격에 해당한다. 이후 (3)으로 표시된 날에도 신고점을 경신하지만 상승 폭이 크지 않으므로 사소한 것에는 신경 쓰지 않는다.

그림 12-10을 보면 알 수 있듯이, 옴니비전 테크놀로지의 주가는 다음 며칠 동안 급격히 하락하면서 추적 손절매 가격을 하향 돌파한다. 손절매 가격에 이르렀을 때 나머지 수량을 모두 청산한 결과 주당 13.00달러(27.50-14.50=13.00)의 이익을 보았으므로, 1차 이익 실현 후 남은 수량인 300주에서 총 3900달러의 수익이 발생했고, 전체적으로는 600주에서 4350달러의 수익이 기록되었다. 최초에 감당하기로 마음먹었던 손실이 단지 900달러밖에 안 된다는 것을 감안하면 그야말로 엄청난 수익이다.

나중에 손절매 폭을 고점 대비 6달러 이상으로 설정한 것이 너무 많이 포기한 것처럼 보일 수도 있겠지만, 추세가 강한 종목은 원래의 추세를 재개하기 전에 종종 상당한 조정을 겪을 수도 있다는 사실을 명심해야 한다. 여러분은 포기해야 하는 것이 아닌 이미 성취한 것에 집중해야 한다. 이번에 예로 든 종목에서 우리는 매수한 가격 대비 90%에 해당하는 이익을 거두었다. 손실을 보는 매매들에서 리스크를 지속적으로 관리할 수만 있다면, 이렇게 큰 이익이 발생하는 매매를 1년에 몇 번씩만 해도 그해 전체의 성과가 달라질 것이다.

그림 12-10 **옴니비전 테크놀로지 주가 차트**

매매를 할 때 우리가 사용하는 기법에 장점이 있으면 단점도 있다는 점을 항상 기억해야 한다. 여유 있는 손절매를 사용하면 큰 추세가 나타났을 때 절대로 그것을 놓치지 않을 것이다. 하지만 그런 큰 추세가 나타나지 않는다면 상당한 폭의 이익을 포기해야 한다.

이제 매매의 전 과정을 되돌아보자. 우리는 매매가 시작될 때 상승 추세가 진행되던 중 발생한 되돌림의 고점을 상향 돌파할 때 매수 진입함으로써 불필요한 모험을 피하면서 매매를 시작했고(그림 12-5), 주가가 스스로 자신을 증명해나가는 것에 맞춰 점점 손절매 폭을 늘렸다(그림 12-6~12-9). 우리는 처음에 단기 자금 관리 전략과 단기 포지션 관리 전략을 사용하는 단기 매매로 시작했지만, 수익이 늘어나면서 점차 장기 포지션 관리 전략과 자금 관리 전략을 사용하는 장기 매매로 전환되었다는 점에 주목하기 바란다.

그림 12 - 10에서 우리가 모든 포지션을 청산한 뒤에 옴니비전 테크놀로지의 주가에 어떤 일이 일어났는지 살펴보기 바란다. 주가가 하락을 지속하면서 우리가 처음 시장에 진입한 이후의 상승분을 고스란히 반납한 사실에 주목해야 한다.

적절한 자금 관리 전략이 없었다면 100%에 가까운 수익을 내는 것이 아니라, 오히려 손실을 보는 매매가 되었을 것이다. 이는 주식을 매수해서 무작정 장기 보유하면 안 된다는 점을 보여주는 또 다른 사례 중 하나다.

주의 깊은 독자라면 내가 사용한 예가 약간 오래된 주가 차트라는 사실을 알아차렸을 것이다. 대부분의 투자자들은 매도 거래에 익숙지 않기 때문에, 나는 주식을 매수하는 예를 갖고 설명해야 한다고 생각했다. 하지만 시장이 최근 상당 기간 동안 대체적으로 하락하는 움직임을 보였으므로, 이번 장에서 보여준 예제를 비롯하여 이 책에서 사용한 매수 거래들의 예제를 찾기 위해서는 2~3년 이상 과거로 거슬러 올라간 매매 기록들을 살펴볼 수밖에 없었다.

덧붙이는 말

―――― ―――― 　내가 이번 장의 집필을 마친 이후, 시장은 상당히 큰 폭의 상승을 했다(2010년 봄의 상승장처럼). 이런 상승장은 우리에게 엄청난 기회를 제공한다. 따라서 업데이트된 최근의 예를 보고 싶다면 나의 홈페이지(www.davelandry.com)나 온라인상의 세미나를 참고하기 바란다.

■ 요약

단기 패턴에서 시작된 매매는 단기 매매와 장기 매매가 될 가능성을 모두 갖고 있는 것으로 밝혀졌다. 전체 시장과 업종 지수를 통한 확인은 사전 준비를 하는 데 있어 큰 도움이 되었다. 우리는 보통 손절매를 하는 상황이 되었을 때 손실 금액이 전체 자산의 1~2% 이하가 되도록 리스크를 관리한다. 주가가 스스로를 증명할 때까지는 단기 매매처럼 관리한다. 그러다 주가가 상승하면 추적 손절매의 사용을 좀 더 여유 있게 변경하면서 장기 추세에 올라탈 수 있도록 관리한다. 이제 여러분도 알겠지만, 자금 관리와 포지션 관리는 매매의 성공을 위한 핵심적인 요소다. 단순히 주식을 매수한 다음 장기 보유하는 전략을 사용했더라면 손실을 보았을지도 모를 매매가, 적절한 자금 관리와 포지션 관리 덕분에 큰 추세를 포착하여 엄청난 이익을 거두는 매매로 바뀔 수 있는 것이다.

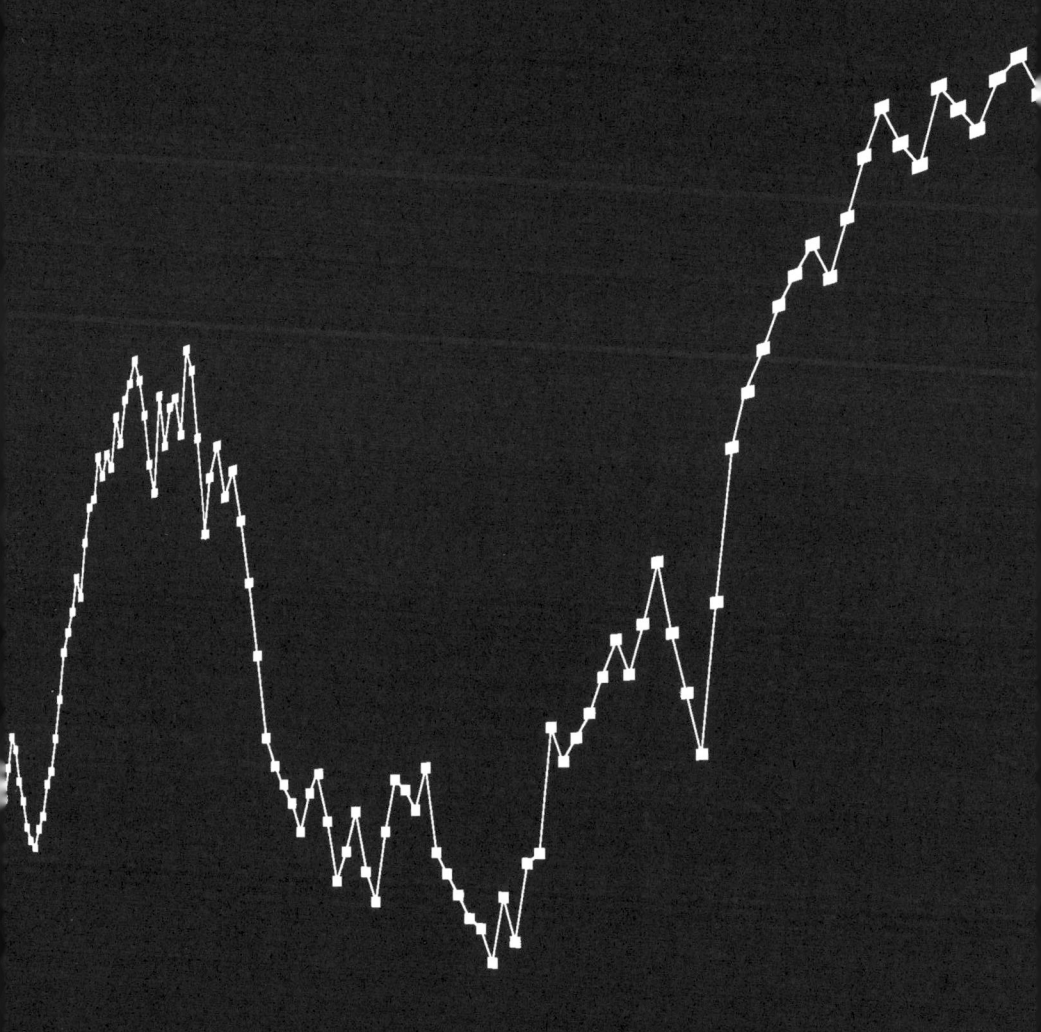

제13장

마치는 말

작게 시작해서
점점 늘려가라

──────────── 주식은 장기적으로 보았을 때 항상 상승하는 것이 아니다. 저점 매수는 패배자들의 게임이다. 2008년에 값이 싼 것처럼 보였던 수많은 개별 종목들이 2009년과 2010년에 걸쳐 파산 신청을 했다. 좋은 회사, 우량 회사는 존재하지 않는다.

다각적인 사업을 영위하는 제너럴일렉트릭GE 같은 기업의 주가도 2008년에서 2009년에 걸친 대세 하락장에서 70% 이상 하락했다. 주식은 현실을 바탕으로 매매가 이루어지는 것이 아니다. 주식은 현실에 대한 인식을 바탕으로 거래되는 것이다. 현실에 대한 인식이라는 것은 순전히 시장 참여자들의 개인적인 감정을 기초로 한다. 우리는 기술적 분석을 통해, 오로지 기술적 분석을 통해서만 그들의 심리 상태를 읽을 수 있다. 차트만이, 오로지 차트만이 주가가 지금까지 어떻게 움직여왔는지, 그리고 앞으로 어떻게 움직일 것 같은지 말해줄 수 있다. 기술적 분석을 하는 데 엄청난 지식이나 기술이 있어야 하는 것은 아니다. 추세의 방향을 결정하기 위해 차트 위에 단순히 화살표 하나만 그리는 것으로도 시장과 같은 방향으로 매매를 하는 데 도움이 된다.

최선을 다해서 매매하고 결과를 기다려라 나는 이 책에 사용할 최적의 예제들을 찾기 위해 엄청난 시간을 투자했다. 수년간에 걸친 나의 매매 기록들을 찾아보았고, 내가 추천했던 종목들과 수천 개에 이르는 개별 종목들의 차트들을 검토했다. 또 이 책에 예제로 사용할 수 있지 않을까 하는 심정으로 매일같이 변화하는 개별 종목의 차트들을 주의 깊게 살펴보았다. 주식투자에 대한 여러분의 과도한 기대를 억누르기 위해 수없이 자금 관리를 언급하고 손실이 매매의 일부임을 강조했지만, 내가 찾아낸 예제들은 너무나도 환상적인 결과를 보여준다.

수천 개의 차트를 검토하고도 거의 손에 꼽힐 만큼의 예제들을 찾아낸 후, 나는 스스로 죄책감을 느끼고 있는 자신을 발견했다. 자금 관리에 대해 그렇게 떠들어댔으면서도, 너무 좋은 그림만 보여줌으로써 독자들에게 비현실적인 기대감을 심어주고 있는 것은 아닌지 스스로 의심스러워지기 시작했다. 이것이 과연 정말 공정한 것인가? 순간 나의 뇌리를 스치는 것이 있었다. 이 책을 위해 이미 상당히 까다롭게 예제들을 선택했지만, 그렇게 선택된 예제들에서 보이는 환상적인 신호들을 보면서 더욱더 까다롭게 예제들을 선택해야 한다는 사실을 깨달았다. 나는 스스로에게 이 책의 예제들처럼 보이는 종목들만으로 매매해야 한다고 말하고 있었다. 그리고 그것은 여러분도 마찬가지다. 수백 건의 매매와 수천 개의 차트를 검토하는 일 외에도, 나는 내가 모든 주제들을 잘 다루고 있는지 확인하기 위해 수천 개의 이메일을 읽었다. 나는 스스로 만족스러운 작업이었다고 생각하지만, 여러분은 시장에 뛰어들기 전에 여전히 좀 더 많은 경험을 쌓을 필요가 있을 것이다.

작게 시작해서 점점 늘려가라　　　　　과거의 차트들을 열심히 연구하라. 그것들에서 수많은 추세 패턴, 추세 전환 패턴 그리고 내가 소개한 패턴들을 찾아보기 바란다. 어떤 것들이 통하는지 스스로 연구해봐야 하고, 더 중요한 것은 어떤 것들이 통하지 않는지 공부하는 것이다. 내가 밤마다 하는 분석을 여러분도 따라 해보라. 매일같이 수천 개의 차트를 검토하라. 처음에는 할 일이 너무 많은 것처럼 느껴질 것이다. 하지만 시간이 흐를수록 점점 더 그 일에 익숙해질 것이다. 그러다 보면 시장이 내일은 어떻게 행동할 것처럼 보이는지 감을 잡게 될 것이다.

우선 가상 매매로 시작하라. 여러분이 필요한 과제들을 잘 수행했다면, 머지않아 가상 매매에서 성공적인 결과를 낼 수 있을 것이라고 장담할 수 있다. 투자자의 심리적인 문제를 다룬 장에서 이미 말했듯이, 나는 가상 매매에서 성공하지 못하는 경우를 한 번도 본 적이 없다.

그런 다음에는 실제 매매를 시작하라. 단 투자 규모가 너무 작아서 별 의미가 없을 정도의 금액으로 시작하기 바란다. 여유 자금의 일부로 매매해야 올바른 결정을 내리기가 더 쉽다. 가상 매매에서의 성공적인 결과가 실제로 돈을 갖고 하는 매매에서도 이어진다면, 그때부터 규모를 천천히 늘려가라. 여러분은 결국 한 번의 매매에서 1~2%의 리스크를 감당하는 접근법을 원하게 될 것이다.

내가 소개한 간단한 시장 접근법들은 주식시장에서 꽤 잘 통하는 것들이지만, 그것들이 쉬운 것이라고 말한 적은 없다. 무엇을 해야 하는지 아는 것은 어려운 일이 아니다. 하지만 실제로 행동에 옮기는 것은 매우 어려운 일이다. 여러분은 스스로의 감정을 통제하면서 자신의 매매 계획을 준수할 수 있어야 한다. 여러분이 시장을 통제할 수는 없다. 여러분이 통제할 수 있는 것은 자기 자신뿐이다. 자금 관리가 여러 가지 문제를 해결해줄 수 있다는 사실을 절대 잊어서는 안 된다. 작게 시작해서 점점 늘려가라. 그리고 이 말을 항상 기억하기 바란다. 최선을 다해서 매매하고, 결과를 기다려라

프로 투자자의 생생한 매매 노하우가 가득!

2011년에 에디터출판사에서 브렌트 펜폴드 Brent Penfold의 저서 『주식투자 절대지식』을 번역 출간했다. 이 책은 수십 년간 시장에 참여하면서 성공적인 매매를 해왔던 저자의 생생한 경험과 지식이 녹아들어 있어, 시장의 고수들과 독자들로부터 좋은 평가를 얻었다. 그러나 한 가지 아쉬운 점이 있었던 것도 사실이다.

매매의 원칙은 주식을 매매하든 선물이나 옵션을 매매하든 공통적으로 통용되는 것이지만, 그 책은 일반적인 주식투자자들에게는 약간 낯선 선물 매매를 중심으로 투자의 원칙을 설명했기 때문에 책의 내용을 어렵게 받아들이는 독자들이 있었다. 그래서 초보 투자자나 주식을 매매하려는 투자자들에게 좀 더 쉽게 다가갈 수 있는 책이 있었으면 좋겠다고 생각하던 차에 이 책의 번역을 의뢰받고는 바로 나와 일반 독자들이 원하던 책이라는 생각을 하게 되었다.

이 책의 저자 데이브 랜드리는 실제로 오랫 동안 시장에서 자신만의 기법으로 주식을 매매하면서 성공을 거둔 전문 투자자 중 한 사람이다. 이 책에는 그 같은 저자의 실제 경험에서 우러나온 지혜와 통찰로 가득 차 있다. 이 책은 주식시장에서 통용되는 격언들을 신랄하게 조목조목 비판하는 것으로부터 시작된다. 광고에 나오는 것처럼 길게 보면 시장은 결국 상승한다는 말이 정말 사실인지, 기업 가치가 실제 주식투자에 도움이 되는지, 소위 전문가들이 말하는 매수 추천을 정말 믿어도 되는지 스스로 고민해보아야 한다. 그런 것들이 사실이 아니고 믿을 수 없는 것들이라면 도대체 어떤 방법으로 주식투자를 해야 하는지에 대한 답을 해주려는 것이 바로 저자가 이 책을 집필한 목표가 되었다.

이 책은 뜬구름 잡듯이 주식투자에서 성공하는 일반적인 원칙들을 나열하는 것이 아니고 저자가 실제로 수십 년간 시장에서 주식을 매매하는 동안 얻은 생생한 경험들이 그대로 녹아들어 있을 뿐 아니라, 실제 주식 차트들을 이용하여 저자가 실제로 사용하는 매매 전략들을 구체적으로 생생하게 보여준다. 그동안 추세 추종 매매를 강조하는 책들은 많았지만 도대체 그 추세를 어떻게 읽어내야 하는지, 그리고 그 추세를 이용하여 구체적으로 어떻게 매매해야 하는지 알려주는 책들은 거의 없었다.

하지만 데이브 랜드리는 이 책에서 실제 시장에서 추세를 이용하여 매매하는 구체적인 전략들을 상세하게 설명해준다. 어떤 방법으로 추세를 읽을 것인지, 추세를 읽었다면 어떤 시점에 시장에 진입할 것인지, 그리고 시장에 진입하기 전에 어떤 자금 관리 전략을 세워야 하는지 하나하나 꼼꼼히 알려준다.

또한 저자는 주식시장의 수많은 개별 종목들 중에서 어떤 종목들을 선택해서 매매해야 할지 궁금해하는 독자들을 위해 자신이 실제로 사용하는 종목 선정 기법들까지 자세히 알려주고 있다. 처음으로 주식투자를 시작하려는 사람들이나 초보 투자자들이 정말로 알고 싶어 하던 것들을, 자신의 경험을 통해 얻은 생생한 지식들을 이용하여 꾸미거나 가리지 않고 글자 그대로 숨김없이 모두 드러내 보여주는 것이다.

이 책은 개별 종목에 투자하려는 개인투자자들을 위해 쓰였지만, 선물이나 옵션을 매매하는 투자자들에게도 훌륭한 지침서가 될 만한 내용들을 많이 포함하고 있다. 개별 주식을 매매하든 선물 혹은 옵션을 매매하든 시장에서 금융 상품을 매매하는 데에는 반드시 공통적으로 적용되는 원칙이 있기 때문일 것이다.

저자도 언급했듯이 무엇을 해야 하는지 혹은 무엇을 하지 말아야 하는지를 아는 것은 쉽다. 하지만 자신이 아는 것을 실제로 행동에 옮기는 것으로 넘어가면 다른 차원의 이야기가 된다. 누구나 아는 것처럼 보이는 쉬운 것이라도 그것을 행동으로 옮기기 위해서는 엄청난 노력과 스스로에 대한 통제력이 필요하다.

초보 투자자이든 혹은 약간의 경험이 있는 투자자이든 여러분은 부디 이 책을 통해 주식시장을 바라보는 올바른 시각을 찾고, 저자가 알려주고자 하는 생생한 지식과 구체적인 전략들을 자신의 것으로 만들기 위해 부단한 노력을 기울이기 바란다. 그럴 각오가 되어 있는 독자라면 이 책은 여러분이 성공적인 주식투자를 할 수 있도록 도와주는 훌륭한 토대가 되어줄 것이다.

정진근

프로는 어떻게 매매하는가

초판 1쇄 발행 | 2012년 10월 10일
초판 8쇄 발행 | 2024년 12월 5일

지은이 | 데이브 랜드리
옮긴이 | 정진근
발행인 | 김태진 · 숭영란
편집주간 | 김태정
디자인 | 여상우 · 유영래
마케팅 | 함송이
경영지원 | 이보혜
출력 | 블루엔
인쇄 | 다라니인쇄
펴낸곳 | 에디터
주소 | 서울특별시 마포구 만리재로 80 예담빌딩 6층
문의 | 02-753-2700, 2778 FAX 02-753-2779
등록 | 1991년 6월 18일 제313-1991-74호

값 17,000원
ISBN 978-89-6744-004-6 13320